江苏省教育科学“十三五”规划课题研究成果

核心素养下的自成课堂探索

——数学篇

金永梅 著

中国矿业大学出版社

·徐州·

图书在版编目(CIP)数据

核心素养下的自成课堂探索. 数学篇/金永梅著.
—徐州：中国矿业大学出版社，2020.10

ISBN 978-7-5646-3973-0

Ⅰ.①核… Ⅱ.①金… Ⅲ.①小学数学课—课堂教学
—教学研究Ⅳ.①G623

中国版本图书馆CIP数据核字(2020)第204409号

书　　名　核心素养下的自成课堂探索——数学篇

著　　者　金永梅

责任编辑　齐　畅

出版发行　中国矿业大学出版社有限责任公司

（江苏省徐州市解放南路　邮编 221008）

营销热线　(0516)83884103　83885105

出版服务　(0516)83995789　83884920

网　　址　http://www.cumtp.com　**E-mail**:cumtpvip@cumtp.com

印　　刷　苏州市古得堡数码印刷有限公司

开　　本　787 mm×1092 mm　1/16　**本册印张** 9.25　**本册字数** 147千字

版次印次　2020年10月第1版　2020年10月第1次印刷

总 定 价　98.00元(共两册)

诚者：从“自成”走向“大成”

（代序）

“诚者自成”，意为有诚心的人，一定会成就自我。这让我不禁联想到此书作者——江苏省新沂市城关小学金永梅校长。从之前的素昧平生，到之后她来听我的讲座，现在是我主持的江苏省名校长工作室的一名成员；从相遇到相识，和我聊起她的省规划课题，聊起她所在的学校，聊起她的教师团队，我也饶有兴趣。课堂教学是体现教师教学水准和生命价值最集中的场所，它既可以折射出一位教师精湛的教学艺术、新颖生动的教学目标和特色、丰富鲜活的教学经验，更可以透视出一位校长的育人观念、教学追求、价值旨归。

自成课堂植根时代的教育召唤。时代呼唤我们需要从对教的研究发展到对学的探索。学校是一段旅程，学生在这一段旅程中会有很多美好的相遇，而在更多的时空中相遇的是学校的课堂。学校如何为学生童年旅程设计最适切的路线、提供最适合的服务、实现最适时的生长，是每一个学校必须要去思考的。城关小学的自成课堂源于学校的“诚”文化，城关小学的校训是“诚者自成”。城关小学提出来的自成课堂实践，在课堂教学中突破传统教的观念的禁锢，解放了每一位孩子。在知识求索过程中，教师充分挖掘每个孩子的潜力，充分展示每个孩子的潜能。在孩子们能达成的时候，教师一直站在他们的身后。在孩子最需要的节点，教师与他们并肩而行。这样的课堂实践是切合新时代教育改革步伐的，因为它始终把人的发展放在首位。

自成课堂源于学校的教育哲学。遍布全国各地的学校有着不一样的地域环境、不一样的办学追求、不一样的学生起点，因此有着不一样的教育哲学。“诚者自成也”的思想指出拥有一颗“诚”心，并为之坚持努力，就一定会获得成功。今天，我们再来温习这一儒家经典，仍然不失其成为引领学校教育的理念之一。城关小学以“诚文化”为核心，秉承“诚者自成”的办学理念，真诚关爱每一位学生，建构悦享自成课堂，实现有温度、有灵魂、有梦想的心灵教育。金校长的自成课堂的构想与学校文化建设相融合，把学校文化建设与课堂教学改革融于一体，把课堂作为文化建设的重要阵地，把文化建设与课堂教学改革紧密联系在一起，在课堂教学改革实践中探索有效促进学生自主学习的基本模式，实现学生核心素养发展的课堂教学的基本样态。走进课堂教学现场，才有了观察、研究、阐发、诠释的必要，也才有思想辨析、意义建构的表达空间，并沿着这样一种事实呈现、思想辨析、意义表达的路径，以此来追寻和探索自成课堂的意义与意蕴。

自成课堂彰显自我的价值追求。从自成课堂里走出来的学生，要有对知识的渴望与敬畏，要有对成功的信心与追求，要有对家国的责任与担当。自成课堂就是基于这一教学愿景，站在发展学生核心素养的高度，提出了改革课堂教学，树立课堂教学新样态的实践目标。自成课堂教学宗旨是引导学生自学、互学、助学，充分展示学生自主的活动过程，最终达成会学的教学追求。学生成长的道路，必须要自己去行走，只有如此，他们才能体会到山重水复之后的柳暗花明，才能在跋涉泥泞中品味到一路芬芳。精彩不会随风飘来，一定是披荆斩棘后的别有洞天。自成课堂体现的正是这种真实的知识生成经历、真实的学生成长经历。

自成课堂生成丰富的实践现场。罗杰斯的人本主义关注整体灵魂，关注全人教育，不能把人割裂开来。要实现发展核心素养、探索课堂教学新形态、融合学校文化建设的三位一体，最终形成具有学校特色的课堂教学生态，呈现学校的教育发展特色。自成课堂呈现更多的像是一个社会的、生活的大舞台，学生在这个舞台上扮演着各种各样的角色。自成课堂实施过程中所使用的自成单，以问题为导向进行设计，给予了学生更多的自由以及足够自主学习的空间。在问题指引下，学生学有所获、学有所思、学有所疑，自成单给学生搭建起了充分的活动舞台。金校长的自成课堂让学生会学、自学、互学，实现学生学习的主体地位，激发学生的学习动力，关注学生的个性绽放，鼓励学生的群星争辉。创想相遇未来，为的是遇见最美好的自己。学生在自成课堂中汲取成长的力量，确立促进个性成长的多元评价，成长为独特的自己。

“诚自成，诚必成”，城关小学的师生在“诚者自成”校训的感召下，在追寻自成课堂的征程里，点亮学生的梦想。苏霍姆林斯基曾说，思想是根基，理想是嫩绿的胚芽，在这上面生长出人类的思想、活动、行为、热情、激情的大树。一位有思想的校长带领着一群有理想的教师用田野草根式的研究方式，给大家打开了新的视窗。自成课堂努力使课堂成为学生自由成长的肩膀和终生难忘的地方，真正为学生的生命成长服务，为学生一生的素养奠基。能自成，期待定能走向大成。

庄惠芬

2020 年 7 月

（作者系江苏省常州市武进区星河实验小学教育集团校长，教育硕士，中小学正高级教师。荣获全国优秀教育工作者、江苏省特级教师、江苏人民教育家首批培养对象、常州市特级校长等荣誉。）

自　序

“课改”这个词，不停地出现在教师的教学生活中。新标准、新教材、新理念、新教法，加上处于起步阶段的课堂教学上的百家争鸣、众说纷纭，使部分老师陷入了迷茫之中：到底什么才是课改？新课程背景下的课堂教学应是怎样的呢？学生的核心素养又该怎样得以高效促进？

为了避免无序、盲目和低效，我们在学习中思索，反思“我的课堂教学中有哪些与新课标要求相悖的”。知不足，然后才能改。我们通过访谈反思、集体讨论、教学研讨等形式，开展了“我的自成课堂个性标准”“假如我上这一课”“我心中的自成课堂”等系列活动，引领老师们进一步转变教学观念，加深对新课程标准下校本自成课堂的认识，明确课堂教学改革的方向。我们认为，校本的自成课堂首先应该是有效的课堂；其次应该是风格和个性的课堂，应该是走向学生核心素养、引导学生学会学习的课堂。我们的自成课堂既可以理解为一种理念，又可以理解为一种方法。作为理念，意在强调，学习在本质上是学生自己的事情，具有不可替代性，教学的作用在于帮助、促进与催生这一行为的发生。作为方法，主要围绕“自学、互学、导学、会学”，服务、引领学生习得知识、习得方法、习得能力。

研究课堂——会发现我们对“自学、互学、导学、会学”有了更深的理解，有了更清晰的定位；

走近学生——会发现我们离学生还有相当的距离，我们更对自成课堂有了切身的感触；

走近同事——会发现自己的身边原来有如此多的专家，如此多的经验……

走近自我——会发现我们的潜力远远还没有发掘，我们对自己还并不了解……

学习访谈——会发现教育研究就在我们的日常教学之中……

交流互动——会发现我们就是一个个研究者……

对比结果——会惊奇地发现新教育的理念不知不觉已渗入我们的心田……

相信岁月，相信种子。有一天，我们会发现自己就是专家，就是学者……

金永梅

2020 年 6 月

目　录

第一章 自成课堂的内涵诠释

第一节 自成课堂的基本释义

一、自成课堂研究的背景

2016年9月,北京师范大学举行了中国学生发展核心素养研究成果发布会。会议提出核心素养以培养“全面发展的人”为核心,分为文化基础、自主发展、社会参与三个方面,综合表现为人文底蕴、科学精神、学会学习、健康生活、责任担当、实践创新六大素养,还具体细化为人文积淀、国家认同、批判质疑等要点。学生核心素养发展必将是未来课程标准修订、课程建设、学生评价等改革的方向,也是当前学校课堂教学改革的重要指引。

学生发展核心素养,主要指学生应具备的,能够适应终身发展和社会发展需要的必备品格和关键能力。研究学生发展核心素养是落实立德树人根本任务的一项重要举措,也是适应世界教育改革发展趋势、提升我国教育国际竞争力的迫切需要。

目前关心发展儿童核心素养的研究刚刚起步,结合学科课堂教学的实践研究在全国各地不同的学段都已展开。关于学科课堂教学中发展儿童核心素养的系统性的、有推广价值的研究还少有见到。

我们提出的基于儿童核心素养发展的自成课堂教学模式实践研究,立足于儿童核心素养的“自主发展、学会学习”,通过改革课堂教学模式、改变学生学习方式,促进学生自主发展、学会学习。近年来,我们学校十分重视学校文化建设,坚持打造以“诚”为核心元素的学校文化,确立了“诚者自成”的校训。《中庸》曰:“诚者自成也,而道自道也。诚者,物之终始。不诚无物。是故君子诚之为贵。诚者,非自成己而已也,所以成物也。”有诚心的人,一定会成就自我。拥有一颗诚心,为了既定的人生目标,诚心诚意,踏踏实实地去实践,就一定会“成人”。“诚者自成”,其实质是引领师生实现“成才”“成人”的精神追求,“学会做人”“长大成人”“成就自我”。“诚者自成”,这是对人生命成长意义的最大价值展现,让学校中的每个生命个体,都能受到校训所寄寓的学校精神的洗礼、浸润,焕发人的活力,唤醒人的壮志,提升人的价值,促进生命的和谐成长,体现了学校建设与发展以人为本的价值取向。学校文化建设是离不开课堂这个阵地的。我们选择以“基于儿童核心素养发展的自成课堂教学模式实践研究”为题开展研究活动,一是要基于发展儿童核心素养,走在教育教学改革的最前沿;二是要与学校持续打造的文化建设紧密融合。把课堂教学改革与学校文化建设有机整合,在文化的引领下,变革教学方式,形成具有学校特色的、有利于学校教学质量持续提升的、促进学生主动发展为核心的课改新模式。

二、什么是自成课堂

我们提出的自成课堂,是在学科课堂教学中,创设有意义的教学情境,激发学生自主学习,先学为主;发挥小组合作的有效性,在交流合作中,相互学习;在学有所惑时,教师导学,加深学习深度,最终促进学生从学会到会学的转变。

自成课堂,目的是充分体现学生的自学、互学,教师的导学作用,实现会学的目标。“自学”倡导生先学而师后教;“互学”倡导组内、组际互动;“导学”重在引领学生的深度思维、创新精神与实践能力。自成课堂体现先学后教、多学少教、以学定教、自主体验、互助研究、质疑生成的教学思想。

第二节 自成课堂的研究价值

目前关于发展儿童核心素养的研究刚刚起步,小学生核心素养的发展理论在不断完善。把发展核心素养与学科教学紧密结合在一起,通过课堂教学的变革,彰显发展核心素养的突出地位,是当前课堂教学改革的主攻方向。结合学科课堂教学的核心素养实践研究在全国各地不同的学段都已展开,但是关于学科课堂教学中发展儿童核心素养的系统性的、有推广的研究还少有见到。2014 年以来,徐州地区开展了“学进去、讲出来”教学方式行动计划,提出了“自主先学、小组讨论、交流展示、质疑拓展、检测反馈、小结反思”的基本教学流程。在市、县两级教育局、教研室的指导下,我们学校开展了“学讲”改革。本书提出的自成课堂与“学讲”的理论框架是相符合的,提出的建构学科基本教学模式与“学讲”的基本流程没有本质上的区别。但是,正是基于“学讲”的改革实践,我们不断反思,结合核心素养发展的要求,和学校文化建设的需要,提出了“基于儿童核心素养发展的自成课堂教学模式实践研究”。

我们提出的实践研究,是儿童核心素养发展的校本化、课堂化、学科化,对于探索不同学科在教学实践中积极落实核心素养教育,促进学生“主动发展、学会学习”等素养的发展等,具有一定的理论价值。基于儿童发展核心素养的学科“自成”教学模式的实践探索,也为当前“生本”课堂范式研究提供了实践基础。当前,区域学校班额过大现象较为普遍,班额过大对已有的教学方式带来的冲击已经显现,严重影响学科教学质量的提升。面对大班额,如何才能做到面向全体,让每个学生都能在学习活动中主动展现自我、个性发展、全面发展?这已经给我们当前的教学方式带来了挑战。大班额下报告式地教,一对一地问,教师指挥下被动地学,个别优秀学生的代替性展示等问题必须得到有效解决。当前,区域内部分学校已经行动起来,在认真落实徐州市“学讲”行动的基础上,结合学校自身实际提出了“活动化教学”“生成性课堂”“互动式学习”等教学改革口号,努力解决学科教学现状与落实新课程理念之间的矛盾及学生发展的自身需求与学科教学质量提升之间的矛盾等。

自成课堂教学模式实践研究,通过建构符合学科教学特征和学生发展需求的教学模式,突出体现学生的自学、互学。在有意义的学习情境中,让每个孩子都深入到学习活动中去,亲身体验知识生成过程。通过小组建设,充分发挥小组的合作价值,给每个孩子同等的展现自我的机会。在教师的导学中,给学生搭建质疑、创新的平台,充分张扬学生个性,培养学生的实践意识和创新精神。积极探索在学科教学中如何有效主张学生个体的充分自我展现。本书的研究，会同区域内学校一起，为探索新形势下的课堂教学有效性，追求发展儿童核心素养的教学目标，产生积极影响。研究成果的推广，对区域学校的教学改革具有积极的影响力和推动力。

第三节 自成课堂的理论依据

自成课堂实践研究是依据当前国内外教育学、心理学研究的最新理论，充分借鉴前沿教育教学理论知识以及实践研究成果，结合自身教育教学实际进行的新型课堂教学模式的实践研究。

一、建构主义理论

建构主义最早是由瑞士的皮亚杰提出的。他所创立的关于儿童建构主义认知发展的学派，坚持从内因和外因相互作用的观点来研究儿童的认知发展。他认为，儿童是在与周围环境相互作用的过程中，逐步建构起关于外部世界的知识，从而使自身认知结构得到发展。建构主义是一种关于知识和学习的理论，强调学习者的主动性，认为学习是学习者基于原有的知识经验生成意义、建构理解的过程，而这一过程常常是在社会文化互动中完成的。建构主义的提出有着深刻的思想渊源，它迥异于传统的学习理论和教学思想，对教学设计具有重要指导价值。当代建构主义理论认为，学习不是由教师把知识简单地传递给学生，而是由学生自己主动建构知识的过程，这种建构是无法由他人来代替的。自成课堂注重落实学生学习主体地位，以自主学习贯穿整个学习过程，给学生提供自主建构的时间和空间。

二、人本主义教育思想

罗杰斯认为，意义学习主要包括四个要素：第一，学习具有个人参与的性质，即整个人（包括情感和认知两方面）都投入学习活动；第二，学习是自我发起的，即便在推动力或刺激来自外界时，仍要求发现、获得、掌握和领会的感觉是来自内部的；第三，学习是渗透性的，也就是说，它会使学生的行为、态度，乃至个性都发生变化；第四，学习是由学生自我评价的，因为学生最清楚这种学习是否能满足自己的需要、是否有助于自己了解想要知道的东西、是否明了自己原来不甚清楚的某些方面。罗杰斯的人本主义关注整体灵魂，关注全人教育，强调不能把人割裂开来，即在以学习者为中心时，老师是学习的促进者，要实现“开放的学校、开放的课堂”。我们研究的自成课堂就是要遵循罗杰斯主张的应该以学生为中心的教学，教师的任务是促进学习者学习和成长，为学习者提供适当的环境，激发学习的动机，从而使学生的创造力得到充分发挥。

三、需求层次理论

马斯洛提出的需求层次理论，是解释人格的重要理论，也是解释动机的重要理论。马斯洛提出个体成长的内在动力是动机。马斯洛认为动机是由多种不同层次与性质的需求所组成的，而各种需求间有高低层次与顺序之分，每个层次的需求与满足的程度，将决定个体的人格发展境界。需求层次理论将人的需求按照由低到高划分为五个层次，并分别提出激励措施。其中，底部的四种需求（生理需求、安全需求、归属和爱的需求、尊重的需求）可称为缺乏型需求，只有在满足了这些需求后个体才能感到基本上舒适。顶部的需求（自我实现需求）可称之为成长型需求，因为它们主要是为了个体的成长与发展。

学习和求知是人类的基本需求，它是推动学生学习的内部动力。因此，我们强调的自成课堂，突出给学生创设良好的学习情境，激发学生的好奇心和求知欲，保障学生为满足需求、进行自我输入学习的持久动力，从而满足学生认知及自我实现的需求。

四、认知发展理论

维果茨基的认知发展理论，突出强调了语言与认知发展的关系。他认为语言具有调节思维与行动的功能。维果茨基比较强调自我中心的积极作用，认为它能帮助儿童解决问题。他观察到儿童在遇到困难时，自我中心语言成倍增加，说明儿童运用自我中心语言帮助其思维。他的认知发展理论认为合作交往在儿童的认知过程中，具有相当的重要性。在课堂上，表现为合作教学正是最具有计划性与系统性的交往形式。自成课堂倡导的学习方式中，互学就充分体现了合作，通过小组合作，让学生在与同伴的交往互动和合作探索中，各方面能力都得到充分发展。

五、“教学做合一”教育思想

“教学做合一”的教育思想，是陶行知先生的生活教育中的重要思想。“教学做合一”要求有教先学和有学有教。有教先学即教人者教己，或者说教人者先教自己；有学有教则要求即知即传，会者教人学，能者教人做。“教学做合一”要求摒弃单一的课本讲授法，以学生自主的学为主，照顾到学生的心理与发展需要。自成课堂以陶行知先生的教育思想为指导，强调在学习中学生自主地位的确立，以及同伴互助中合作学习的体现，使学生在互助过程中，不断反刍内化自己所学的知识，真正达成学生自己的“教学相长”。

六、有意义学习理论

奥苏伯尔有意义学习过程的实质，就是使符号所代表的新知识与学习者认知结构中已有的适当概念，建立起非人为的和实质性的联系。有意义学习理论强调在新知识的学习中，认知结构中原有的适当观念起决定作用，对新知识起固定作用。有意义学习需要具备两个条件：第一，学生要具有有意义学习的意向，即把新知识与认知结构中原有的适当观念关联起来的意向；第二，学习材料对学习具有潜在意义，即学习材料具有逻辑意义，并可以和学生认知结构中的有关观念相联系。这两个条件缺一不可，否则会导致机械学习。

奥苏伯尔认为，学习者必须积极主动地使新旧知识不断分化、重新组织，才能转化为自己的认知结构，学生的有意义学习是一个主动的过程。他认为学习动机主要由三个方面的内驱力所组成：认知内驱力、自我提高内驱力和附属内驱力。自成课堂特别关注学情，主张教师教学要以学定教，从学生原有知识结构出发设计教学，让学生自主同化、顺应、接纳新知识，反对机械式的师生间的知识“交接学习”。

第四节 自成课堂的设计原则

一、自学初探原则

自成课堂的教学过程设计，着力体现学生的自主学习。一是通过课前自成学习单，指导学生课前完成对新知识的初步探索，并能用自己的方式进行表达。二是在课内通过自成学习单，完成自主探索的某一环节或整个新知探索环节，并尝试用自己的方式表达出来。课堂教学的设计着重围绕学生的自学展开，让学生充分进行新知的初探，经历独立感知新知对已有知识经验的碰撞，突出学生自主学习的课堂特色。

二、个性表达原则

依据多元表征理论，每个孩子眼中的世界是各不相同的，每个孩子对环境的理解也千差万别。因此，学生的学习生成过程，要充分体现学生的自主、自由。在教学活动中，教师要允许、鼓励学生以自己的方式表达对新知的理解和对活动过程的呈现，要让每位学生都能张扬个性，多样性地表达自己的认知。在学生群体的多样性认知呈现中，教师要指导学生对话、辨别、融合，求同存异。

三、互助学习原则

在课堂教学活动中，教师要给学生互助学习的时间和空间，让学生有与同桌、小组、全班学生进行交流、互动的机会，让生生交流成为课堂活动的常态和固有形式。要落实好小组合作学习，注重学习小组建设，合理进行小组划分、组内分工，指导学生掌握恰当的研讨程序和方式，使学生形成良好的研讨成果汇报展示习惯。通过组内激励和组际竞赛等多种形式，推进小组学习不断深入，形成具有自成课堂特色的小组互助学习方式。

四、情境学习原则

学生的数学认知活动与学生的生活实际是密不可分的，学生有意义的学习也一定离不开适合他们探索的情境。在有意义的情境中，可以更好地激发学生自主学习的能力。自成课堂的教学过程，要从学生感兴趣的情境开始，让情境成为学生联系数学与生活的纽带。自成课堂的教学设计，教师首先要给学生一个良好的学习情境，通过创设与学生相关的现实生活、有趣场景、参与式活动等，激发学生主动参与探索活动的热情，让学生在学习情境中实现知识的探索目标。

五、学法指导原则

自成课堂提倡自主学习，在自学、互学、导学过程中，最终实现由学会到会学的转变。自成课堂的自主学习学法指导尤为重要，教师要注重学习策略和学习方法的指导，在教学过程中要根据不同学段、不同学科特点，系统地指导学生掌握科学的学习方法，注重学习习惯培养，形成学生个性化的较为稳定的行为模式和学习风格。

六、适时指导原则

自成课堂的学习活动离不开教师的指导，教师的指导是学生深度学习的根本保证。教师在教学过程中要特别注意把握指导的时机，依据认知需要理论，给学生适时的帮助。学生能独立完成学习的，或是能通过小组合作互学完成学习的，教师一定要退一步，让学生尽可能地多前行。在学生探索的过程中，教师的画龙点睛之笔，能不出则不出，能迟出则迟出。

第五节 自成课堂的基本特征

一、有明确的任务指向

目前，很多课堂教学活动都是由老师设计的，学生在活动开始并不知道自己的目标。自成课堂着力推行的是学生主动学习，而学生主动学习的前提是明确学习目标，从而围绕探索的目标展开学习活动。学习目标一般是通过自成学习单来呈现，由教师或学生预设活动目标，明确学习要求，从而依据明确的学习计划开展学习活动。明确的学习目标，可以提高学生活动的层次性、合理性，以及教学活动的有效性。

二、有全程的活动参与

自成课堂的实施分为自学、互学、导学等层次。从独立自学开始，学生就参与到了活动中来。在有了自己初步探索、基本获得之后，再经历小组互学过程，通过小组合作继续深化探索，最后由教师点拨导学，从而提升学生的探索空间。在这个过程中，不论是个体学习、小组学习，还是教师导学，学生始终参与其中。

三、有意义的探索情境

自成课堂遵循的原则之一就是情境学习。学生的探索活动是在教师有意创设的情境中进行的。课堂教学中，每位教师都要依据学科知识内容、学生个体年龄特征，以及活动探索需要等，为学生创设良好的、有意义的活动情境，激起学生的活动欲望，提升学生参与探索的动力。

四、有深度的知识建构

自成课堂要求课堂教学在促进学生获得知识技能的同时，更要获得能力的迁移和思维的发展。课堂里有学生前期的主动自学，有小组内的互帮互学，也有师生间的互动导学。有深度的学习过程从学生自学开始，在学生个体达到认知极限后，通过小组合作互助互学提升认知空间，最后在教师的指导点拨下继续深化。学生的知识建构在多层次、多边活动的共同作用下，达到最大限度的优化。

五、有个性的张扬展现

提倡学生的个性化学习是自成课堂的特征之一。自成课堂由于是从学生的自学开始，所以就有了给学生个性展现的机会。学生初步探索后，在表达自己的获得或思考时，教师允许学生以自己的方式呈现，给学生最大的个性空间。多种路径呈现个体探索成果时，鼓励学生与学生之间的实时对话。通过对同伴学习结果的评价、学习内容的补充、学习过程的质疑等，引导学生积极参与，让每位学生都能展现自我活动的经历，让学生树立起学好知识的自信心，从而促进学生的个性发展、全面发展。

附：课题申报书

编号：________

江苏省教育科学"十三五"规划
课题申报评审书

课题名称：基于学生核心素养发展的"自成课堂"实践研究

研究方向与范围：课堂教学

课题主持人：金永梅

所在单位：新沂市城关小学

申报日期：二〇一七年十二月

一、课题研究人员基本信息

课题主持人	第一主持人姓名	金永梅	性别	女	民族	汉族	出生年月	1973.8
	行政职务	校长	专业技术职务		中小学高级教师		研究专长	数学
	最后学历	本科	最后学位				电 话	139××
	工作单位	新沂市城关小学				E-mail	xysjym88@163.com	
	通讯地址	新沂市城关小学				邮政编码		221400
	第二主持人姓名		性别		民族		出生年月	
	行政职称		专业技术职务				研究专长	
	最后学历		最后学位				电 话	
	工作单位					E-mail		
	通讯地址					邮编		
	“十二五”期间教育科研情况	江苏省教育科学“十二五”规划课题完成情况						
		其它教育科研课题完成情况	2009年江苏省教研室立项课题“小学数学问题情境创设的实践研究”结题					
		独立或以第一作者身份公开发表或出版的论文或论著（限填10篇）	论文或论著名称			发表论文（或出版论著）的报刊（或出版社）名称及日期		
			《合作学习在小学数学教学中的应用》			《数学学习与研究》，2015年第10期		
			《创设数学问题情境 促进学生主动探索》			《中学课程辅导》，2015年第6期		
			《以问题为核心实施数学教学》			《数学学习与研究》，2015年第14期		
			《学校文化建设的思考与实践》			江苏教育科学研究院评为一等奖，2016年9月		
			《在数学课中提升学生说的能力》			《成才之路》，2015年第6期		
课题组核心成员（不	姓名	工作单位			专业技术职务		研究专长	课题组中的分工
	朱善春	新沂市城关小学			中小学高级教师		语文	子课题组长
	夏 斌	新沂市城关小学			中小学高级教师		语文	语文课题组

含主持人，限填10人）	黄召翠	新沂市城关小学	中小学高级教师	语文	语文课题组
	张　宁	新沂市城关小学	中小学一级教师	语文	语文课题组
	孙　委	新沂市城关小学	中小学一级教师	数学	子课题组长
	徐　娜	新沂市城关小学	中小学一级教师	英语	子课题组长
	张　辉	新沂市城关小学	中小学二级教师	科学	科学课题组
	刘田华	新沂市城关小学	中小学一级教师	科学	子课题组长
	陈　宇	新沂市城关小学	中小学一级教师	英语	英语课题组
	金鑫莉	新沂市城关小学	中小学二级教师	数学	数学课题组

二、课题研究设计与论证报告

（一）课题的核心概念及其界定

本课题是“基于学生核心素养发展的‘自成课堂’实践研究”。本课题的核心概念包括以下几个方面。

一是“基于学生核心素养发展”。2016年，北京师范大学举行了中国学生发展核心素养研究成果发布会，会上提出了中国学生发展核心素养的总体框架，包括文化基础、自主发展、社会参与三个方面，综合表现为人文底蕴、科学精神、学会学习、健康生活、责任担当、实践创新六大素养。本课题核心概念之一是“基于学生核心素养发展”。课题提出了课堂教学新形态实践探索，其目的是促进学生核心素养的发展。每个学科课堂教学模式构建的探索实践，都要以发展学生核心素养为根本目的，特别凸显自主发展部分的学会学习这一素养。

二是“自成课堂”。自成课堂，即自主成长的课堂，以学生自主学习为主要任务的，充分展现生生交流合作的，以自学、互学、导学为主要形式的学科课堂教学。自成课堂是为了发展学生“学会学习”这一基本素养。自成课堂既是课题研究的课堂教学模式构建的标签，也是研究的基本内容。自成课堂构想的呈现，是与学校文化建设相融合的结果，学校文化的核心元素是“诚”，校训是“诚者自成”，探索这样的课堂教学新模式，也是基于把学校文化建设与课堂教学改革融为一体，把课堂作为文化建设的重要阵地，把文化建设与课堂教学改革紧密联系在一起。

三是实践研究。本课题着重于课堂教学模式构建的实践研究。在课堂教学改革实践中探索能有效促进学生自主学习的基本模式，能实现学生核心素养发展的课堂教学的基本样态。课题研究着重实践，在实践探索中完成学科课堂教学模式的构建，形成学科教学基本模式体系。

（二）国内外同一研究领域现状与研究的价值

当前，关于学生核心素养的研究处于起步阶段。2010年以来，国家和省级层面的教育、教研部门都在研究中国学生的核心素养内容及其实现方法。义务教育课程标准也尝试把学科素养纳入进来，并引导教师在教学中发展学生核心素养。2016年是中国学生核心素养理论研究成果丰硕的一年，中国学生核心素养研究成果在北京师范大学发布，

会上对学生发展核心素养的内涵、表现、落实途径等做了详细阐释。这给我们学校一线教师开展课堂教学改革，落实发展学生核心素养行动提供了有力、可靠的理论引领。随着学科渗透的理论研究进一步发展，我们提出的基于发展学生核心素养的课堂教学实践研究将会得到更为细致的理论指导。相信在现有关于核心素养理论的引领以及上层深化研究的指导下，我们提出的基于核心素养发展的课堂教学改革实践研究一定会取得显著成果。 基于学生核心素养发展的课堂教学实践研究，目前鲜有成果。基层学校、科研机构目前都是尝试研究之中。 关于自主成长课堂模式建构的研究，目前是百花齐放，百家争鸣。如徐州市市域推进的“学讲计划”正在进行之中，以“学讲行动”为核心内容的课堂教学改革，已经被教育部认可，徐州市被命名为国家级课改实验区。“学讲方式”是以学生自主学习作为主要学习方式，以合作学习作为主要教学组织形式，以“学进去”“讲出来”作为学生学习方式的导向和学习目标达成的基本要求的课堂教学方式。以南京仲广群为代表的“助学课堂”，强调学习的本质是学生自己的事情，他人不可替代。“助学”，就是让教师通过一定的方式帮助和促进学生的学习；让本来课堂中教师主宰、控制，学生顺从、依附的师生关系，变成学生积极主动学习、教师做出相应帮助的师生关系。杜郎口中学的“三三六”自主学习教学模式，是通过课堂自主学习三特点、自主学习三模块、课堂展示六环节，学生在课堂上自主参与，课堂的绝大部分时间留给学生，老师仅用极少的时间进行点拨，营造以学生自学为主、以学生为主体的课堂。洋思中学的“先学后教，当堂训练”的课堂教学模式，充分体现了学生在课堂教学中的主体地位，学而不足则后教。这些较为成熟的研究成果，为我们学校开展具有学校教育特色的课堂教学改革提供了丰富的“营养”。不论是理论指导，还是模式操作，我们都有较为丰富的理论指导和详尽的材料支持。我们想通过这个课题的研究，进行一次大胆的尝试，把发展核心素养作为课堂教学新形态的引领，把学校文化建设与课堂教学新形态探索融合起来。通过课题研究，我们将实现发展核心素养、探索课堂教学新形态、融合学校文化建设的三位一体，最终形成具有学校特色的课堂教学生态，呈现学校的教育发展特色。
（三）研究的目标、内容（或子课题设计）与重点
本课题的研究目标是构建充分展现生生交流合作的，以“自学、互学、导学、会学”为主线和主要教学行为的，以“自主发展、学会学习”为中心的“自成课堂”教学新形态，并通过改革课堂教学形态，转变师生的教学行为，改变学生的学习方式，促进学生自主发展、学会学习，使学生的核心素养得到发展。课题研究的内容包含以下几个部分。 一是理论文献研究。文献研究分为两部分内容，第一是学习当前核心素养教育的国内外研究状况，重点学习北京师范大学的研究成果，明确中国学生发展核心素养的总体框架，认真体会文化基础、自主发展、社会参与这三个方面的核心内容，以及人文底蕴、科学精神、学会学习、健康生活、责任担当、实践创新等六大素养。第二是学习借鉴国内外学者在主动学习、自主学习方面的研究成果和研究方法，结合本地学情、师情及学校教育发展特色进行内化吸收。 二是现状调查研究。以本校课堂教学基本模式对师生的影响作为研究内容，系统规划研究方式、方法和内容。通过调查研究，找到当前课堂教学中经验性教学形式与学生自主学习之间

的矛盾，影响学生自主学习的因素，探索教学观念与教学现状之间的冲突所在，为教学方式变革打好理论与实践基础。 三是自成课堂模式建构研究。在教学实践中开展课题研究，以促进学生核心素养发展为目标，以学生自主学习为主要形式，提出自成课堂的模式构成，并应用于课堂教学实践之中。在实践中不断尝试、分析、研究，通过教学实践验证课堂教学模式构成的合理性、科学性，在实践中不断改进和完善。在实践研究的基础上，逐步建立起课堂教学基本模式、样态的理论构成。课题研究完成后，在结题报告中，要有较为详尽的教学模式框架和较为完备的教育教学理论。在学科教学中，以语文、数学、英语、科学这四个学科的课堂教学新形态的构建为主要内容，着眼于学科课堂教学新设计、新形式的研究。通过课堂教学中教与学的方式转变，改变学科课堂教学中老师讲得多、问得多，学生听得多、练得多的状况，努力突出学生的主体地位，着重强调学生的自学和互学、教师的导学，并达成会学的目的，最终建构能够促进学生核心素养发展的、以自主学习为主要形式的课堂教学模式。 围绕本课题，每个学科成立一个子课题研究小组，分别承担子课题的研究任务。子课题分别为“基于学生核心素养发展的语文‘自成课堂’教学实践研究”“基于学生核心素养发展的数学‘自成课堂’教学实践研究”“基于学生核心素养发展的英语‘自成课堂’教学实践研究”“基于学生核心素养发展的科学‘自成课堂’ 教学实践研究”。本课题的最终体现形式是小学语文、数学、英语、科学等四个学科的课堂教学基本形态，这些新形式、新形态既要符合课题提出的研究理念和指导要求，又兼具各学科自身的活动特色。 四是课题评价研究。课题提出的“自成课堂”是为发展学生的核心素养而探索形成的，是为了实现以“自学、互学、导学、会学”为主线和主要教学行为的学生自主成长的课堂。在实践研究中应逐步形成基本的评价体系，语文、数学、英语、科学四个学科要有评价是否符合“自成课堂”的基本标准。在教学中，开展“自成课堂”学生学习行为评价研究，制定学生行为基本评价标准，引导教师按基本要求组织学生进行自主学习，最终形成对师生教与学的行为以及对课堂教学基本样态的评价体系。
（四）研究的思路、过程与方法
本课题主要以小学语文、数学、英语、科学等四个学科的课堂教学实践研究为抓手，以发展儿童核心素养为目标。本课题主要采取文献研究、调查研究、行动研究、评价研究、案例研究等方法。 1. 文献研究。多渠道开展对当前儿童核心素养发展的情报资料收集、整理与学习工作，明确“自主发展、学会学习”等核心素养发展的基本要求、基本方向、基本策略，时时关注国内外有关研究动态，借鉴已有的研究成果，深化学习，取长补短。 2. 调研研究。以本校课堂教学基本模式对师生的影响作为研究内容，系统规划研究方式、方法和内容。通过调查研究，找到当前课堂教学中经验性教学形式与学生自主学习之间的矛盾，影响学生自主学习的因素，探索教学观念与教学现状之间的冲突所在，为教学方式变革打好理论与实践基础。

3. 行动研究。在教学实践中开展课题研究，以促进学生核心素养发展为目标，以学生自主学习为主要形式，提出自成课堂的模式构成，并应用于课堂教学实践之中。在实践中不断尝试、分析、研究，通过教学实践验证课堂教学模式构成的合理性、科学性，在实践中不断改进和完善。在实践研究的基础上，逐步建立起课堂教学基本模式、样态的理论构成。课题研究完成后，在结题报告中，要有较为详尽的教学模式框架和较为完备的教育教学理论。在学科教学中，以语文、数学、英语、科学这四个学科的课堂教学新形态的构建为主要内容，着眼于学科课堂教学新设计、新形式的研究。通过课堂教学中教与学的方式转变，改变学科课堂教学中老师讲得多、问得多，学生听得多、练得多的状况，努力突出学生的主体地位，着重强调学生的自学和互学、教师的导学，并达成会学的目的，最终建构能够促进学生核心素养发展的、以自主学习为主要形式的课堂教学模式。 4. 对比研究。通过课堂教学观察，从教与学的行为和质量中对比分析：学生的行为哪些是主动的，哪些是被动接受的；教师的行为哪些是促进学生主动学习的，哪些是对学生的主动学习构成消极影响的。 5. 案例研究。以各学科典型案例研究为抓手，在实践中反思，在反思中实践，每个学科逐步打造一定数量的样板课、精品课，再向一般课堂推广、实践，并根据文献研究的成果，有计划地提炼课题成果，并在一定区域内（县片区教研联盟学校）经常性开展经验交流。 6. 评价研究。课题提出的“自成课堂”是为发展学生的核心素养而探索形成的，是为了实现以“自学、互学、导学、会学”为主线和主要教学行为的学生自主成长的课堂。在实践研究中应逐步形成基本的评价体系，语文、数学、英语、科学四个学科要有评价是否符合“自成课堂”的基本标准。在教学中，开展“自成课堂”学生学习行为评价研究，制定学生行为基本评价标准，引导教师按基本要求组织学生进行自主学习，最终形成对师生教与学的行为以及对课堂教学基本样态的评价体系。 本课题研究属于实践探索性研究，按照理论先行、实践探索、反思提升、总结积累的思路，走学习、实践、研究、行动、反思、评价、发展的行动研究途径。通过采用理论学习、教学实践、专题研讨、典型案例分析和专家指导的方法，着重建构基于儿童核心素养发展的、符合学校文化建设要求的、具有学校发展特色的课堂教学新形态。本课题研究，以语文、数学、英语、科学四个学科的基本课堂结构形成为目的，突出在学科课堂教学中，创设有意义的教学情境，激发学生自主学习，发挥小组合作的有效性，让学生在交流合作中相互学习，充分体现学生的自学、互学及教师的导学。“自学”倡导学生先学而教师后教；“互学”倡导学生在组内、组际互动；“导学”重在教师引领学生的深度思维、创新精神与实践能力；“会学”期冀呈现“自主体验、互助研究、对话生成”的课堂教学样态。
（五）主要观点与可能的创新之处
把发展核心素养与学科教学紧密结合在一起，通过课堂教学的变革，彰显发展核心素养的突出地位，是当前课堂教学改革的主攻方向。结合学科课堂教学的核心素养实践研究在全国各地不同的学段都已展开，但是关于学科课堂教学中发展学生核心素养的系统性的、有推广的研究还少有见到。2014 年以来，徐州地区开展了“学进去，讲出来”教学方式行动计划，提出了“自主先

学、小组讨论、交流展示、质疑拓展、检测反馈、小结反思”的基本教学流程。基于“学讲”的改革实践，我们不断反思，结合核心素养发展的要求和学校文化建设的需要，提出了本研究课题。本课题研究是基于学生核心素养发展框架，并融合学校“诚”文化建设，而实施的“自成课堂”教学实践研究。以学生核心素养发展为目标，把课堂教学形态研究与学校文化特色建设相融合，形成具有学校教育特色的新课堂，是本课题提出的创新性所在。我们提出的融合性的课题研究，目前还没有单位、个人来做。我们想通过这个课题的研究，进行一次大胆的尝试，把核心素养发展与学科课堂教学模式探索相融合，把发展学生核心素养作为课堂教学模式构建的追求。通过课题研究，实现发展学生核心素养、探索课堂教学模式的一体化，最终形成具有学校教育特色的课堂教学新形态。

本课题研究是学生核心素养发展的校本化、课堂化、学科化，对于探索不同学科在教学实践中积极落实核心素养教育，促进学生“主动发展、学会学习”等素养的发展，具有一定的理论和实践价值。基于学生发展核心素养的学科“自成”教学模式的实践探索，也为当前“生本”课堂范式研究提供了实践基础。当前，区域学校班额过大现象较为普遍。班额过大对已有的教学方式带来的冲击已经显现，严重影响了学科教学质量的提升。面对大班额，如何才能做到面向全体，让每个学生都能在学习活动中主动展现自我，实现个性发展、全面发展？这给我们当前的教学方式带来了很大的挑战。大班额下报告式地教、一对一地问、教师指挥下被动地学、个别优秀学生的代替性展示等问题，必须得到有效解决。当前，区域内部分学校已经行动起来，大家在认真落实新课标理念的基础上，结合学校自身实际提出了活动化教学、生成性课堂、互动式学习等教学改革口号，努力解决学科教学现状与落实新课程理念之间的矛盾，以及学生发展的自身需求与学科教学质量提升之间的矛盾等。

本课题研究，通过建构符合学科教学特征和学生发展需求的教学形态，突出体现学生的自学、互学，以及教师的导学。在有意义的学习情境中，让每个孩子都深入学习活动中去，亲身体验知识生成的过程。通过小组建设，充分发挥小组的合作作用，给每个孩子同等展现自我的机会。在教师的导学中，给学生搭建质疑、创新的平台，充分张扬学生的个性，培养学生的实践意识和创新精神，以期呈现“自主体验、互助研究、对话生成”的课堂教学样态。学生在学习过程中，非智力因素不断得到培养，学习技能逐步提高，真正实现会学。本课题在研究过程中，将会同区域内学校，探索新形式下的课堂教学有效性，追求发展学生核心素养的教学目标。研究成果的推广，对区域学校的教学改革具有积极的影响力和推动力。

（六）预期研究成果

	成果名称	成果形式	完成时间
阶段成果（限5项）	阶段性研究报告	文本材料	2019 年 6 月
	教学案例	文本材料	2019 年 5 月 31 日
	课堂教学实录	录像	2019 年 12 月 31 日

	课题研究实验报告	文本材料	2020 年 2 月 28 日
	教育（教学）反思	文本材料	2020 年 2 月 28 日
最终成果（限 3 项）	县域课题研究推广会	主题活动	2020 年 5 月 31 日
	课题相关研究论文	发表、获奖	2020 年 2 月 28 日
	课题实践研究论著	正式出版	2020 年 2 月 28 日

（七）完成研究任务的可行性分析（包括：①主持人除外的课题组核心成员的学术或学科背景、研究经历、研究能力、研究成果；②研究基础，包括围绕本课题所开展的文献搜集、调研和相关论文等；③完成研究任务的保障条件，包括研究资料的获得、研究经费的筹措、研究时间的保障等。）

本课题主持人为学校校长，中学高级教师，江苏省优秀青年教师；多次获得市、县优秀课评比一等奖，在省级以上刊物发表教学论文十多篇；多次执教县教学观摩课；曾作为主持人完成省教研室立项课题、市教科所个人立项课题研究，作为课题组主要成员参与江苏省中小学教学研究室立项课题研究，并已结题。主持人是科研型校长，自参加工作以来一直坚持做科研，具有一定的课题研究经验和研究能力。在主持人的带领下，本课题研究一定会扎实有效开展，准时高质结题。其他课题组成员为学校学科骨干教师，市、县名优教师，都曾作为主持人或课题组成员参与过市级立项课题的研究，并都已结题。课题组成员中获得县级及以上课堂教学评比一、二等奖的有 12 人次，发表或参评获奖学科教学研究论文共计 30 余篇。

从 2016 年 9 月起，在主持人的带领下着手该课题的研究工作，虽然没有在各级研究主管部门立项，但是我们把它作为校级课题，积极开展研究。我们利用一个学期的时间，完成了相关资料情报的收集工作。课题组成员根据各自学科的研究要求开展了大量的实践研究工作。在研究过程中，我们多次邀请教育局、教研室专家，本区域特级教师，对我们的工作进行指导，针对他们提出的改进意见，我们不断地修正工作思路、调整工作方法、理清研究方向。

课题主持人和课题组成员在县域内有一定的知名度和影响力，得到市教育局、教研室和同行的好评。课题组成员都为一线教师，有能力、有时间按时完成课题研究工作。学校图书室图书充足，经常更新，学校与市图书馆相邻，借阅资料便利。学校成立了教师专业成长团队“思想的芦苇”，课题组成员都是教师专业成长团队成员，借助团队力量，能较大地提升课题研究的效率。学校教科室、教导处等教学管理与研究部门职能齐备，能有效协调课题组做好各项研究工作。在课题研究过程中，市教研室的专家、教研员能够经常到校指导课题研究。学校经费充足，每年在教学研究、教师培训、教学活动安排等方面的费用都能得到充分保障。对于本项课题研究，学校在经费保障上一定会满足各项需要。

三、课题主持人所属部门（单位）意见

本部门（单位）完全了解江苏省教育科学规划领导小组办公室有关“十二五”规划课题管理的精神，保证课题主持人所填写的《申报评审书》内容属实，课题主持人和参与研究者的政治素质、业务能力适合承担本课题研究工作。同意申报。 如果该课题获准立项并有经费资助，本部门（单位）愿意以不低于 1∶1 的比例划拨配套经费；如果该项课题获准立项没有经费资助，本部门（单位）愿意为该课题划拨不少于捌仟元的研究经费。 本部门（单位）账号： 开户银行： 户名： 单位负责人（签名、盖章）： 年 月 日

四、课题委托管理部门意见

县（市、区）管理部门意见： 单位负责人（签名、盖章）： 年 月 日	高校、大市管理部门意见： 单位负责人（签名、盖章）： 年 月 日

五、江苏省教育科学规划领导小组办公室意见

单位负责人（签名、盖章）： 年 月 日

第二章 自成课堂的实践路径

第一节 自成课堂的基本策略

一、自成课堂的基本结构

自成课堂的基本结构,是指在学科课堂教学中,教学活动的基本组成部分。自成课堂的教学环节一般划分为四个部分,分别是:自学、互学、导学、会学。

(一) 自学

自学是给学生一个自成单,自学而生疑。自成课堂倡导先学后教。我们通常所见的先学方式,是在开课后教师亮出教学目标,辅之以导学单、学程单等材料,让学生在课中"先学"。这在一定程度上达到了放手让学生自己学习的目的。但我们发现,课中的"先学",由于学习的时间和空间受到制约,因而学习的广度和深度也受到影响,加之学习资源不能得到充分利用,学习的自由度不够,导致接受的成分大于创新的成分,效率意识高于质量意识。

基于这样的思考,我们依据教学内容以及学情,灵活安排先学活动,将先学分为课前自学与课内先学。一是课内能够完成的自主先学,尽量安排在课内完成,教师的"导学"可依据学生活动情况恰当介入。二是把课内完成比较困难的先学活动移至课前,与传统的部分作业时间进行置换,给足时间让学生"学而先得,学而生疑"。

自成单是自成课堂的一个重要抓手。一份高质量的自成单,不仅能把学生引领上乐学、会学、勤学之路,而且能引领学生学会探究、学会合作、学会创造。学生学而有得，自有成功的体验；学生学而不得，更有急于“充电”的欲望；学生学有新发现，更愿在课堂上呈现、表现，后续动力更强劲。

自成单主要围绕将要学习的内容展开，需要进行问题化、板块化的处理，聚焦教学的核心内容，重在培养学生的学科思维能力和学科素养。自成单研制主体是同学科同年级任课教师，相互分割研发，集体商讨、整合。自成单在前一天或是课前发下去，学生放学后回家完成。自成单在课前由组长评分，教师将抽查与课堂巡视有机结合。

（二）互学

互学是给学生一个“小团队”，互学而互补。真正意义上的同伴合作需要明确几个必要条件的支撑：需要有合力，知道如何搭配；需要有目标，知道合作干什么；需要有动力，知道为什么合作；需要有方法，知道怎么合作；需要有准备，因为对于临时性的任务，学生在短时间内是难以进行深度的交流合作与经验共享的。

小组合作的目标必须要确定小组自学所得，呈现小组学习新发现，提出小组探究产生的困惑。通过基础任务达成得分、组间挑战达成得分、创新思路和方法得分等评价，提升合作动力。

在小组合作过程中，教师要特别指导学生，确定汇报内容，明确汇报规则，达成合作默契，形成合作方法，提升合作能力。各个年级根据实际情况进行小组建设，小组人数、人员分配等要求因低、中、高年级而各不相同。

（三）导学

导学是给学生一个表达体系，导学而有序。学生先行研究，自学、互学后，就有了展示、汇报的冲动，顺应这种心理，教师需要给学生一个表达体系，有序导学。

“我通过××方式，解决了××问题，是否正确，请大与我交流。”“我们小组发现还可以这样解决问题，请大家与我们小组交流。”“我们小组还存在着××问题，请大家帮助。”在反馈的基础上，如遇学生无法解决问题时，教师适时介入，引领学生大组活动，鼓励生生间互动。教师的言语不是指向对问题的理解，而是发挥组织、串联的作用，用以激发学生参与的愿望和动力。具体形式是，在对方没讲明白时提问；在对方没讲全面时补充；在对方观点有漏洞时质疑；在对方模棱两可时辩论；在对方观点错误时反驳。当采取以上形式介入交流时，课堂就会呈现出一种别样的形态：教师适度隐退，讲台让给学生，学生像小老师一样在前面大胆发表自己的观点，其他的孩子进行评价、补充、修正，台上与台下的学生聚焦问题，进行激烈的交流与辩论。若学生提出的问题质量很高或是利于教学的拓展和深化，新一轮的课内探究便由此展开。

（四）会学

会学是给学生一个“角色”，会学而明法。自成课堂的教有别于传统教学的教。教师不是用统一的模式把知识塞给学生，而是重在引导学生怎么学。自成课堂更像是一个社会的、生活的大舞台，它对学习者的角色进行了重新设计，学生在这个舞台上扮演着各种各样的角色：

给孩子一个小老师的角色，他（她）会想方设法地让其他同学明白他（她）所理解的内容。教师需要教给孩子的是如何才能更好地讲明白。

给孩子一个小答辩手的角色，敢于质疑不同的意见。教师需要教会孩子的是如何寻找依据，让自己的观点站得住。

给孩子一个小记者的角色，在采访中积累素材、梳理素材、形成成果。教师需要教会孩子的是如何辨别，如何去积累。

给孩子一个小侦探的角色，他（她）会像侦探那样去探寻知识的奥秘。教师要教会孩子的是如何去探究，如何去表达。

教师要做的是在学生思而不得、言而不明、探而不深时，带领孩子继续“爬高”，培养学生的思维能力。

二、自成课堂的操作模式

每一种教学理论都有相应的设计思路和教学模式。自成课堂在几年的实践中，也建立起了适应各科教学需要的模式体系。下面以数学学科为例，详细阐释自成课堂基本操作模式。

新沂市城关小学自成课堂基本操作模式（数学）

一、创设情境，自学生疑

以问题为主线呈现教学内容，让学生围绕问题展开知识的建构，问题主要通过“自成单”的形式展现，引导学生独立、主动地进行学习。

(1) 创设情境。

学生自学按时间安排分为课内自学和课前自学。课前自学的学习情境通过学习单来呈现，通过解决贴近学生生活实际，能引起学生解决数学问题的兴趣，激励学生主动自学。课内自学的学习情境一般通过教师的有意创设来完成，教师通过播放多媒体动画素材、讲故事、做游戏、谈话等，创设有意义的学习情境，激起学生的探索欲望。

(2) 以自成单呈现探究的问题。

自成单是学生自主学习的导引。以问题为导向的学习路径设计，为学生进行有效的自主学习和有意义的目标实现打下基础。

(3) 自主探究。

二、交流展示，互学互补

主要以学生为主体设计教学活动，先进行小组内的学习交流，通过充分的交流、沟通，交换各自的已有认知，解疑各自的学习困惑，从而建造一个互帮互助、合作学习的平台。小组合作交流后，由小组成员将学习中获得的学习成果和出现的疑难问题展示出来，让学生之间、小组之间互相评价，在评价中学习，在评价中提升。由组内互学拓展为班内互学，实现互学效益的最大化、互学能力的最优化。

三、点拨梳理，导学有序

教师认真倾听学生的提问与结论，准确判断学生的掌握程度，对未解的谜团或未能达到应有高度的问题，给予提示和点拨，从而深化学生认知，并帮助学生把知识织成网状结构，指导学习深度进行。

四、检测反馈，会学明理

充分考虑不同层次学生的学习需求和学习能力，重基础、善拓展，集知识性、生活性、多样性与趣味性于一体；重反馈、细讲评，理清解题思路，优化解题过程。同时以灵活多样的方式全面回顾学习过程和收获，在回顾中系统梳理知识体系。

基础练习——自由选题互测。

变式练习——精心编题检测。

拓展练习——提供多题选测。

同时，要盘点收获，自我反思，生发问题。

新沂市城关小学自成课堂教学基本框架(数学)

下面以"解决问题的策略——一一列举"为例，呈现数学自成课堂的基本框架。

一、自学而生疑

"解决问题的策略——一一列举"自成单

五年级(　　)班　　姓名____________时间____________

课文课时	解决问题的策略——一一列举	达成分析
自学任务	一、根据题中的条件，我能知道： ____________ 二、根据题中的问题，我又能想到： ____________ [我会找]用喜欢的方式找出怎样围面积最大： ____________ [我会说]回顾解决问题的过程，我有这样的体会： ____________	

二、互学而互补

成立学习小组，开展组内互学、组际互学是实现互学互补的有效手段。每个班级都要一边开展互学活动，一边加强学习小组的建设。

1. 组间席卡

新沂市城关小学自成课堂学习小组名片

______年级______班　　组号______

一、组名及含义

____

____

二、组徽及含义

____

____

____

三、小组目标

____

____

____

四、组员分工

总组长：____________

学科组长：

语文：______数学：______

英语：______科学：______

五、小组公约

____

____

2. 小组文化

【划分办法】　在充分了解学生的基础上，根据性别、性格、品德、成绩四大平衡的原则分组，组间同质（均衡分组），组内异质（好中差均分），每组4～6人，组员编号，以便能够在课堂上均衡展示，提高展示效率。

【小组文化】　各小组在全体组员共同商讨和努力下确定组名、创作组歌、设计组徽、确立目标、制定公约，共同建设和维护好小组，把学习小组打造成一个共同成长的小团队。

【组员分工】　每个学习小组推选一名总组长，负责整体把控小组学习和常规情况。同时，每位同学担任一学科的学科组长，负责管理协调全组的活动。

【组内研讨】　起身围聚，轻声交流，击掌，落座。

【展示规则】　不同小组同号或不同号同学展示相同内容或不同内容；或以整个小组为单位，组间展示相同或不同的内容。人人参与，弱者先发言，优者后发言，呈向上趋势。

【表达体系】　在对方没讲明白时提问；在对方没讲全面时补充；在对方观点有漏洞时质疑；在对方模棱两可时辩论；在对方观点错误时反驳。

【检测评价】 学生思考后完成教师给出的检测题，由教师抽评和学科组长组内批阅交叉评价，主要看做得对不对，字写得好不好，随时记入“课堂评价表”该组栏目中。若教师发现共同疑难，一定要讲清、讲细。

三、导学而有序

1. 体会有序列举

师：比较刚才几位同学列举时的方法，你最喜欢哪一种？说说你的理由。

指出：在列举时，可以从宽是1米想起，有顺序地一个一个列举出不同围法，直到宽是5米为止。这样就能做到不重复、不遗漏。（板书：有序列举——不重复、不遗漏）

2. 回顾反思，认识策略

师（引导）：回顾刚才解决问题的过程，你有什么体会？

3. 丰富体验，加深认识

师（引导）：在以前的学习中，我们曾经运用列举的策略解决过哪些问题？

四、会学而明法

“解决问题的策略———列举”会学检测

五年级（ ）班 姓名＿＿＿＿＿＿时间＿＿＿＿＿＿

课文课时	解决问题的策略———列举	达成分析
会学检测	一、我会找： 两个自然数相乘，积是36的乘法算式有多少个？ 二、我会摆： 用8、2、5这三张数字卡片一共能组成多少个不同的三位数？动手摆一摆。 三、我会拼： 用40个边长1厘米的正方形拼成长方形，有多少种不同的拼法？它们的周长各是多少？	

【板块一】 创设情境,自学生疑

1. 课件出示例1中的条件:

王大叔用22根1米长的木条围成一个长方形花圃。

生齐读。

2. 师:从这句话里你能知道什么?

师指名回答。

生1:这个花圃是长方形的。

生2:长方形的周长是22米。

生3:长与宽的和是11米。

生4:长和宽都是整厘米数。

【设计意图:先出示例题中的条件,引导学生分析题中的条件,思考由条件“用22根1米长的木条围成一个长方形花圃”能想到什么;层层递进,逐步推理,避免了学生画图过程中的盲目性,有利于学生利用形象思维发展抽象思维】

3. 师:如果你是王大叔,你想围成一个什么样的长方形?可以动手摆一摆、画一画。

生独立思考,动手操作。

师巡视,指名汇报。

师:看来,是有多种围法的。

课件相机出示:

长方形

↓

周长是22米

↓

长与宽的和是 $22 \div 2 = 11$(米)

有多种围法

【板块二】 交流展示、互学互补

1. 课件出示问题:如果你是王大叔,你会选择哪种围法?为什么?

生：我会选择面积最大的那种围法，因为面积大种的花就多。

2. 师：怎样才能找到面积最大的围法呢？

生静静地思考。

3. 师：有想法了吗？把你的想法说给小组里的其他同学听一听。

生小组交流。

师指名汇报。

师：好，下面就用你们想到的这种方法来解决这个问题吧！

4. 生独立解答，师巡视并了解学生解答情况。

师选择有代表性的作业展示：

(1) 列举不全面的。

(2) 列举重复的。

(3) 列举有序，既不重复也不遗漏的。

师组织学生进行比较、分析，让学生说出有序列举的好处。

【板块三】 点拨梳理，导学有序

1. 师：回顾一下我们刚才是怎样解决这个问题的？

课件同时出示解题的过程，并把列举的情况展示在一张表格里。

2. 师：这种解决问题的策略叫作"一一列举"。

师板书课题：解决问题的策略——一一列举。

师：在以前的学习中，我们曾经运用列举的策略解决过哪些问题呢？一起来看一看吧！

师出示课件。

【设计意图：在学生自学生疑后，教师组织学生小组交流、讨论，接着利用实物展台展示不同学生的思考过程，并组织全班同学观察、比较，让学生在比较中加深"有序、不重复、不遗漏"这三个列举的关键，让学生感性认识"一一列举"策略】

【板块四】 检测反馈，会学明理

1. "练一练"第1题。

生自由读题，分析题意。

师：从条件里你能知道什么？

生：音乐钟每隔40分钟就会发出一次铃声。

师：你知道11时过后是哪一时刻会发出铃声吗？

师指名回答，并说明理由。

师：再往后呢？

生齐答。

课件相机出示这两个时刻。

师：那么，你能像这样通过一一列举解决这个问题吗？

生完成独立解答。

指名校对（课件相机出示答案）。

2. “练一练”第2题。

生自由读题，分析题意。

师：能看懂这张表格吗？

师指名说一说。

师：你能继续往下填吗？

生独立填表。

师指名校对，集体评价。

课件相机出示正确答案。

师：如果先选定一种素菜，你还能按顺序列举出各种不同的搭配吗？

生独立思考后，师指名口答，集体校对。

3. 练习十七第1题。

生独立写出算式。

师投影展示学生作业，集体评价。

师：这节课回顾我们解决的问题，都用到了同一种策略是？

生：一一列举。

师：你觉得解决什么样的问题需要运用一一列举的策略？

生纷纷回答。

师：一一列举时要注意什么？

生齐答：有序！

【设计意图：通过设计层次性的练习，帮助学生加深对一一列举策略的认识。学生通过不断地解决生活中的实际问题，深刻感受到在生活中如果遇到有多种答案的问题，或者是需要从多种答案中去筛选问题时，就要用到一一列举的策略。在运用一一列举的策略解决实际问题时，首先要根据题意确定从哪里开始列举，列举到哪里结束，在列举的过程中还要做到有序列举，这样才能不重复、不遗漏】

三、自成课堂的操作技巧

所谓操作技巧，就是要在教学过程中处理好形式与内容之间的关系。只有形式和内容相匹配，才能彰显自成课堂教学理念的真正意图，避免因操作上的失误而导致原本正确的理念扭曲变形、支离破碎，甚至面目全非。

（一）自学环节

自学环节是建立在先学后教的理念基础之上的操作。教师把自学时间从课内剥离出来，放在课前，让学生先行对第二天要学习的内容进行提前学习。这里面要搞清楚自学与预习的关系。预习只是一种大概的熟识，对内容的掌握程度不做具体要求，可多可少，学生只要做到心中有点印象就可以。自学是辅以自学单的一种学习过程，自学单是教师根据教学内容设计出来的完成要点，学生要在课前完成自学单的任务，这是一种比预习更具体化、更具操作性的学习任务。

学生在自学环节中，可以针对自学单开展资料查阅、自我书写练习等基础性工作，把能够通过自学掌握的知识提前掌握，记下自学中的疑惑，等待解决。

（二）互学环节

自成课堂既重视学生的个性表达，更重视学生的团体合作。佐藤学在《静悄悄的革命》一书中描述的理想课堂场景是：让学生的各种看法和想象相互碰撞激荡，回响共鸣的活动，称之为“交响乐团”。自成课堂就是要让学生在课堂上实现“领唱”“独唱”，也有“小合唱”“大合唱”的融合，打破以往一问一答的课堂状态。

互学是一种取长补短式的思维和能力相加的方法，小组内组长在表达完自己的观点后，其他组员必须都要跟进，都要发声，表达自己的观点，从而与组长的观点进行整合、互补，形成更为全面的问题思路。

小组内生生间往往会出现讲不明、讲不全、讲不深、讲不清、讲不对等情况，应该采取以下几种方式：提问，对方没讲明白时；补充，对方没讲全面时；质疑，对方观点有漏洞时；辩论，对方意见模棱两可时；反驳，对方观点错误时。

互学后的交流，要解决交流方式问题。交流在更多的层面上表现为合作的关系，小组间的交流、大组间的交流都是一种合作，都是一种学习。合作学习曾一度被认为是图热闹、为作秀、只顾形式不求实质，甚至有砍去合作学习的说法。课程标准中明确提出要培养学生的合作探究能力。通过自成课堂的实验研究，我们发现，不是合作学习这部“经”不好，而是我们容易把这部“经”念歪了。我们看到更多的课堂上的合作是学生的“说话”，而不是“对话”；是自己看法的表达，而不是众人观点的“激荡”；是追求统一的标准答案，而不是追求观点的“和而不同”……这就让原本生动有效的合作学习效果大打折扣了。相反，当我们把提问、质疑、补充、辩论、反驳等机制镶嵌其中时，课堂上便出现了你不让我、我不让你，都想把对方驳倒、都想给对方更多帮助的场景。

交流展示的时候要本着“人人有机会，学困生优先”的原则，努力让全体学生都参与进来，个个参与、积极参与、深度参与。

1. 先小组，后全班

一方面，小组的人员较少，可以确保个个有发言的机会。另一方面，学生对自己的自学状况心中没底，一下子安排他面向全班同学交流，会让好多学生选择退却，小组内成员因为具有“内部的”“私下的”特征，学生乐于展示，而且在小组其他成员的帮助后，学生会对学习成果及时进行修正，这样就有底气、有信心、有胆量了，再到全班展示就不存在心理障碍了。

2. 先学困生，后学优生

学生间的学习方式、学习成果的差异很大，理想的展示状态应该是由差到好的阶梯状、渐进性的，这不仅符合儿童的认知特征，也是确保不同层次、不同风格的学习成果都能得到交流展示的机会。如何才能知晓学生的不同层次的学习成果呢？首先，教师在课前先浏览学生的自成单完成情况，记住重点学生的名字及他们的答题情况，做到心中有数，等小组交流后，有意识地安排展示顺序。其次，在评价时，教师先让学生肯定每种方法的优点，再进行善意提醒，采用类似“如果……，那就更好了”的句式，指出不足之处，起到“治病救人”的效果，而不是一棍子打死、全盘否定，那样会伤害学困生的自信心和自尊心，致使他们不敢起来交流了。

3. 有集体，有个体

全班交流时，可以让某个学生单独到前面介绍，然后再进行集体互动；也可以整个小组到前面介绍，再进行全班互动。这需要根据交流的内容和难度而定。一般说来，简单的问题，由个体展示；较难的问题、可以切块分割的问题，或是有多种思路、多种解法的问题，需要组织进行任务分工，安排好谁先说、谁后说、谁来做总结，使得整个展示交流有分有合，有条不紊。

（三）导学环节

自成课堂离不开教师的点拨和指导，那种刻意夸大学生的本领而淡化甚至贬低教师指导作用的做法是极端的，不可取的。需要认识到，学生的自学不能替代教师的教，小学生的年龄特点、心理特征以及学习水平决定了他们的自学广度、深度都存在浅薄之处。学生在自学中获得的知识往往是零散的、模糊的、肤浅的，教师的有效指导恰恰表现在这里，学生在教师的指导下获得整体知识，让模糊的知识变得清晰，让肤浅的认识变得深刻，让零碎的知识变得结构化。

“学文如堆沙，学理如筑塔。”一般说来，学生在自学的过程中获得的知识是“点状”的，在同伴交流中学生可能会形成“块状”的知识，而教师的作用，就是要帮助学生把知识编织成“网状”。网状的知识结构，利于理解、利于内化、利于迁移。这对教师的专业素养提出了更高的要求。在学生表达和交流时，教师要认真、仔细地倾听，并进行准确的研判：学生真的懂了吗？学生的困难在哪？所学知识的实质是什么？所学知识在“知识网”中处于怎样的地位？我们为什么要学它？能解决什么问题？有无相关的资料、人文故事等需要补充？……只有为学生的学情准确把脉，教师的点拨才会在关键处给予学生真正的帮助。

（四）会学环节

数学离不开练习，因为练习可以使学生认知更全面、更深刻，技能更熟练、更灵活。但是，熟能生巧，熟也能生笨，所以练习要适度、要得当、要讲究技巧。注意练习的针对性、层次性、综合性、开放性、实践性；讲究多角度练、多时段练、多解法练。发挥好学生“小老师”的角色,多问问学生这道题好在哪里?是怎样发现问题、分析和解决问题的?用了哪些方法和技巧?积累了哪些有益的成功经验?……这样,学生的联系就不是单一的、机械的了,而是上升到了感悟和运用数学思想方法的高度,练出了有灵气、有活力的数学,发展了学生的高阶思维能力。

第二节 自成课堂的自学策略

一、课前自学

自学不是为了简单地获得学习知识的结果,而是让学生以探索的方式,展开多样化的学习,甚至有所拓展、质疑、批判。自学是探索的过程、体验的过程、积累数学活动经验的过程。

自学是在课前进行的有计划、有目标、有指导的自主学习,其本质是学习起点的前移,即学生在教师教之前,先进行探究性学习,并把探究中遇到的问题和思考带入后续的学习中。自学着眼于综合体现学生的培养目标,旨在培养学生的自学能力、创新精神,促进学生形成良好的学习品质,自学更强调学习方法、学习习惯的养成,强调知识、情感、态度和价值观等多维度的学习。

自学的载体是自成单,主要引导学生依据自成单,开展延伸学习,了解相关资料、背景,并依据各自的学习过程提出问题、反思小结。

在自学的时候,我们一般先安排一道较有挑战性的问题让学生先进行思考,在探而不得或探而不明的时候,再安排看书、操作、实验、收集资料等活动,这样可以让学生的探索学习贯穿自学的始终。由于不受时间的限制,学生的自主学习得到了保障,而过去的40分钟的课堂上,教师常常迫于教学内容和进度的考虑,自学不得不走过场;由于不受空间的制约,为学生积累数学活动经验留出了余地,学生的数学交流能力和数学理解能力、创造性能力得到了发挥,每天的自学都可能出现令人惊喜、让人叹服的成果;由于课外资源得到了充分的利用,学生的实践类活动得到了保障,基本活动经验得到了有效的加强和激活。只有学生走在前面,让他们独立地去研究、去探索、去自学，他们的自主学习能力才能真正培养起来，才能拥有可持续发展的动力和能力。

自成课堂的关键在于采用自学优先的策略，教师通过合宜的问题设置，让学生的主动探索在先，让学生的学习成果充分展示在先。当学生的相异性想法在课堂上充分激荡与碰撞之后，教师据此研判学生的实际需求，再确定教什么和怎么教。这样，教师就能精准地把握学情，把教学的力量用在重心处和关键处，切实把教师从繁复的课堂讲解中解放出来，把学生推到前台，让质疑、争辩、补充、修正等充盈其间，在师生、生生多维互动中，实现师生的共同成长。

自成课堂强调学习者是课堂学习的主体，坚持学路优先，以学定教，以教促学。倡导学习者充分利用学习资源，在自主学习的基础上，通过师生学习需求，故而更强调了学习的主动性、实践性、反思性，更重视学习活动的水平、结构和方式。实行学路优先，让教学真正建立在学生先行尝试的基础上，并设计与学生的学情相匹配的教学内容和教学方式。

二、课内自学

自学即学生自主学习、自觉学习。自成课堂是指在教师的精心组织和引导下，学生有较为充分的时间自主学习、自行探究的课堂。这与“教为主导、学为主体”的教学理念不谋而合，将教学活动的落脚点定在学生的学上，学生的学重于教师的教，教师只是学生学习活动的促进者、组织者、参与者、合作者，学生完全是学习的主体和主人。这种课堂的立足点在学生，课堂上学生自学是灵魂，教师引导是基础，让课堂由教师的“讲堂”变成学生自学的“学堂”，从而提高课堂效率。

德国教育思想家斯普朗格曾经断言，如果教育仅仅是向学生灌输现成的知识，那么培养出来的人“有悟性，却没有灵魂；有知识，却没有精神；有活动，却没有道德欲望”。因此，自成单的提出，将教师讲、学生听的课堂呈现方式改变为教师和学生的互动交流活动，它要求教学过程是教与学的交往和互动，师生双方相互交流、相互沟通、相互启发和相互补充。如果教师始终站在知识的已知者高度看学生的学习，必然造成交流的障碍。教师认为简单的问题，学生可能接受起来很困难，这就需要教师换个角度来思考问题，站在学生的角度来思考学生会怎样学习这些内容，学生怎样才能弄清楚这堂课的知识呢？在备课中思考自成单的设计内容，变过去教师传统的教案教学为自学、互学、导学、会学，将教师由学生学习的指导者变为学生学习的促进者，从而在根本上改变学生的学习方式。教育，就是教学生会自育；教学，就是教学生会自学。在教学过程中，应该以学生的自学为主线，以教师的引导为基础，以自成单为抓手。

首先在自学前视具体自学内容的难易程度，在全班学生面前宣布自学时间，确定好自学时间学生才会马不停蹄、心中有数地直奔自学要点，进行思考问题、解决问题的自学环节。一般自学的时间为 8 分钟左右。其次提倡学生认真完成自成单。

（一）时间的安排

自成课堂的教学模式，将教学活动牢牢定位于学，学先于教，教师在学生自学的基础上施教，有学则有教，不学则不教，因此合理安排并从严把握学、教、练的时间结构是关键。

在现行每课时 40 分钟的体制下，课时结构大体上可安排为先学后教且控制在 25 分钟以内，当堂训练应不少于 15 分钟。其中，先学和后教两个环节里完全由教师单向讲授的时间限于 6 分钟以内，而其余的时间则用于迅速简明地揭示教学目标和学生独立自学、相互讨论、质疑、发问、回答教师提问及师生交流等。

俗话说得好，授人以鱼，不如授人以渔。作为教师，应教学生学会方法，而不是告诉他们现成的答案。学生自学这一过程对学生的学习能力有较高的要求，是学生自学能力培养的重要环节，这一环节需要在教师的指导下进行，教师提前预设好问题情境，学生以教师提出的问题为出发点，以自成单为抓手，有目的地进行学习，去寻找解决问题的途径及方法。

（二）内容的指向

自成单是根据教材、学情的内容制作的，以问题为主体，让学生自我探索、求知的一张单子。这张单子一般包含“教学目标”“思考过程”“检测反馈”三大主体部分。自成单在内容上简明扼要，涵盖了教学内容的重难点。学生通过自成单的引导，能够条理清晰地进行自主探究学习，逐步攻克难点知识，掌握重点知识。课堂上学生接触新课之前，一切都是陌生的。老师出示课文题目，在没有走进文本之前，让学生展开联想并自己提出问题。

整节课，教师以问题为主线呈现教学内容，让学生围绕问题展开知识的建构，问题主要通过自成单的形式展现，倡导学生认真完成自成单，独立、主动地进行学习。

三、学科自成单的研制

自成单是自成课堂的一个重要抓手。一份高质量的自成单，不仅能把学生引领至乐学、会学、勤学之路，而且能引领学生学会探究、学会合作、学会创造。自成单围绕第二天将要学习的内容展开，需要进行问题化、板块化的处理，聚焦教学的核心内容，重在培养学生的学科思维能力、学科素养。自成单研制主体为同学科同年级任课教师，先请各位教师分别研发，再进行集体商讨、整合。自成单呈现方式为 16 开或 32 开单页纸张，在前一天发下去，学生晚学后回家完成。自成单批阅由课前学习小组组长评分，教师抽查与课堂巡视有机结合。

自成单预习策略：一般先安排一道较有挑战性的问题让学生先行思考，在探而不得或是探而不明的时候，再安排看书、操作、实验或是收集资料等活动，这样可让学生的探索贯穿预习的始终。自成单是在探索之后的行动，因人而异，这时的学可能是对探得后的进一步确定，也可能是探而不得后的充电。自成单是更深层次学习的体现，是学后的反思、质疑与追问，疑问的深度，反映了预习和思考的深度。学生把疑问带到学校，又使得后续的学习变得动力强劲。

下面以数学学科为例，简述自成单几种样式。

（一）探学式：先行思考，而后行动

第四单元第 1 课时　小数的加法和减法
一、试一试，相信我能行。
9.3＋3.48　　15＋4.27　　1.76－0.85
二、学一学，相信我能懂。
请自学数学课本上的内容，想一想，小数的加、减法计算与整数的加、减法计算有哪些相同和不同？
三、想一想，相信我能问。
关于小数的加、减法，你还有什么疑问？你觉得有什么需要提醒同伴注意的？

（二）做学式：意在丰富、积累学生的知识、生活、探索经验；

时、分的认识
一、我实验我快乐。 活动一：让爸妈计时，看看在一分钟内你能完成哪些事情？ 活动二：从晚上7点钟开始计时，到8点，看一看一小时内你能完成哪些事情？ 二、我游戏我快乐。 一人计时，两人比赛，看谁估计的一分钟的时间最准确？ 三、我比赛我快乐。 和同伴进行一个比赛，一人出题对方回答："时针从□走到□，经过了多长时间？""分针从□走到□，经过了多长时间？"看谁回答得又对又快？

（三）练学式：消化新知，培养技能

分数乘整数（练习课）
一、回顾与整理。 回顾一下前几节课我们学了哪些知识，用自己喜欢的方法进行整理。 二、提醒与分享。 解决分数乘整数的实际问题，你觉得有什么要提醒大家的？试着找一道好题，准备明天与同学们分享。 三、挑战与超越。 《哈利·波特》绘本共120页，小明第一天读了全书的三分之一，第二天读了余下的二分之一，第三天应从第几页读起？

（四）学思式：对知识进行梳理、链接

第十单元第12课时　圆的认识（复习课）
一、我会整理。 这一单元我们学过了哪些内容？能画一幅图整理出来吗？ 二、我会选择。 找一道好题，分析这道题好在哪里，准备明天与同伴交流。 三、我会提醒。 关于这一单元的内容，我有什么要提醒同伴注意的？

（五）评析式：阶段练习查漏补缺

“小数的意义和性质”单元练习
一、改正，是一种学习。
请在试卷上订正自己做错的题，并检查一下错误的原因，把自己的反思写下来。
二、提问，是一种学习。
在订正时，你发现还有什么不懂的或是有什么疑问，写下来准备与同伴交流。
三、评价，是一种学习。
你觉得试卷中哪些题出得好，为什么？哪些题出得不好，为什么？

（六）综合式：观察、调查、收集、分析、整理的综合性学习活动适用

“了解我们自己”助学单
一、确定你想了解什么？
班上同学的身高、体重、生日、兴趣爱好……选一个你想了解的。
二、设计一个合理的方案。
向每个同学了解，先在小组里收集，再在全班汇总……请设计一个可行的收集数据方案。
三、经历数据的收集与整理的过程。
行动起来，你一定能收集到你需要的数据，别忘了做好记录噢！

（七）情趣式

把预习的成果讲给爸妈听听。
找一道好题明天与同学交流。
你真棒，奖励一题。
能画个图、举个例子、做个实验证明你的想法吗？
有什么疑问需要老师或同伴帮忙的？
除了书上介绍的，你还有其他解法吗？
你觉得有什么要提醒同伴注意的？
上网冲冲浪，看看我还会有什么新发现？

四、实践与反思：数学学科自成单研制的思考

传统的数学课堂，多是教师讲，学生听，这样的课堂必然会阻碍学生的发展与进步，阻碍学生的自主合作与创新意识。学生是学习活动的主体，教

师必须要“释权”。自成课堂提倡学生自主学习、主动学习，这里一个重要的体现，即自成单。自成单是自成课堂的一个重要抓手。一份高效的自成单，不仅能促进学生从学会到会学的转变，而且还能解放教师，让教师拥有幸福的教育生活。

“学起于思，思起于疑”，一份课前自成单，可以激发学生的求知欲望，调动学生的积极性，点燃学生思维的火花，挖掘学生的创造潜能。

（一）明确的指向性

明确的指向性，主要是通过自成单让学生明确学习任务与内容。自成单的内容主要围绕学生将要学习的内容展开，由教师根据教材内容，把知识问题化、板块化，关注教学的核心内容。比如，围绕“求一个数是另一个数的几分之几”这一教学内容，可以这样设计：

“求一个数是另一个数的几分之几”自成单

例 4：红彩带：

黄彩带：

黄彩带的长是红彩带的 $\frac{(\quad)}{(\quad)}$。

1. 说说你是怎样想的。

2. 根据分数与除法的关系，你会用除法计算吗？

3. 拓展变式：

(1) 如果红彩带变短了(3 段)，黄彩带不变，黄彩带是红彩带的几分之几？为什么？把谁看作单位“1”？

(2) 如果黄彩带变长(2 段)，红彩带不变，黄彩带是红彩带的几分之几？为什么？单位“1”是什么？

(3) 你有什么发现？

4. 通过自学：你觉得解决“求一个数是另一个数的几分之几”的方法是什么？

明确的指向性，是自成单研制的重要原则，切不可让学生盲目学习，比如“自学课本第×页至第×页”，这样的设计操作性不强，要求也不够明确。自成单的目的不能简单理解为学生自学，这样会让孩子的自学走马观花、应付差事。所以在研制自成单的时候，教师要根据教材的内容，充分尊重学生的主体地位，培养学生的数学思维能力和学科素养。

（二）清晰的层次性

自成单绝不是“做题单”，不要以为出了几道题目让学生完成就能够达到学生会学的目的。一份好的自成单，应该有清晰的层次性。学生掌握知识的过程，是一个由不知到知、由知之不多到知之甚多的逐步转化的过程。教师的教学要依据学生的认知规律和潜能外化规律，自成单设计的内容和形式要符合学生的认知水平。比如“分数的初步认识”一课，首先让学生了解分数产生的必要性，引出二分之一、重点认识二分之一、理解二分之一，接着创造几分之一。按照这样的层次设计，让学生自主掌握知识。

（三）内容的开放性

自成单的研制，不是循规蹈矩，一定按照课本上的内容研制，好的自成单更需要创新的题目和方法，如：可以设计一些开放性的作业。开放性的作业是在新课标下相对于原来的条件完备、结论确定的封闭性问题而言的，它注意发挥学生作业的自主开放性、主动性和创造性，让学生在完成作业的过程中释放自我潜能，从而获得生动、全面的发展。如三年级“长方形的周长”一课在设计自成单时，可以考虑安排一道题目“用 8 个边长为 1 厘米的小正方形拼成长方形，拼成的长方形的周长是多少”。这样的安排一方面要学生进行动手操作，在操作中探索与发现；另一方面让学生多角度地观察与思考。在多种拼法的实际操作中，学生能够加深对长方形的长与宽的认识，巩固长方形的周长概念以及计算方法。

（四）方法的多样性

同一个数学问题有许多种解法，每一个孩子的思维水平也是不一样的，在研制自成单的时候，一定要顾及学生思维水平的差异，在设计的时候，设计一些灵活的题目，鼓励学生发散思维，一题多解，鼓励方法的多样性。

（五）运用与反思

自成单在课堂上使用，改变了之前沉闷的课堂，课堂不知不觉间发生了变化。以前的课堂,往往是老师讲,学生听,回答问题的时候也总是几个优秀的学生,其他学生更像是听众,被动地接受知识。其实,这是忽视了学生的主体地位。自成单的运用,恰恰改变了这一情况,使学生全程参与活动。在有了自己初步探索、基本获得之后,再经历小组互学过程,通过小组合作继续深化探索,最后教师点拨导学,提升学生的探索空间。不论是个体学习、小组学习,还是教师导学,学生始终参与其中,让学生有了更多的参与空间与时间。

第三节 自成课堂的互学策略

一、小组建设综述

课堂教学为什么选择合作?这是我们开展小组合作学习首先要思考和明白的问题。在儿童的成长过程中,合作意识与合作能力是重要的价值选项,一定是要从人的成长初期开始关注。现在的学校教育中,有好多学科都在关注合作,历史上一些著名的思想家、教育家在合作方面也有重要的论述,如杜威、陶行知等。学校是学习合作的重要共同体,教学是学校工作的基本形式,也是学生学会合作的主渠道。比如谈到素质教育,主渠道不是课外活动,主渠道是每一天一节一节几十分钟的课。教学是学校的主要活动,教学也是学生的主要经验来源。教学无论是在时间安排还是重视程度上都占据重要地位。有效地利用教学活动,开展学生合作引导,能够起到更好的作用。从教学角度谈合作互学,是把教学指向学生的认识过程、交流过程、反思过程、合作过程,通过情境与具象、操作与体验,通过生生、师生对话等环节,使学生在真实学习与探究过程中敢于合作、愿意合作、学会合作。因此,充分利用和发挥小组合作的价值,在学科教学中十分重要。

第一,从小组学习来学习合作。我们以前关注的是从班级的其他生活、从思想教育活动中学习合作,这些是需要的,但现在更需要关注的是从小组合作学习来学习合作。学习是需要合作的,包括测量,包括许多细微的工作,一个人做不了。

第二,从小组合作学习中学会学习。合作是人类文明的体现,对学生合作的正确引导是引导学生对现代文明进行实践。小组合作学习是使学生在学习与探究知识的过程中理解现代文明,实践符合现代文明的交流方式,养成符合现代文明的行为习惯。

第三,从小组合作学习中学做小公民。有合作意识、心中有他人、遵守规则、能够倾听,才能成为合格的小公民。在课堂上,学生之间先互相交流、分享作业和结论,然后倾听、观看、交流、点评,这是一个真实的学习合作和学习民主的过程。

第四,从小组合作学习中增强规则意识。教师需要从一年级就开始培养学生的规则意识。第一次或前几次学生们发表自己的想法时都会抢着说,经过教师的指导,在小组交流的时候大家能够有秩序地表达自己的想法,其中包括将别人的话听完再提出疑问或发表建议。

二、如何创建学习小组

合作学习,首先需要解决学生的分组问题,这是合作学习取得成功的前提,目的是让学生得到锻炼和提高的机会,让学生个性得到充分、健康、全面的发展,让学生进行愉快和谐、富有成效的合作学习,从而实现知识技能的积累和智商、情商的发展。

(一)分组的基本原则

分组的基本原则是组间同质、组内异质。

组间同质:就每个合作小组来说,在人员数目、小组综合实力等方面是相等的,各组间无明显差异,小组之间不存在优劣之分,力求均衡,便于公平竞争。

组内异质:对于每个小组成员来说,他们具有不同的性格特征,各项能力的发展也有着高低之分,他们都有自身独特的方面,学生与学生之间是各不相同的。分组时,应该充分考虑成员的学习成绩、性别、性格、能力、智力、品德等因素,使学生有充分的锻炼机会,并能随时获得教师和同学的协助。

(二)分组方法

第一,合理安排小组人数。学习小组人数一般为偶数,以 2 人为基本单位(互补、互助),根据班额大小分成 4—6 人组。在小组合作学习时,大的问题由组长布置分工、安排学习，小的问题2人组交流，难的问题全组解决，组内每个学生都有展示、交流的机会，有利于小组成员的共同发展。要保证组与组之间的平衡，组内成员的差异互补。

第二，精心搭配小组成员。合作小组的人员搭配一定要遵循组间同质、组内异质的原则，教师应按照学生的知识基础、学习能力、兴趣爱好、性格特征、性别差异等，让不同特质、不同层次的学生优化组合，使每小组都有高、中、低三个层次的学生，力求使每个小组的水平保持相对均衡，比例恰当，男女生数量相对平衡。这样不仅有助于小组角色分工，也可以让每一小组中都有不同风格的学生，利用互补优势提高合作学习的质量，让他们互相帮助、互相促进、互相监督。这样组与组之间才有可比性，使合作学习形成组内合作、组间竞争的局面。

第三，合理选配小组长。教师通过综合分析学生的能力选出小组长，每小组各设小组长1名，个别小组还可增设副小组长。任命组长要遵循一定的原则，组长必须有责任心、成绩较优异，并且具有良好的沟通和协调能力。

第四，要给组员编号。所谓组员编号，就是给小组的成员编上1号、2号、3号、4号等序号，用学生在组中的序号来区分其在组内的学业水平，便于教师有针对性地指导。要保证所有小组的相同编号的同学成绩是相近的。教师在小组活动中，只需要点学生的编号就可大致知道该层次的学生对该问题的掌握程度。在进行小组汇报、发言之前，教师可以向全班提出：请每一组的某号代表本组发言，请大家同心协力帮助他，为他(她)的发言做准备。例如在检查学生学习效果时，可以根据问题的难易程度来叫每一组的某一号，根据这位同学解答问题的情况给小组加分或减分。每当此时，组内的其他成员都为他(她)加油助威，被叫的同学唯恐为小组抹黑而全力以赴，班内气氛相当热烈。在小集体的支持及压力下，不愿思考的学生在小组学习的气氛中不得不去思考、讨论，从而找到问题的答案。这样有利于组内成员取长补短、共同提高，又便于组间竞赛。公平竞赛能够发掘小组的群体智慧，培养学生的集体荣誉感。

第五，要突破学习小组的模式化束缚。学习小组建设不能机械化、模式化，要谋求发展与变化，可以从以下几个方面来考虑：一是给定小组的人数范围后，可以让学生自主决定如何组建小组，由学生自由组合，给学生自主选择的权利，这是培养他们合作意识与能力的很好的策略。二是各学科的学习小组不一定是相同的，可以根据学科的需要进行调整，不要千篇一律。三是每个学科的学习小组，不是一成不变的，在学期中间可以根据各小组活动情况适当调整。四是未必严守组内异质、组间同质的基本原则。教师可以适当干预，让组间异质，教师可以给活动能力较弱的组更多的关注与指导。总之，追求小组合作学习成果的最大化是活动形式的目标，不能教条化、经验化。

三、组内互学的策略

小组合作学习不能把思维仅仅停留在小组的搭建或是几人组进行学习这些表面的东西上，小组要开展真正意义上的学习，需要一种氛围，需要有团队合作的意识，需要用评价的方式提高小组互助学习的积极性，从而形成一种文化。因此，我们在使用“小组”这一课堂的基本教学单位时，要下力气抓好小组的内部文化建设，做到用文化凝心聚力。

（一）创建组名、创作组歌、设计组标、确定目标

创建组名：各学习小组根据自己小组的情况，创设富有个性、积极向上、朝气蓬勃的、最能代表小组特色的组名。这样有利于凝聚人心，形成团队精神。如“希望组”“开拓组”“进取组”“拼搏组”等，都可以成为小组的组名。

创作组歌：组歌是各组造势的口号，学习小组成员可以通过讨论选择名言、警句、诗歌，也可以自己创作，形成本组组歌，以此来激发学习小组的进取心、凝聚力。如：“只许成功，不许失败！”“自主是课堂之本，活跃是课堂之魂！”“为了明天的抬头，选择今天的埋头。”“拼一载春秋，搏一生无悔！”组歌形成后要经常使用，学习组长可以组织本组成员每天大声朗读出来以激励斗志。

设计组标：各组绘制出综合组名以及小组特点的标志图案。

确定目标：各小组讨论制定本学习小组的阶段目标和长期奋斗目标，如遵规守纪、行为习惯、学习等方面。

学习小组组名、组歌、目标示例

组名	组歌	目标
希望组	只许成功，不许失败！	争取提高每个成员的成绩。
开拓组	自主是课堂之本， 活跃是课堂之魂！	管好组内自习纪律，使组内成员之前拖交作业的坏习惯改掉，使组内成员成绩提高，帮助有困难的组员，不要有偏科现象。
进取组	为了明天的抬头， 选择今天的埋头。	纪律方面尽量不扣分。养成好习惯，改掉坏习惯。努力学习，上课多举手，课后多思考，认真完成家庭作业。
拼搏组	拼一载春秋， 搏一生无悔！	遵守纪律，养成良好的学习习惯，学习上积极踊跃，上课积极举手发言，课后作业认真完成。
好胜组	好好学习，天天向上！	上课遵守纪律，按时交作业，帮本组落后成员提升成绩。
星耀组	学习没有最好，只有更好！	把每个成员成绩拉上来，争取不拖拉作业。
乐学组	没有学习，哪来快乐！	每天按时交作业，上课认真听讲，积极举手发言，下课按时完成课堂作业。
善思组	先学会说“如果”，再实现目标！	在学习上帮助学困生，不让他们落下。
追梦组	分数是往上爬的树藤，你又有什么理由不抓住它呢？	这学期学习成绩比上学期有所提高，上课积极举手发言，帮助组员提高成绩。
凝聚组	总有人成功，为什么不能是我！	作业以后不拖拉，上课不违反纪律，积极举手发言。
奋发组	在原先基础上加油，进步一点， 更上一层楼！	提高作业质量！上课多举手！课后认真完成作业！
腾飞组	为了共同的梦想，永不服输！	上课多举手发言，作业及时交，书写认真。

（二）制定小组合作学习公约

经过小组的讨论，制定小组合作学习公约。举例如下。

（1）小组内要明确目标，小组成员之间要分工明确，明确帮扶对象，形成互帮互助的良好学习氛围。

(2) 组员尊重组长、服从组长管理。

(3) 实行少数服从多数原则,团结一心、维护小组荣誉。

(4) 尊重老师,坚决与欺侮老师的行为作斗争。

(5) 按时、认真完成书面作业,完成背书和默写任务。

(6) 早读不下位、不窜组、不讲废话。

(7) 上课不迟到,提前两分钟准备好书本,安静地坐在位置上等待老师。

(8) 上课认真听讲,积极回答问题,做好笔记,不做小动作,不影响他人学习。

(9) 互帮互学,珍惜时间。利用好早读,互相背书、讲题目、查作业,协作学习。

(10) 尊重班委会,小组服从班级管理,小组间相互竞争。

(三) 对小组成员进行合理分工

小组合作学习的最终目标是让不同层次的学生都能够得到充分发展,做到"人人都参与,人人有事干,人人能展示,人人有收获"。那么,究竟该如何进行合理的分工呢?

首先,可以在学习小组内设学习小组长、记录员、检查员、汇报员各1名。

开始时,学习小组长选择有较强组织能力、责任心强的学生担任,一段时间后则应轮流担任。学习小组长的主要职责是对本组成员进行分工,组织全组人员有序地进行自主学习、讨论交流、动手操作、合作探究等学习活动。

记录员的职责是记录学习小组合作学习过程中独立学习的认真程度、交流时的发言情况、纪律情况等。

检查员的职责是检查、督促小组成员的学习及作业完成情况等。

汇报员的职责是将本组合作学习的情况进行归纳总结后在全班进行交流汇报。各学习小组将每日情况进行汇总,并将结果在班内黑板上进行公布。

其次,可以根据学科的学习任务进行分工,即每个学习小组根据学科的学习任务分别设立语文组长、数学组长、英语组长及其他专业学科组长。

另外，还可以根据班级日常事务设立纪律组长、管理组长、作业组长、宣传组长等。能力较强的学生可以身兼数职，能力相对弱的学生担任一职，明确职责，人人参与学习小组管理，努力培养学习小组成员的主人翁意识。同时，还可以设立一个值勤学习小组，从纪律、文明到学习、卫生对每个学习小组进行全面管理，事无巨细，全权负责，每周更换人选，这在很大程度上也减轻了班主任的负担。

我们还可以根据需要进行混杂分工设置，即在设置学科组长的同时，设置各常务组长，一个学生既可以是语文学科组长，也可以是管理组长等。

总之，无论是哪一种分工设置，各分工组长都要明确职责，在每个组员的能力范围内分配明确的任务，这样才能使人人都感受到一种归属感和强烈的责任感。

（四）注意监控与指导

在组内学习过程中，教师一定要走进小组答疑，同时要对小组学习情况进行监控，杜绝不良学习行为的出现。如有的同学包揽了大部分工作，而有的同学却无所事事；有的仅限于交流，不能深入研讨；有的不能处理好分歧、争议，影响学习进度，从而严重影响小组学习，教师应及时发现问题，及时解决问题。在组内学习过程中，教师要充当好组织者、合作者的角色，为小组合作学习推波助澜。

四、班内互学的策略

以学习目标集中统一，组员具有强烈的责任感，组员之间充分合作、互动性强为特点的小组合作学习，为学生提供了交流的平台。那么，小组之间的表达体系应是怎样的呢？笔者认为可以让学生有样可依、有序进行，使课堂效率得到有效提高。

在小组学习中，首先要让学生养成专注倾听、举手发言的习惯。多倾听，才能了解对方的情况，但是倾听需要用心倾听，要注意听关键，同时还要总结，迅速理解对方想要表达的意思和情感。多倾听不会让自己在没有了解实际情况的前提下做出错误的决定，发表不恰当的言论；多倾听可以让沟通更加顺畅，课堂气氛更加融洽，学习也会因为倾听而变得更有效率。

五、实践与反思

（一）实践与反思之一：组间互学时教师切入点剖析

“把课堂还给学生，让课堂焕发出生命的活力”是新课改的灵魂。教师首要的任务是教学，课堂是师生互动的舞台，但教师更要致力于如何正确介入、引导学生，教会学生学习策略、方法，将学习的时间、空间还给学生，让学生养成自主学习、自主探究的良好习惯，这样才能进一步提高课堂教学质量。

在实际教学中，组间学习是课程改革提出的新的学习方式，这就要求教师在学生组间学习中运用积极的方法，强化学生的参与意识，加强“组员之间”“师生之间”的合作。教师的介入是提高学习自主性必要且重要的前提条件。学生在参与合作学习中，教师要及时转变组间的角色，把握侧重点，教师应从分析、目标设置、任务选择、策略匹配、教学过程展开与评估等全过程着手，进行有效的介入组间学习。除此之外，在开展组间学习过程中，要考虑随时会有意外发生，如果这些问题得不到及时有效的解决，往往会阻碍组间学习的顺利开展。因此，教师必须对各个小组的合作学习进行现场的细心观察和及时介入，为他们提供积极有效的指导。

(1) 学生对小组学习任务不清楚时，教师要有耐心，要向学生详细说明任务、内容及注意事项。

(2) 教师要给予学生足够的信任，可以让小组负责人将遇到的问题汇总，教师耐心答疑解惑。

(3) 学生如有问题或遇到困难，教师要给予积极的回应、帮助。小组活动出现问题时，教师应及时干预和指导，教师应在准备阶段做出问题预测，并想好应对措施。

(4) 教师要根据各组的学习能力、学习进度、学习效果，区别对待。小组提前完成任务时，教师应检验他们是否准确完成了任务，如果是真正完成了任务，教师可以布置一些事前预备的活动，前提是该小组不得影响他组学习。

(5) 教师要及时掌握各组学习动态。当小组活动偏离主题或讨论难以进行下去时，教师应及时发现、指出，并立即制止，或为小组讨论提供及时的

“锦囊”,使小组讨论、学习得以继续开展。

另外,在组间学习过程中,教师要注意,只有当学生确实因其本身经验与能力的局限,致使探索活动难以继续的时候,才能给予一定的支持。

(1) 教师不要过早讲明、揭示问题的重点、难点及矛盾。教师过早介入,易使学生丧失解决困难的兴趣,从而形成惰性心理。

(2) 教师要充分给予学生思考问题、解决问题的时间,不要低估学生的学习能力。

(3) 教师要允许学生畅所欲言,充分表达观点、方法。对不同于自己预设的教学思路、方法,不能粗暴、武断地排斥和抵制。

(4) 教师要循序渐进,切忌为了赶教学进度,对组间学习活动不求实效、走过场。

总之,在组间学习中,教师要充当“介入者”“引领者”“答疑者”“管理者”等多种角色,以促进整个教学过程的发展,及时化解学生在学习过程中的矛盾和问题。在组间学习中,教师与学生之间关系要变成和风细雨、共商共议的关系。学生组间学习能力需要教师的长期介入、指导与培养,切不可急功近利。教师在介入中要根据活动实际情况适时转变自身的角色,为学生有效地进行组间学习搭建平台,从而把组间学习真正落到实处,充分提升组间学习的效果。

(二) 实践与反思之二:导学活动中师生互动的有效性探索

1. 师生互动,首先要和学生成为朋友

“亲其师,信其道”,学生只有亲近、尊敬老师,才会相信老师、学习老师传授的知识、接受老师的教育。因此,教师要热爱学生、尊重学生、关心学生,做他们的知心朋友。教师要把微笑带进课堂,让每一个学生都感到自己是被老师重视的、关注的,使学生积极主动地投入到学习活动中。实现真正意义上的师生互动,前提应是师生完全平等地参与到教学活动中来。

2. 师生互动,要做到角色转换

新课程不仅要求教师的观念要更新,而且要求教师的角色要转变。师生之间需要相互沟通,教师在课堂中要由“演讲者”“表演者”转化为“引导者”“管理者”,教室要由“一言堂”变为“众言堂”,让每一个学生都有机会当“小老师”,给每一个学生展现自己、锻炼自己的机会。

3. 师生互动，要建立在师生间相互理解的基础上

人与人之间的沟通，是在相互理解的基础上实现的。师生之间，只有互相理解，教师才不会有居高临下的姿态，学生才会心甘情愿地去学。只有学生自觉地去学，才会有事半功倍的效果。

4. 创设有利于师生互动的教学方式

互动教学是师生之间、生生之间多向沟通的教学方法，即把教学活动看作师生之间、生生之间进行的一种真诚、和谐的交往沟通，把教学过程看作一个动态发展的教与学统一的活动过程。

师生双方互动，是师生双方面积极性的充分发挥与协调配合，是教学成功的重要前提。教学中的师生互动说到底就是要改变“满堂灌”的注入式教学方式。因此，只有变教师的“独角戏”为师生的“交响乐”，并让互动成为其中的主旋律，师生才能在和谐配合的过程中更好地教和更好地学，最终达到师生共赢。

（三）实践与反思之三：小组合作学习中有效评价的探索

评价是促进小组有效合作、健康发展的重要环节。小组合作学习必须有一套健全的评价系统。这套评价系统一要科学，即符合课改精神；二要实用，即便于师生操作；三要符合小学生的心理，使学生乐于接受，能够引导学生积极参与小组合作学习。

1. 评价主体多元化

新课程评价改革重视学生在评价过程中的主体地位。教师要改变以往单一地由教师评价学生的状况，要将教师的评价与学生的自我评价和家长评价相结合，实现教师、学生、家长共同参与。同时，教师对学生的评价要及时、全面、有效。

2. 评价方法多元化

评价方法应结合本班实际，采用组内互评、组间互评、教师评价等多种方法。

(1) 组内互评。

组内同伴之间的评价，一方面可以培养学生的倾听和观察能力，另一方面能激励组内成员积极向上。对同伴进行评价，可以培养学生对他人、对事物客观公正的态度和正确对待他人心态。组内互评的侧重点包括：

A. 合作态度,是否积极参与、踊跃发言、虚心求教、热心帮助他人等;B. 合作质量,回答问题是否自信、声音洪亮、表述准确及答题准确率、学习效果、完成任务情况等;C. 创新精神,是否有自己独特的见解、善于提出有质量的问题、探究精神等。教师可以设计组内互评表,让每个同学对组内其他成员做出评价。在具体评价过程中,学生可以参考评价标准对自己的表现和本组的合作与交流情况做出反思,总结有益的经验,改进不足。在学生自评过程中,教师可以对学生个人或小组进行评价,以鼓励为主,使每个学生及小组都能真切地体验到合作学习的成功与快乐,从而产生进一步合作的愿望。

(2) 组间互评。

在注重组内互评的同时,更应注重组间互评。让学生对其他合作小组做出评价,可以反映学生个人和小组的素质情况。评价内容应包括知识掌握、学习态度、学习能力等。通过互评,一方面可以增强学生参与合作的意识,另一方面能让学生真切感受到自己是学习的主人,使学生增强集体责任感和荣誉感,并提高分析能力。

(3) 教师评价。

教师评价是小组合作学习质量的保证,是学生进步的强化剂。教师对小组合作学习的评价可以从三方面着手。

第一,对学生个人表现进行评价。教师对学生个人进行评价,首先重视的是评价的激励功能,将学习过程评价与学习结果评价相结合,侧重于对过程的评价。如在课堂上,小组讨论完毕后,教师总会说:"现在谁愿意汇报讨论的结果?"于是,学生纷纷举手回答。此时,教师关注的是小组讨论的结果。笔者认为,教师还应该关注学生是如何讨论的,讨论中是否遇到困难,如何解决难题;讨论时小组成员是否团结合作,是否大胆地提出不同意见,每一个组员是否参与其中。由于课堂时间有限,学生人数较多,教师逐一了解显然有一定的困难,因此可以采用填表格、竞赛、推举代表、当堂练习等多种反馈形式,了解学生讨论的过程与结果,恰当地给予综合性评价。教师要用赏识的眼光和心态去寻找学生的闪光点,用赞美的语言进行激励,让他们变得越来越优秀、越来越自信。例如,对于爱动脑筋、参与热情高、探究能力强、善于带领其他成员共同探究的学生,教师可以这样评价:"你们不但有自己独特的见解，而且会带领其他同学共同探究。你在小组中的表现让人刮目相看。老师真为你感到骄傲！”对于反应不是很灵活，对自己不是很自信的同学，可以这样评价：“你是一个聪慧的孩子，如果你能自信地融入同学们的讨论、探究中，老师相信你能学得更好。让我们共同努力，好吗？”对于胆子较小、不善于发表自己意见的学生，可以不失时机地提醒：“老师相信你有自己的想法，如果能说出来跟同学们一起讨论、研究，那该多好呀！相信自己，在小组里说说自己的想法。同学们愿意给你帮助。你会成功的，加油吧！”

第二，对合作状况进行评价。合作状况包括组内合作状况和组间合作状况。教师应关注小组各成员是否明确自己的任务，各司其职，各成员之间是否能相互合作，成员之间是否能相互帮助等。对于合作表现优秀的小组，教师要及时表扬：“你们小组分工明确，各尽其职，动作迅速，而且合作愉快，值得大家学习！”从而为其他小组树立榜样。教师还要根据各小组的发展情况进行总结，定期给予阶段性评价，并针对实际情况给予进一步指导。

第三，对合作效果进行评价。对合作效果的评价主要包括学生能否主动参与到学习中来，学习积极性和学习兴趣是否有所提高，学生在小组合作学习中能否相互帮助、共同进步。评价的重点是学生能否不断进步与提高，能否达到既定目标。

第四节　自成课堂的导学策略

《国家中长期教育改革和发展纲要（2010—2020 年）》指出，注重学思结合。倡导启发式、探究式、讨论式、参与式教学，帮助学生学会学习。激发学生的好奇心，培养学生的兴趣爱好，营造独立思考、自由探索、勇于创新的良好环境。其核心的问题是培养学生的创造性思维、逻辑思维以及从多方面、多角度看问题的能力。在教学中，培养学生的高阶思维能力，引导学生养成良好的思维品质，是教学改革的重要课题。

一、创设探究情境

在自成课堂教学中，教师通过创设良好的探究情境，激发学生的学习热情，让学生在兴趣中，自主解决学习的主体性任务。在教学情境中，学生的已有知识经验被唤醒，从而主动进行分析、对比、归纳、推想、实验等探究活动。

二、搭建问题大纲

在教学中，教师应依据大纲，设置的问题要有一定的思维梯度，能给学生创造一定的思维空间，帮助学生理清思路，引导思维方向。学生在层层递进、步步启发的问题链中展开积极的探究和深入思考，培养高阶思维。

三、学生自主探究

教师要引导学生观察并自主探究。学生在自主学习时，必须明确学习内容，带着任务自主阅读教材，在阅读过程中标出重点，同时标出疑难的地方。学生自主阅读完之后，要独立完成自成单中老师设计的问题，对教材中的知识点进行归纳总结，能够抓住主要问题，并对教材内容进行概括和梳理。学生独立思考分析，充分发挥个体的主观能动性，对问题进行大胆剖析，主动猜想、验证，并展开积极批判时，其高阶思维能力正悄然生成。

四、小组合作讨论

小组合作可以培养学生的求解、决策、团队协作等方面的高阶思维能力。小组合作学习中，学生围绕困惑进行小组讨论，在交流中相互答疑，逐步明晰解决问题的思路和方法，形成初步的内化知识体系。

五、教师精心点拨

对小组研讨后仍未解决的问题，老师要进行精心点拨、启发引导，要抓住学生顿悟、解惑、反思、收获的关键点，切忌面面俱到。最后，老师要将具有代表性的或相对标准的方案选出来，展示给全体学生，组织学生进行分析评价，达到拓展知识与提高思维能力的目的。

六、导学案例分析:“长方体与正方体”导学设计

- 追问 1:为什么说正方体是特殊的长方体？长方体特殊到什么程度就

是正方体了？

生1:正方体具备长方体的所有特征，是一种特殊的长方体。

生2:长方体特殊到长、宽、高相等时就是正方体了。

师:如果用一个大圈来表示长方体，那么正方体与长方体之间的关系我们可以怎样画？（根据学生回答板书。）

● 追问2:圆柱的侧面展开图是一个长方形，这个长方形的长和宽与原来的圆柱有什么联系？如果不是沿高剪，还可以得到什么图形？

生1:长方形的长相当于圆柱的底面周长，宽相当于圆柱的高。

生2:如果不是沿高剪，还可以得到平行四边形等，但不可能是梯形。

师:圆柱的侧面展开图是一个正方形，这个正方形的边长与原来的圆柱有什么联系？

● 追问3:我们还学过求圆面积，圆转化后是近似长方形，这个长方形的长、宽与转化前的圆有什么关系？

生:长方形的长相当于圆周长的一半，宽相当于圆的半径。

● 追问4:我们学过圆柱转化成近似长方体，这个长方体的长、宽、高与转化前的圆柱有什么关系？

生:长相当于圆柱的底面周长的一半，宽相当于圆柱的底面半径，高相当于圆柱的高。

● 追问5:圆柱和圆锥是由什么图形、通过怎样的运动形成的呢？

生:圆柱可以看作是一个圆通过平移形成圆柱，或者说圆柱是由多个同样大小的圆叠加而成。圆锥是圆由大到小的叠加，直至缩小为一个点。

教师进行课件演示：

长方形绕着一条边旋转形成一个圆柱，直角三角形绕着一条直角边旋转形成一个圆锥。

思考:以三角形的任意一条边为轴旋转一周，都能形成一个圆锥吗？

学生在小组内交流后教师指导班级内交流，得出只有以直角三角形的直角边为轴旋转一周才能形成圆锥。

● 追问6:以直角三角形的斜边为轴旋转，会得到什么图形呢？

生:旋转一周可得到两个等底的圆锥。

师:以直角三角形任意一边为轴旋转一周得到这三个立体图形，哪个体积最大？为什么？请同学们先独立思考，然后在小组里交流。

生：以较短的直角边为轴得到的圆锥体积最大。

师：你能通过计算验证刚才的猜想吗？

生：能。

师：谁还有问题要问吗？

生：我还见过这样的立体图形，不知道叫什么？

老师把他的图展示给大家看，大部分学生摇头，有的学生在努力思考。

师：如果让你给它取个名字，可以叫什么呢？请同学们分组交流讨论。

生1：不是立体图形，因为它们不是直立的。

生2：是立体图形，可我不知道它们叫什么。

生3：像一个凳子，是不是可以叫平凳？

生4：其中一个叫棱柱，我在数学报上见过。

生5：我想起来了，一个叫棱台，一个叫圆台。（掌声）

师：我们班的同学真棒。希望同学们在日常生活中都能做个有心人，请课后仔细观察生活中还有哪些立体图形？想想它们有哪些特征？

第五节 自成课堂的会学策略

一、会学策略概述

陶行知先生说，好的先生不是教书，不是教学生，乃是教学生学。这句话告诉我们，作为教师最大的职业使命是指导学生会学习。

指导学生会学习，教师要解放思想，大胆放手，勇于实践，善于钻研。

从形式上，教师要通过具体的操作指导学生学会自主学习。如课前设计自主学习单，让学生通过自主学习经历一个思维跳跃的过程，发现问题并提出疑问；课中设计明确的自学要求，让学生带着问题潜心读、画、写、思，教师要指导学生学会与小组成员进行交流分享，按照自己的小组序号依次进行发言交流，保证交流时秩序井然。

从内容上，教师要抓住学科的特点和学习目标，巧妙设计教学环节，突破教学难点和教学目标。对于每一个教学内容，教师都要有自己的教学目标，即学生要掌握的知识和达到的学习能力。

授人以鱼不如授人以渔。高明的教师站在讲台上，绝不是仅仅传授给学生丰硕的知识，而是教授给学生学习的方法，让学生在没有教师这根“拐杖”的辅助下，依然能自由行走，这样也就达到了叶圣陶先生所说的“教是为了不教”。

二、教学实例分析

下面以“确定位置(数对)”为例，谈谈会学策略的有效实施。

(一) 创设情景，明确目标

师：同学们都听过《阿里巴巴和四十大盗》的故事吧！有一次阿里巴巴进入了大盗们的藏宝洞，里面装着满满的金银财宝，阿里巴巴欣喜若狂，他偷偷装了一袋回家。阿里巴巴很贪心，第二天又去藏宝洞偷宝，结果出现了意外，他装好一袋金子，出来时发现山门打不开了，开门的口令变了，这可急坏了他，就在这时，四十大盗回来了。我们一起来看看。

教师播放动画，四十大盗排成方队向山门走来，头领走在最前面。

学生纷纷举手发言。

师：同学们，四十大盗排成的队伍，用我们的数学语言怎么表述呢？

师：同学们表述的方法真多，有的说排，有的说行，有的说队。在数学里面像这样排列方式，我们有专门的表述名称：横排的叫行，竖排的叫列。同学们现在能说出来这个队伍有几行几列吗？请大家数一数，同桌之间互相说一说。

学生互相讨论。

师：阿里巴巴只好藏在洞中寻找时机。晚上，大盗头领说用密码把山门锁上时，阿里巴巴赶紧探出来头来想看看他们用的是什么密码。原来山门里面贴着四个大盗的头像，只见一个大盗打开一个头像后，在里面输入两个数字(3,2)；又打开一个头像，在里面输入两个数字(4,3)。当大盗打开第三个头像输入数字的时候，走过来一个大盗把阿里巴巴的视线给挡住了。阿里巴巴没有看到输入的是什么数字。天黑了，大盗们都睡了，阿里巴巴赶紧起来去开门，他只看到了前两个头像后面的密码，很快就打开了，可是到第三个头像时，他犯了难。这个头像的后面会是什么样的数字呢？同学们，如果你们是阿里巴巴，现在怎么办？

生：想办法破解最后一个头像后面的密码，然后打开门离开。

师：好，那你们现在就变成阿里巴巴，开始你们的破译工作吧。

【评析】 在这一环节中，教师首先给学生创设了一个故事情境，激发起学生的认知兴趣。四年级的学生对于阿里巴巴这样的故事是比较感兴趣的，很多学生都通过阅读书籍或是观看动画片等形式对阿里巴巴的故事有个基本的了解。阿里巴巴遇到了困难，学生是非常愿意帮助他解决问题的。破译密码也很能引发学生的探索动力，为下面继续探寻其中的规律，奠定了良好的基础。其次，这一环节结合大盗回归的场景，明确了行与列的概念，使学生对于行、列能有比较规范的表述。最后，故事留下了悬念，没有看到密码怎么解决呢？这就为学生接下来的活动指明了方向，如何寻找规律，成为下面活动的重点。

（二）独立探索，交流成果

师：同学们都有自己的想法了吗？我们来交流一下，看看你们都有哪些解决问题的办法。

生1：第一组数据是(3,2)，第二组数据是(4,3)，从这两组数据中可以看出，都是两位数，前一个数比后一个数多1，第二组前后两个数据分别比第一组多1。所以我猜测第三组数据是(5,4)，输入这个数据大门就可以打开。这是我的想法，有哪位同学对我的想法发表意见吗？

生2：这个规律不错，但是这三个数据并不是依次排开的，三组数据的排列没有规律，也就是谁先谁后这个很难定下来。

生1：通过刚才的动画可以看到，大盗是先输入(3,2)再输入(4,3)的，所以可以这样猜想。

生2：如果是先输入(4,3)呢，结果不就是反了吗？我怀疑这个观点。

生3：很难确定这个观点一定正确。

师：是的，如果不能确定这个密码是正确的，那如果错了，就会报警。把大盗们惊醒就麻烦了。我们再来听听其他同学的意见。

生4：我发现这两组数据正好与大盗头像所在行与列有关系。一个表示列数，一个表示行数，两组数据都是这样的。我想依次来推算第三组数据是(2,5)。输入进去，应当可以打开大门。这是我的想法，请其他同学给予补充。

生 5：从表面上看，这两个数据与列和行关联，但是是不是巧合呢？不能保证第三组数据也是这个规律。

生 6：我的想法是，这两组数据是不是头像后面的大盗的年龄呢？第一个是 32 岁，第二个是 43 岁，然后想办法找找第三个大盗是哪一位，偷偷去把他的身份证拿出来看看，查查是不是这样的。

生 7：这个方法不行，万一把大盗惊醒了怎么办？

……

师：看来大家的意见不尽相同，有的得到了同学的赞同，有的存在不少反对意见，很难达成统一。下面我们以小组为单位来研究研究，到底这里面会不会藏有什么规律呢？

【评析】 在教学第一环节中，学生从大盗的队伍中得知了行与列的概念。在探索数据规律的时候，也以同样的队伍标示为密码墙，有利于学生从行与列的标准上去思考数据的规律性，使学生探索新的数对成为可能。所以，本环节让学生先观察给出的两组数据，从中寻找数据呈现的规律，然后再来推理出第三组数据。整个环节，教师引导学生自主观察、自主思考、自主探索、自主交流、充分发挥探索的自主性，让学生的个体认知达到极限，让每位孩子的潜能得到最大程度的发挥。这一环节也充分体现了自成课堂倡导的先学后教、自主先学的教学理念。

（三）小组合作，深度探究

师：下面请同学们分组展开交流讨论。先把你们的想法充分在小组里交流，然后各组充分展开讨论，一定要拿出有理有据的结论出来。下面开始吧。

学生分组交流讨论，形成小组的一致意见，然后按组进行全班交流。

组 1：我们组最后达成的意见是(5,4)。我们觉得这三组数据的特征非常明显，每组两个数相差 1，两组之间也分别差 1。我们认为第三组数据一定是(5,4)。其他的规律都没有这个明显和确切。这是我们的意见，请其他组进行评价。

组 2：我们组否定了这个结论，因为这个规律太简单了，没有什么水平，大盗们有这么多的财宝，不可能用这么简单、规律的数据的，而且三组数据的排列不能保证依次加 1。我们不认为这样的猜想是正确的。

师:看来还是很难得到全班同学的认可。其他组再发表意见。

组 3:我们还是认为这个与年龄相关,这些数据应该与大盗们的年龄相仿,但是我们没有办法确认他们的年龄。

组 4:我们组认为这些数据与行、列有关,而且我们认为行与列的顺序也是相同的,所以第三组数据可以根据这个标准确定为(2,5)。请其他组的同学提出不同意见。

组 5:这个会不会是个巧合呢?

组 6:我们组比较支持第 4 组的想法,我们也想到了这一点。

师:目前,有三种观点,到底采取哪一种方案?决定权还是交给同学们,请同学们针对这三个观点展开讨论。不仅于小组内,两个小组间也可以分别交流讨论,确定一下我们最终选择哪种方案。

全班学生在组间展开交流。

【评析】 这一环节为学生互学。在学生个体充分探索的基础上,选取有代表性的观点,组织各小组学生展开研讨,在充分辨析中体会每种观点的依据是否值得推敲,引导学生的思维向更深处拓展。在组内研讨的基础上,引导学生开展组间交流研讨,把组内的观点推向全班,从而给学生提供更多的思考信息,让学生的思维开阔,为寻找到合理的数据规律,打下基础。

(四) 教师导学,建立模型

师:同学们,通过全班交流,现在大家都有明确的意见了吗?

组 1:我们对各个组的观点进行详细研究后,最后认为第 3 组提出来的观点比较好。我们认为从行与列的规律中更能准确发现前两组数据的规律。我们认为第三组数据应当就是(2,5)。

组 2:我们也同意这种观点。

师:哪个组能把这个发现进行详细表述呢?组内议一议,然后给出答案。

组 3:确定一组数,先出示列,再出示行。确定列的时候,是从左往右数;确定行的时候,是从下往上数,也可以理解为从前往后数。

组 4:这些数都是成对出现的,而且直接与行、列对应。

师:如果现在我说出一对数,你们能知道它对应的是哪个大盗吗?试一试：(3,5)、(6,3)。

生：可以。第一个是第3列第5行，第二个是第6列第3行。

师：同桌之间互说两组数找一找。

师：如果我指出其中一个大盗，你能用一对数表示他的位置吗？试一试。

教师指出两个大盗。

生：(1,2)、(2,4)。

师：很好。同学们，刚才我们研究的结果，其实就是今天我们要学习的内容。用数对确定物体的位置。这个方法很重要，以后的数学学习我们会越来越多地应用到它。

师：其实在我们的生活中，用数对来确定位置是很常见的方法。比如，我们经常要用到的手机导航，我们在行走的时候，导航系统首先要知道我们所在的位置，然后才能告诉我们如何行走。那么，它是如何知道我们所在的位置的呢？

教师利用课件展示地球的经度与纬度。

师：地球上的每一个点都有一对数来对应它，这样，导航系统就能准确地知道我们在什么地方，并且能准确地给我们指明方向。

师：生活中还有很多这样的应用，感兴趣的同学可以查一查了解一下。下面我们验证一下我们的推测好不好？让我们看看宝藏的大门能不能打开。

教师进行课件演示，大门打开，阿里巴巴顺利逃了出来。

【评析】 教师导学这一环节，教师在学生进行充分个体学习和小组互学的基础上，给学生建立清晰的数学模型，把数对的形状及概念与学生的探索完美地结合起来。学生的探索与标准答案之间只是形式上的差距，这个差距需要教师来引导完善。教师导学的过程，是对学生探索过程最优的评价，同时也是学生数学模型建立的最后一笔。教师始终扮演组织者、引导者、合作者的角色，在学生最需要的时候扶一扶，路还是要学生自己走出来的。学生个体与群体共同努力，全程经历了知识的探索过程，有力地培养了学生的数学推理能力、数学思维能力、空间想象能力、概括归纳能力，学生的数学核心素养得到了更大的发展。

（五）联系实际，巩固应用

1. 在现实场景中应用

师：现在同学们都明确了用数对表示位置的方法了吗？那我们就在实际生活中检验一下探索成果吧。

师：这是课前我给全班同学拍的照片，你能发现自己在哪儿吗？请用数对表示出自己所在的位置。写好后，报一报。

师：说说你是如何确定自己的位置的。

师：你还能用数对介绍一下你的好友吗？试试对全班同学说一说。

师：我来说几个数对，请在这个位置的同学站起来：(2,4)和(4,2)

师：大家有什么发现啊？

2. 在游戏中巩固练习

师：同学们的反应真是快，下面咱们玩个游戏好吗？我直接报数对，请符合要求的同学迅速起立，看谁的反应最快：(3,1)、(3,2)、(3,3)、(3,4)、(3,5)。（相应的5名学生一一起立）

师：奇怪，怎么齐刷刷地站起来一队？

生：因为你报的数对有规律。

师：是吗？说来听听。

生：这5个数对列数都是3，说明他们都在第3列，当然站起来就是一队了。

师：说起来挺容易，如果也让你来出几个数对，你也能让一队同学站起来吗？谁来试试？

生：(1,5)、(2,5)、(3,5)、(4,5)、(5,5)。

师：大家发现了什么？

生：这次站起来的是一行。

师：有变化了。能说说为什么吗？

生：这次的5个数对虽然列数变了，但行数没变，所以站起来的自然就在同一行了。

师：真不错！不过老师觉得这还不算什么，说5个数对站起来一排。如果我说，我只给1个数对，就可以请一队同学站起来，你们信吗？

3. 在变式中拓展提升

师：老师这儿还有一个数对(?,5)。第一个数看不清楚了，如果我要寻找这名同学，你能给我提什么建议吗？

生1：应当到第5行里去找，我们只确定是第5行。

师：很好。今天哪一小组值日呢？能不能用最简洁的数对告诉我。

生2：(4，A)，今天是周四第4小组值日。

师：其他同学明白他的意思吗？谁还能再来解释一下？

【评析】 巩固应用这一环节，教师设计了三组习题，一个是与学生自身相关的用数对确定自己的位置；一个是游戏活动，拓展数对知识的应用；还有一个是思维提升训练，在变式中拓展提升。三组习题训练，引导学生在玩中练，在练中思，既符合儿童的认知规律，也利于本节课探索内容的延伸与整合。

（六）回顾反思，自主整合

师：我们学会了用数对确定位置，通过今天的学习，你有什么体会呢？

生：数学中有很多规定，不是随意得出的，都有它的规律。

生：思考问题的时候一定要全面，这样就容易得到答案。

师：同学们今天表现得都很棒。

三、掌握课后练习方法，练就数学解题能力

小学数学的解答能力，主要是通过实际的练习和解题来提高。有人认为练习有“应试教育”之嫌，将练习扣上“题海战术”的帽子，其实不然。课后练习非常重要，它是巩固课堂学习知识、熟练掌握解题能力的最有效途径。那么，小学数学课后练习应怎样进行呢？笔者认为，主要从以下几个方面开展。

第一，端正学习态度，明确学习目的。教师要让学生充分认识到数学课后练习的重要性。不论是预习练习、课堂练习，还是课后作业、复习练习，教师都要告知学生不能只满足于找到解题方法，或是知道答案就好，应多动手练一练，避免“眼高手低”。课后练习不仅可以提高解答速度，掌握解题技能技巧，而且，许多新问题往往都在练习中出现。因此，练习既能巩固知识要点，又能让我们对整个数学学习过程进行最有效的检验。

第二，树立自信，培养毅力。小学数学特别是高年级小学数学的练习常有繁杂的计算、比较难懂和不易推理的证明，学生通过练习可以使自己拥有

充足的信心、顽强的毅力和培养认真仔细的习惯。

第三，养成勤思考、先思考、后解答、再检查的良好习惯。例如遇到一道题，特别是还没有具体解题思路的题目，学生不能盲目地进行练习和解答，无效计算只会徒劳无功，特别是在考试中就是浪费时间和精力。学生首先应深入领会题意，弄清题目的已知条件、隐含条件和需要解决的问题，认真思考，抓住题目中的关键字眼，最后再作解答。切记的是，题目解答完毕后，必须进行反复的检查与验算。

第四，善观察，用技巧。对于一些创新性的题目，学生应该大胆联想，灵活运用公式，寻找解题规律和解题技巧，变具体为抽象，则可得巧解。

如："求 1＋2＋3＋…＋99＋100 的和是多少？"学生必须善于观察，发现题目中的规律：1＋100＝101，2＋99＝101，3＋98＝101，…，49＋52＝101，50＋51＝101，不难发现，此题就是 50 个 101 相加的和，即 101×50＝5050。或者，可以在旧的知识点上优化方法，1＋99＝100，2＋98＝100，3＋97＝100，…，49＋51＝100，这样 49 个 100 就是 4900，再加上中间数 50 和末尾数 100 就是 5050，这些方法的掌握都是在学生已有的知识经验的基础之上完成的，因此，在小学数学学习中，善观察、勤思考、用技巧显得极为重要。

四、掌握课程复习方法，提高数学学习成绩

无论是课后复习、单元复习，还是数学总复习，都是非常重要的。合理安排复习时间、掌握复习方法，是提高数学学习成绩的重要保证。

第一，关于课后复习，学生应该合理安排复习时间，"趁热打铁"，做到"今日事今日毕"，即当天学习的功课当天必须复习，无论当天作业有多少、多难，都要对当天的知识进行复习巩固。千万不能不看书复习就做作业，做不出来再翻书，把数学课本当成工具书查阅。

第二，采用综合复习方法，将小学数学的知识联系起来，建成一个知识体系。华罗庚说过：找另一条线索把旧东西重新贯穿起来。学生可以画出小学数学的脉络图，即通过找出知识的左右关系和纵横联系，从整体上提高学习能力。这种方法既适用于课后复习，也适用于单元复习、期中复习、期末复习，更适用于毕业和升学考试总复习。

下面以数和数的运算为例，学生可以从以下几个方面进行复习：

第一，数的意义，要求弄清楚自然数、整数、小数、分数、百分数的概念及其相互之间的关系。

第二，数的读写与改写，要学会读较大的数、带分数、假分数以及各种数之间的相互转化。

第三，学会数的大小比较，特别是小数和分数的大小比较。

第四，数的整除，掌握整除的概念、合数、质数的概念等。

第五，掌握积、商的变化规律和分数、小数的基本性质。

第六，掌握四则运算的意义和法则。

第七，掌握四则混合运算、运算定律与简便运算等。

第三章 自成课堂的评价视角

第一节 自成课堂的评价体系

所谓课堂教学评价,是指评价主体按照一定的价值标准,对课堂教学诸因素及发展变化进行的一种价值判断活动。

一、自成课堂教学评价标准的确立

课堂教学评价应该建立促进学生全面发展的评价体系。评价不仅要关注学生的学业成绩,而且要发现和发展学生多方面的潜能,了解学生发展中的需求,帮助学生认识自我,建立自信,发挥评价的教育功能,促进学生在原有水平上的发展。要建立促进教师不断提高的评价体系,强调教师对自己教学行为的分析与反思,建立以教师自评为主,教师、学生、家长共同参与的评价制度,使教师从多渠道获得信息,不断提高教学水平。简言之,自成课堂教学评价应立足于学生发展和教师教学水平的提高。

自成课堂教学评价标准的确定是保证进行准确、全面、有效的评价的基础,也是使评价功能得以正常发挥的前提条件。自成课堂教学评价标准的制定,应遵循以下原则。

(一) 导向性原则

课堂教学评价标准应有明确的导向性,通过评价使评价对象的思想和行为不断地向评价标准靠拢。自成课堂教学评价标准的导向性主要体现在两个方面:一是课堂教学评价标准应体现当前教育发展的趋势,应体现学生核心素养发展的培养目标,即培养具有良好品格、实践能力、创新精神及较强适应社会能力的人。二是教学评价标准应体现现代教学观和以学生个性发展为本的发展观等。

（二）有效性原则

课堂教学评价的有效性在很大程度上取决于评价标准的有效性。评价的有效性是使评价活动得以顺利进行的基本要求。课堂教学评价标准的有效性是指所确立的标准符合课堂教学的特点，能够体现现代课堂教学的内在要求，并为从事具体课堂教学的人员所认可。因此，自成课堂教学评价标准的有效性体现在：第一，反映既定的教学目的；第二，反映课堂教学内在的规律；第三，表现出课堂教学自身丰富多样的个性，使课堂教学焕发生命活力。

（三）开放性原则

课堂教学本身是一个复杂的系统，具有极为丰富的内涵，因此，对课堂教学进行评价时不可能用整齐划一的标准来框定教师和学生的行为，自成课堂教学评价标准应具有开放性。这样，不仅为评价者在评价过程中可以具体情况具体分析，更为重要的是为教师和学生留有广阔的创造空间。

（四）可行性原则

课堂教学评价标准应满足当前社会的迫切要求，符合当前教育改革的发展趋势，同时还应具有可操作性。自成课堂教学评价的对象更多的是学生的精神状态和心理变化，评价标准呈内隐状态。因此，评价的可操作性就显得特别重要。

二、自成课堂教学的评价特征

（一）民主、平等的评价

新课程改革提出以学生发展为本，基于学生发展，关注学生发展，为了学生的发展，这就要求构建民主、平等、和谐的师生关系。在自成课堂教学中，教师、学生应形成平等对话、互教互学的“学习共同体”。合作学习中，我们应把“不求人人成功，但求人人进步”作为教学所追求的一种境界，同时也将之作为教学评价的最终目标和尺度，把个人之间的竞争变为小组之间的竞争，把个人计分改为小组计分，把小组总体成绩作为奖励或认可的依据，形成“组内成员合作，组间成员竞争”的新格局，实现教学评价的科学化。

（二）关注非预期效应和效果的评价

新课程理念下的课堂教学评价除关注教学目标是否达成外，也十分关注非预期目标的效应和效果。教师对非预期目标出现的处理正是教育教学的艺术性所在，是教师潜意识、潜在特质的一种表现，是教师和学生的闪光点。

（三）多元化的评价

课堂评价不仅能提高学生学习的积极性，同时还能让学生融入课堂教学氛围中，对提高教学质量、达成教学目标无疑起到事半功倍之效。当然，如果课堂只是用“好”“不好”“对”“不对”来评价，要想激发学生的学习兴趣是不现实的，所以建议遵循一定的原则，实施多元化评价。课堂评价应从评价对象的未来发展出发，可以是多方面的、多角度的，不拘泥于评价对象的知识、能力，要涉及其情感、性格、审美情趣、创造天赋等，真正实现自成效果。

（四）过程周期性的评价

课堂教学评价的最终目的是促进评价对象的发展，所以评价过程实际上是对评价对象的培养过程，这是一个持续的过程。

三、自成课堂教学的评价指标

（一）学生维度

我们将自成课堂评价分为学生和教师两个维度。

学生维度包括课前预习、学习过程、学习方式、学习效果。

课前预习：学生能自觉主动预习，预习有深度，能提出有一定价值的问题，自主完成自成单，准确率高。

学习过程：主要指学习状态，有求知欲望，学习态度积极，学习活动参与度高，呈现“自觉、自主、自成”的学习状态。

学习方式：能够自觉运用“自学、互学、会学”的学习方式，在自成单指导下完成自主学习；小组合作分工明确，大胆进行组内、组间、班级的交流展示，清晰地表达自己的观点，诚恳地质疑他人的观点，虚心研讨。

学习效果：快速掌握当堂知识，思维和行为变化显著，情感、态度、价值观获得发展，学习习惯进一步养成。

（二）教师维度

教师维度包括自成单设计、教学决策与实施、教学能力与素养。

自成单设计:教师应基于学生"核心素养发展"的理念,准确定位教学目标和教学内容,深入研究学情,导向性学习问题和教学方式方法设计恰当,结合学习情况合理使用教学资源。

教学决策与实施:教师应引领学生的深度思维、创新精神与实践能力,体现先学后教、多学少教、以学定教、自主体验、互助研究、质疑生成。

教学能力与素养:教师应做到教学基本功扎实,为学生创设有意义的教学情境,激发学生自主学习,满足不同层次学生的学习需求,有一定的教学智慧。

四、自成课堂教学的评价方法

(一)教师自我评价

教师自我评价是一种反思性的评价,指教师根据评价指标,对自己的教学设计、教学活动的实施过程和教学目标达成等情况,以及自己在教学过程中的体验与感悟等进行自我反思,总结做出价值判断的过程。

(二)他人评价

通过他人评价,通常能客观地了解自己的教学过程。获取他人评价的方法主要有课堂观察、课后访谈、调查问卷等,同时要防止只说好的,相互吹捧,不愿指出缺点。

(三)学生评价

学生对课堂教学的评价是根据自己的切身体会提出的,他们的观察不但细致周全、真实可信,而且有利于师生沟通,从而有利于教学水平的提高。

第二节 自成课堂的过程评价

自成课堂分为四个板块:一是自学而生疑,二是会学检测,三是互学而互补,四是导学而有序。小学生自主学习的意识比较薄弱,自主学习能力与习惯的培养有赖于课堂教学,课堂是教师与学生活动的主阵地,教师通过课堂向学生传输学习方法与知识经验,学生在课堂上收获教学内容,教师在课堂上完成教学任务。学生的自主学习能力与习惯的培养离不开教师的课堂调控,学生的自主学习能力要在课堂着手培养。因此,课堂的过程评价起到很大作用。通过评价可以发现问题、肯定长处、强化动机、改善行为，从而有效地改进和调控课堂教学的相关活动，保证教学的顺利实施并取得积极的效果。教学过程评价的作用可以体现在以下几个方面。

（一）有利于教师因材施教

在班级授课制中，教师面对的是全班几十个学生，而学生的发展水平、个性特长却不尽相同。如何面向全体学生，实现因材施教？这是每位教师都面临的问题。在教学中，教师可以通过多种方式了解到不同类型学生的学习情况，通过教学中的个别评价向不同的学生传输不同的信息。如，可以鼓励优生提高学习要求，可以勉励学困生更进一步，可以提醒不遵守纪律者约束自己的行为等等。如果说，授课主要是面向大多数学生，评价则既可面向多数，也可面向少数甚至个别学生。因此，教学中的评价活动是实现因材施教的重要手段。

（二）有利于教师教与学生学的反馈

教学评价具有反馈指导功能。对教师而言，教师可以通过学生在学习过程中的各种表现了解学生的学习状态，给予价值判断，再反思自己的教学行为，并在教学内容、方法、组织等方面进行适当调整，以满足学生的需要；对学生而言，通过教师肯定的、鼓励的、批评的等不同的评判，可以了解自身的学习状态，再加以调整和强化，改善自己的学习行为，达到教学要求。由此可以看出，教学评价活动对于教学活动的主体——教师和学生均具有指导、调控的作用。

（三）有利于营造民主和谐的课堂氛围

教师教学评价的源泉在学生，即源于学生的认知状态、行为方式、情感体验等；教师评价的结果又要反馈给学生，并让学生理解、接受，进而转化为相应的行为方式。这样一种循环往复的过程，本身就充满着情感的色彩。如果教师能以一种平和的心态、平等的方式去对待学生，给予学生肯定、鼓励，而不是斥责、冷漠，那么，学生也会以相应的积极的态度去接受教师。通过教师与学生的情感交流，营造出民主、和谐、愉悦的课堂氛围，这是评价活动的又一功能。

（四）有利于对学生的激励与导向

评价的最终目的是促进学生的发展，激发学生学习的积极性，改善学习行为。通过评价，让学生明确努力的方向，明白自己的差距所在；通过评价，让学生去改进自己的学习方法，学会学习、学会创造；通过评价，让学生增强自信心，增强求知的欲望；通过评价，让学生去学习别人之长，克服自己之短，增强学习的有效性；通过评价，还可以让学生了解自己的长处，肯定自身的优势，让学生体验到成功的喜悦，让学生领略到进取的价值，从而受到强大的鼓舞，并焕发更高涨的学习热情。

第三节　自成课堂的发展评价

苏霍姆林斯基曾说：如果学生在掌握知识的道路上，没有迈出哪怕是小小的一步，那对他来说，这是一堂无益的课。无效的劳动是每个教师和学生都面临的最大的潜在危险。

自成课堂的发展性教学评价，是指评价的目的不仅仅是甄别和选拔学生，更是促进学生的发展，促进学生潜能、个性、创造性的发挥，使每一个学生具有自信心和持续发展的能力。自成课堂发展性教学评价实施的关键是要求教师用发展的眼光看待每一个学生，核心是重视过程的总评价，利用多种形式结合的评价方式和评价手段。

一、自成课堂发展性评价的特点

（一）基于学生发展的评价

教育以促进学生的发展为根本目的，评价作为教育的重要组成部分，自然也应该以促进学生发展为己任。基于此，以促进学生的全面发展、差异发展和主体发展为根本目的的学生评价的理念和评价体系，就是自成课堂所提倡建立的发展性的学生评价。发展性评价的关键是教师要以发展的眼光来看待学生，使教学和评价融为一体。发展性评价的根本特征是：结果评价和形成性评价并重，重视学生的思考和发展过程；评价角度多元化，评价对象是全体学生、评价内容多样、评价标准多重性、评价方式多样化；学生和教师之间是互动评价，学生是评价的主体；评价的目的是促进学生的发展，而非奖惩；评价要在科学客观的基础上让学生感受到教师的暖意和鼓励，实现师生情感的交流。

（二）基于教师发展的评价

自成课堂的发展性评价以促进教师发展为主要目的，制定明确合理的评价内容和评价标准，突出教师在评价中的主体地位，促进教师积极参与到评价中并体现教师的个体差异。

提倡教师自我评价是突出教师主体地位的典型表现。教师自我评价与教师的自我反省、自我监控和自我促进有密切的联系。在自我评价的过程中，教师通过收集自己的教学数据，对其进行判断和反思，可进一步提高教学效果和改进教学方式。

二、自成课堂的发展性评价目的和原则

（一）自成课堂的发展性评价目的

（1）促进教师在课堂教学中不断认识自我、完善自我、发展自我。

（2）促进教师进行课堂教学改革，提高课堂教学效果。

（3）促进教师群体的合作与交流，促进学校发展和教学质量的提高。

（二）自成课堂的发展性评价原则

（1）全体参与和共同进步的原则。该原则强调全体教师积极参与，共同进步，提高全体教师的教学效果。

（2）导向性原则。评价应以人为本，注重评价对象的个人价值和专业价值，以有效教学为标准，以开发教师潜能，改进和提高每一位教师的课堂教学能力、专业水平，促进教师的未来发展为主攻方向。评价要能充分反映学科教育发展、教师未来发展要求和学校发展需求，具有导向和促进功能。

（3）关注过程，体现民主的原则。评价实施应建立在评价者、评价对象彼此理解，评价目的、标准、方法、形式、程序和结果处理的基础上，不得由学校或评价者强加于评价对象。

（4）自评、他评和学校评相结合的原则。

（5）定性分析为主的原则。

（6）与奖惩脱钩的原则。

三、自成课堂的发展性评价策略

（一）正确处理好主体与主导的关系

自成课堂的教学是教与学有机协调的系统性教学，不仅要考虑到教师

怎样教，而且要考虑到学生怎样学。正如周玉仁教授所提倡的：凡是学生能自己探索得出的，决不替代；凡是学生能独立思考的，决不暗示。要为学生多创造一点思考的时间，多一点活动的余地，多一点表现自我的机会，多一点体会成功的愉快。

（二）正确处理好智能培养与情感教育的关系

提高课堂教学效率的最有效方法，就是真正调动起学生的主观能动性，因为学生在课堂上除了接受知识，还带有自身的情感、动机、需要等，他们是一个个活生生的个体。在课堂上，学生除了与教师交往以外，还要与同伴进行交往。因此，学生的课堂学习目的远不只是学习知识，还有提高自身能力、培养审美情操和个性等。学生是把整个生命投入课堂的，这就要求教师能立足于生命的高度来看待课堂教学，要把学生良好的意志品格、群体合作能力、行为习惯及交往能力等的培养也作为教学目标，并贯穿于整个教学过程，处理好智能培养与情感教育的关系，着眼于学生全面素质的培养和提高。

（三）正确处理好评价的适时、适度与生生互动的关系

（1）评价要适时、适度：既不能滥用评价，也不能吝啬评价语言。要针对不同的学生，用不同的评价语言，根据学生的实际情况及时地给予评价。

（2）引导生生互动的评价：在传统的课堂中，评价是教师的“专利”，学生很少有自主评价的机会，在自成课堂中，教师要学会“让权”给学生。课堂上引入师生之间、生生之间的评价机制，是课改理念的体现，这样的课堂评价，既能让学生感受到成功的喜悦，又能提高课堂教学的有效性。

四、自成课堂发展性评价标准

（一）是否重视学生主动参与课堂学习

判断课堂教学是否有效，不仅要看学生积累知识的量，更要看学生参与知识形成过程中思维的深度和广度，有多少知识是通过学生自己探究建构的。因而，学生有无参与知识的形成过程是判断课堂教学是否有效的重要指标，也是衡量是否构成自成课堂的重要评价指标。

教师是否重视学生主动参与课堂教学，可从以下几个方面进行评价。

（1）学生参与的方式：个别学习与小组合作学习相结合。这里不是指形

式上的大合唱，而是实质性的思考、表达、讨论与交流。

(2) 学生参与的广度与深度：包括学生自主活动和学习的时间，学生回答问题和动手操作的人次等。

(3) 参与的效果：教学目标的达成情况、思维能力的开发程度及情感态度的提升效果。

(二) 是否注意培养学生的创新能力

自成课堂应把学生创新意识和能力的培养放在显著的位置，教师在课堂教学中要善于创设探究情境、搭建探究平台，问题让学生自主发现，知识让学生自主生成，规律让学生自主归纳，最后通过旧知衍生出新知。评价教师是否关注学生创新能力的培养可以从以下几个方面分析判断：在一节课中，教师提出了多少个开放性问题？教师是否尊重学生不同的观点和意见？教师对学生的独特见解是否有意识地加以表扬和激励？学生自主探究和解决问题的时间有多少？学生主动提问的次数有多少？学生能否多角度地思考问题？学生创造性地解决问题有多少人次？学生回答问题是否具有新意和灵活性？

(三) 是否使课堂教学保持有效的互动

生本课堂的教学过程是认知建构、师生互动、情感体验多向交流的过程。评价一堂课是不是高质量的课、是不是自成课堂，教师能否使课堂保持有效和深层互动是一条重要指标。评价课堂教学的互动性可从以下几个方面分析判断：是教师拥有言语霸权还是民主协商？是先教后学还是先学后教？是示范模仿、讲解接受还是自主探究、参与体验？是教师包办代替还是学生自主建构？是仅重视知识结果还是过程与结果并重？

(四) 是否关注学生的情感体验

自成课堂追求三维目标的整合，即以知识和能力为主线，分层落实，面向全体学生；以过程和方法为核心，启发学生，促使学生全面发展；以情感和态度为动力，促使学生主动发展。积极的情感体验建立在民主和谐的学习氛围之上、建立在学生不断的成功和进步之上，因此教师能否营造民主、和谐、宽松的课堂环境是学生获得积极情感体验的前提条件。

评价教师是否关注学生的情感体验主要从以下几个方面进行分析判断。

(1) 教师创设宽松和谐课堂情境的程度:教师是否有激情,精神是否饱满?是否善于挖掘教材中的情感因素?授课过程中能否引起学生的兴趣和情感共鸣?是否善于表扬激励学生,让学生体验到成功的乐趣?是否善于体察学生的变化,恰当调控教学?是否善待、宽容和欣赏学生?

(2) 学生情感投入的程度:学生注意力是否集中?有无高涨的学习热情和良好的精神状态?能否保持内在的学习兴趣和需要?

第四节 自成课堂的课堂评价

自成课堂的课堂评价是指对在课堂教学实施过程中出现的客体对象所进行的评价活动,其评价范围包括教与学两个方面。

一、自成课堂的课堂评价标准

(一) 教师导学评价

教师的导学评价分为两个层面,一个是自成单的设计,一个是课堂活动中适时适度点拨助学。自成课堂倡导先学后教,将先学活动移至课前,与传统的部分作业时间进行调换,给足时间让学生“学而先得,学而生疑”。课前自学的重要导引就是自成单,自成单主要是教师帮助学生设计,它是实施自成课堂的一个重要抓手,一堂好课离不开一份高质量的自成单。因此,课堂评价中的教师评价首先要评价自成单的设计质量。自成单上要清晰地列明学生课前自学的具体内容,以及详细的活动措施过程和要达成的活动目标,这样做有利于学生在没有教师指导的情况下能独立完成自学。自成单的内容设计需要进行问题化、板块化处理,聚焦教学的核心内容,重在培养学生的思维能力和学科素养;要注意层次性,面向全体学生既要让学生有成功的体验,又有急于求知的欲望。

课内的点拨助学是教师导学的重要组成部分。课堂评价中要注重观察教师是否教给学生一个表达的体系,是否指导学生形成一般的自学、互学行为习惯;教师的导学是否在学生最需要的时候出现,是否能助推学生把学习向更深处迈进,是否能帮助学生完成数学思考的再提升,即教师在点拨时机、点拨力度、点拨方法上是否有清晰的选择和表达。

(二)学生的学习评价

在课堂活动中,教师要观察学生的学习状态,观察学生是否有较高的求知欲望,是否有积极参加集体学习的意愿,是否有较高的实践活动参与度;要观察学生学习过程中自主学习与合作的表现,既要考查学生独立自主学习的能力,又要考查学生小组合作的水平。学生要能够自觉开展自学、互学,方法熟练,形式得当,要能在自成单的指导下完成自主学习任务,在小组合作中分工明确、积极表达、认真倾听、虚心研讨。

评价学生的学习情况,还要注重对学习效果的评价。评价学生是否能在合理的活动内完成学习任务、达成活动目标、获得基础知识、发展基本技能,情感、态度和价值观是否得到发展,学习习惯是否能得到更好地提升。

学生学习效果的评价中要引入当堂检测的内容。在课堂教学中,教师都会给出当堂训练的内容,它也是检测学生学习情况的重要内容。教师要观察学生在习题训练中解决问题的正确率和答题时间,通过这两个指标评价学生的学习效果。

1. 自学评价

自学评价主要是观察学生自学的情况。其一是观察学生自学的方法选取与质量高低;其二是观察学生是不是形成了自学的习惯。当学生在自学中遇到困难时,教师要给学生以信心,鼓励其继续努力,只有确定学生在自学时确实无法可循的时候,老师才能稍做引导。如此而为,旨在让学生的自觉升华为一种品质。

2. 倾听评价

倾听评价主要是观察学生是不是聚精会神地听教师之讲和其他学生的发言。教师要要求学生听之在耳、记之在心,鼓励学生就所听内容提出个人的看法与见解。

3. 合作评价

合作评价主要是观察学生在课堂小组学习中合作得如何,不仅要观察学优生对学困生的帮助是不是到位,而且要观察学困生是否具备主动探索的精神,还要观察学生在小组活动中有没有亲和力、会不会互相关照,有没有关注别人的表情、神态,以及是否认真倾听别人的发言、能否共同完成小组任务。

4. 交流评价

交流评价有两个方面：一是观察学生能否流畅地说清楚所要表达的意思，是否有一定的概括能力，表达内容是否具有层次感。二是观察学生能否姿势端正、声音洪亮、面带微笑。学生如果站在讲台上，说话时要面对全体学生，并借助眼神、动作等体态语言来增强表述效果，从而培养学生表达的水平与技巧。

5. 思维评价

思维评价主要是观察课堂教学有没有处于一种“静”的状态。表面的“静”之下往往是思维的活跃：可以在创设问题的情境中“思”，可以在探究问题、解决问题的过程中“思”，也可以从多个角度探究、解决问题，用个性化的方式呈现结果之中的“思”。

6. 练习评价

练习评价主要指学生是否能通过练达到强化记忆的作用，观察学生在练中是不是做到了举一反三、触类旁通。

二、自成课堂教学评价标准设计

自成课堂教学评价表

执教者		学科		授课班级		授课时间	
课题							
评价项目		评价内容				分值	得分
学生学习情况60分	课前预习	自觉主动预习，预习有深度，能提出有一定价值的问题；自主完成自成单，准确率高				10	
	学习过程	学习状态：有求知欲望，学习态度积极，学习活动参与度高；呈现“自觉、自主、自成”的学习状态				10	
		学习方式：能够自觉运用“自学、互学、会学”的学习方式；在自成单指导下完成自主学习；小组合作分工明确；大胆进行组内、组间、班级交流展示，清晰地表达自己的观点；诚恳地质疑他人的观点，虚心研讨				20	
	学习效果	快速掌握当堂知识；思维和行为变化显著；情感得到抒发，态度得到转变，价值观获得提升；学习习惯进一步养成				20	

教师导学情况40分	自成单设计	基于学生“核心素养发展”的理念，准确定位教学目标和教学内容；深入研究学情；导向性学习问题和教学方式方法设计恰当；结合学习情况合理使用教学资源	10	
	教学决策与实施	引领学生进行深度思维、发扬创新精神、提高实践能力，体现先学后教、多学少教、以学定教、自主体验、互助研究、质疑生成	20	
	教学能力与素养	教学基本功扎实，为学生创设有意义的教学情境，激发学生自主学习；满足不同层次学生的学习需求；有一定的教学智慧	10	
自主学习时间		当堂检测成绩		总分
评价与建议				

说明：90～100分为优秀，75～89分为良好，60～74分为合格，60分以下为不合格。

评价结果：优秀□　良好□　合格□　不合格□　评价人：________

第四章 自成课堂践行实效

第一节 自成课堂典型课例

“整十、整百数除以一位数的口算”教学实录与评析

一、创设情境，自学生疑

（一）口算

40×2= 30×5= 700×5= 400×6=

（指名口算，并说说是怎样算的）

（二）解决实际问题

把6支铅笔平均分给3个小朋友，每人分得多少支？

（学生独立列式解答）

指名汇报，师板书：6÷3=2。

【设计意图：设计这样的复习题，是为了唤醒学生对于“整十、整百数乘一位数的口算”及“平均分的实际问题”两个知识点的认知。以旧知引入新知，既加强了新旧知识之间的联系，帮助学生构建知识框架、形成完整的知识体系，又为学生学习新知进行铺垫，降低学习难度，提高学习的成功率】

（三）课件出示

探究1：把60支铅笔平均分给3个班，每班分得多少支？

探究2：把12支铅笔平均分给3个班，每班分得多少支？

探究3：试一试，计算600÷3。

探究4：把300支铅笔平均分给5个班，每班分得多少支？

学生独立审题，自主探究，完成在自成单上。

教师巡视，了解学生的探究情况。

二、交流展示，互学互补

（一）交流例 1

把 60 支铅笔平均分给 3 个班，每班分得多少支？

师：你是怎样思考的？把你的想法在小组里交流一下。

学生在小组内交流，教师巡视。

（二）交流例 2

把 120 支铅笔平均分给 3 个班，每班分得多少支？

师：你是怎样思考的？把你的想法在小组里交流一下。

学生在小组内交流，教师巡视。

（三）交流 600÷3

师：你是怎样思考的？把你的想法在小组里交流一下。

学生在小组内交流，教师巡视。

三、点拨梳理，导学有序

（一）交流例 1

出示：把 60 支铅笔平均分给 3 个班，每班分得多少支？

师：谁愿意把你的思考方法与全班同学交流一下？

生 1：把 60 支铅笔平均分给 3 个班，求每班分得多少支？就可以列式为“60÷3”，我们已经学过 6÷3＝2，所以 60÷3＝20。

生 2：我的想法跟他是一样的，也是用 60 除以 3，想 6 除以 3 等于 2，所以 60 除以 3 就等于 20。

生 3：我是这样想的，60 是 6 个十，6 个十除以 3 等于 2 个十，是 20。

生 4：60 里面有 6 个十，6 个十除以 3 应该等于 2 个十，所以 60 除以 3 等于 20。

师小结：60 里面有 6 个十，6 个十除以 3 等于 2 个十，2 个十是 20。

师板书：60÷3＝20（支）。

（二）交流例 2

出示：把 120 支铅笔平均分给 3 个班，每班分得多少支？

师：谁愿意把你的思考方法与全班同学交流一下？

生1：12除以3等于4，所以120除以3就等于40。

生2：把120看作12个十，12个十除以3得4个十，是40。

师板书：120÷3=40(支)。

生交流算法。

师小结：12个十除以3等于4个十，4个十是40。

（三）交流“试一试”

出示：600÷3=。

师：这道题该怎样计算呢？

（生小组交流，讨论后指名汇报）

生1：6除以3等于2，所以600除以3就等于200。

生2：600是6个百，6个百除以3等于2个百，是200。

生3：600里面有6个百，6个百除以3应该等于2个百，所以600除以3等于200。

师小结：6个百除以3等于2个百，2个百是200。

板书：600÷3=200。

【设计意图：之所以把“试一试”与例2的教学顺序调换一下，先教学“120÷3”再教学“600÷3”，是因为120除以3在口算的时候是把120看成是12个十来思考的，而600除以3在口算的时候是把600看成是6个百来思考的。也就是说，口算“60÷3”和“120÷3”时都是把被除数看成是几个十来除以除数的，两道题存在着内在联系。而口算“600÷3”时，方法有所改变，是把被除数看成几个百去除以除数的】

（四）交流例4(教师增加)

出示：把300支铅笔平均分给5个班，每班分得多少支？

教师指名口头列式。

生：300÷5。

师板书：300÷5=。

师：你能算出它的得数吗？

生独立思考，教师指名回答并说出口算过程。

生1：3个百除以5等于6个十。

生 2:不对。

师:哪儿不对?

生 2:不能把 300 看成 3 个百,应该看成 30 个十。

(班里顿时一片寂静)

生 3:如果先不看 300 末尾的两个 0,就是 3 除以 6 了,就没法算了。

生 4:对。所以只能先用 30 除以 6。

师:300 里面有 30 个什么?

生:300 里面有 30 个十。

师小结:这道题里是把 300 看成是 30 个十,30 个十除以 6 得 5 个十,5 个十是 50。

【设计意图:之所以增加例 4,是为了使学生通过对本题的解答碰撞到本节课的教学难点,即整百数除以一位数的口算算理。同样是整百数除以一位数,有的是把被除数看成是几个百去除以除数的,有的是把被除数看成是几十个十去除以除数的】

四、检测反馈,会学明理

师:同学们,通过本节课的学习,你们有哪些收获呀?

生 1:我学会了整十数除以一位数的口算方法。

生 2:我还学会了整百数除以一位数的口算方法。

生 3:我明白了探究新的知识可以用到学过的知识。

生 4:我的收获是,学习数学很有意思,可以让我们变得更聪明。

【教学反思】

教师原来的教学流程是遵循教材意图设计的:先通过复习唤醒旧知,再利用教材提供的具体教学情境让学生列出算式,然后引导学生尝试算出结果,交流算法,理解算理。在具体教学过程中,新授部分看似行云流水,其实大部分学生还是稀里糊涂的,具体表现在以下两个方面。

第一,复习题设计得有些杂乱,没有让学生充分体会到新旧知识间的内在联系。教师提供的复习题一会儿是数的组成,一会儿是表内乘、除法,一会儿又是整十、整百数乘一位数的口算,做完这些题目后学生的头脑会有些混乱,他们猜不透接下来要学习的新知识究竟与哪些旧知识有联系。

第二，新授部分层次性不强，没能根据学生的认知特点，由易到难逐层进行教学。教师先教学的是整十数除以一位数的口算方法(例 1)，接着教学整百数除以一位数的口算方法(例 2)，探究过整百数除以一位数的口算方法以后又绕回了整十数除以一位数的口算方法(试一试)。而且，巩固练习环节中教师又把难点“300÷6”单独挑出来，像新授课那样进行教学。

带着这些认识，教师将第一次教学设计修改为这个版本。

通过两次的对比教学以及相应的教学效果，教师认为口算的教学应该关注以下几点：第一，充分了解学生的知识基础，找准新旧知识的切入点。第二，结合具体情境进行教学，并让具体情境贯穿始终。学生的数学知识不是通过教师讲授获得的，而是学生在一定的情境中，通过有意义的建构获得的。因此，在教学中教师要创设合理的教学情境，把教学内容融入具体的情境之中，在具体情境中进行教学。

第三，明确算理。在教学中，引导学生理解算理就能让学生有效地掌握口算的基本方法，加快口算的速度，而口算方法的灵活运用又能加深对算理的理解，培养学生思维的深刻性。

【教师评价】

教师 1：本节课的教学目标是探索并掌握两、三位数除以一位数的口算方法，并能正确地口算，利用学习的知识解决简单的实际问题。在这节课中，老师能利用教材提供的情境，充分放手，让学生在小组内探索两、三位数除以一位数的口算方法。学生通过独立思考，小组交流讨论，经历了探索多种算法和与他人交流的过程。尤其是小组讨论中，学生们一起挖掘数学信息，一起根据数学信息提出问题，并且列式，最后一起试着解答。这些活动充分体现了学生是学习的主人。

教师 2：本节课教学中，教师能够抓住新旧知识之间的连接点，由旧知引入新知。以原有计算为基础构建新的计算法则在计算教学中尤为重要。本节课之前学生已经掌握了表内除法，这是本节课教学最重要的资源。为了唤醒旧知，教师在授新课之前安排适当的旧知复习是很有必要的，这一点授课老师把握得很好。

教师 3：本节课，教师通过由易到难的练习设计，既巩固了本节课的基础知识，又进行了较有难度的拓展练习，使学生更好地检验自己对所学知识的掌握情况，并在解决实际问题的过程中，培养了思维能力，提升了数学素养。

【学生评价】

学生 1：这节数学课生动、有趣，让我们在快乐中学到了数学知识。通过这节课的学习，我学会了如何口算整十数、整百数以及几百、几十除以一位数。我还感受到了，数学不仅是有趣的，还是有用的。

学生 2：老师先让我们口算了几道表内除法，我觉得这些除法太简单了，为什么还要做呢？原来，这些以前学过的知识与今天学习的知识是有联系的。通过这节课的学习，我不仅学会了口算整十数、整百数以及几百几十除以一位数，还明白了其中的道理。我觉得，学习数学不仅要学会做题，更应该弄明白这样做的道理。

【专家评价】

本节课整体很紧凑，教师讲课富有激情，教学基本功扎实。通过复习唤醒了学生对于“整十、整百数乘一位数的口算”及“平均分的实际问题”两个知识点的认知，这样以旧知引入新知，既加强了新旧知识之间的联系，帮助学生构建知识框架，形成完整的知识体系，又为学生学习新知进行铺垫，降低学习难度，提高了学习的成功率。

通过创设“分铅笔”的教学情境，展开关于除法口算的学习。情境贯穿整节课，引导学生在解决具体问题的过程中理解算理、掌握计算方法，从而为后续学习打好基础，让学生切身感受到数学来源于生活，并最终回归于生活。

在解决实际问题的过程中，教师注重从学生已有的经验出发，放手给学生时间，让学生独立解决问题，通过摆、想、议、说等环节，培养了学生发现问题、分析问题、解决问题的能力，较好地激发了学生的合作探究欲望。学生在交流中呈现了数学思维的个性化、解决问题的多样化，学生的创造性思维得到发展。

“解决问题的策略——一一列举”教学设计与评析

【教学内容】

苏教版小学数学五年级上册第 94～95 页例 1 和“练一练”，第 97 页练习十七第 1～3 题。

【教学目标】

(1) 使学生经历列举问题的可能结果、寻求答案的过程,认识解决问题——列举的策略;能根据问题条件依照一定的顺序列举符合要求的所有答案,用一一列举策略解决一些简单的实际问题。

(2) 使学生在解决简单实际问题的过程及反思、交流中,感受一一列举的特点和价值,体验有序思考的思想方法,建立思维的条理性和严密性,提高分析问题、解决问题的能力。

(3) 使学生主动参与解决问题的活动,进一步积累解决问题的经验,增强解决问题的策略意识。

【教学重点】

认识、掌握解决问题——列举的策略。

【教学难点】

掌握有序列举和列举结果的筛选。

【教学过程】

一、激趣导入,自学生疑

(课件出示一个长方形)

师:这是一个什么图形?

生:长方形。

师:长方形的长边叫什么?

生:长。

师:短边叫什么?

生:宽。

(课件出示描画出的长和宽)

师:还记得长方形的周长怎么求吗?

生:长方形的周长等于长加宽的和乘2。

[课件出示公式:长方形的周长=(长+宽)×2]

师:那长方形的面积呢?

(课件出示:长方形的面积=长×宽)

【设计意图:利用旧知引入,激起了学生的回忆,帮助学生打开原有知识

结构，为新知识的有效建构做了铺垫】

师：下面我们来看一道与长方形有关的问题。

（课件出示例 1：王大叔用 22 根 1 米长的木条围成一个长方形花圃）

生齐读。

师：从这句话里你能知道什么？

教师指名回答。

生 1：这个花圃是长方形的。

生 2：长方形的周长是 22 米。

生 3：长与宽的和是 11 米。

生 4：长和宽都是整米数。

【设计意图：先出示例题中的条件，引导学生分析题中的条件，思考由条件“用 22 根 1 米长的木条围成一个长方形花圃”能想到什么？层层递进，逐步推理，避免了学生画图过程中的盲目性，有利于学生利用形象思维发展抽象思维】

师：如果你是王大叔，你想围成一个什么样的长方形？可以动手摆一摆、画一画。

生独立思考、动手操作。

教师巡视，指名汇报。

师：看来，是有多种围法的。

（课件出示思考过程）

二、交流展示，互学互补

（课件出示问题：如果你是王大叔，你会选择哪种围法？为什么？）

生：我会选择面积最大的那种围法，因为面积大，种的花就多。

师：怎样才能找到面积最大的围法呢？

学生静静地思考。

师：有想法了吗？把你的想法说给小组里的其他同学听一听。

学生小组交流。

长方形

↓

周长是 22 米

↓

长与宽的和是 $22 \div 2 = 11$（米）

↓

有多种围法

教师指名汇报。

师：好，下面就用你们想到的这种方法来解决这个问题吧！

学生独立解答，教师巡视并了解学生解答情况。

教师选择有代表性的作业展示：① 列举不全面的；② 列举重复的；③ 列举有序的，既不重复也不遗漏的。

教师组织学生进行比较、分析，让学生体会有序列举的好处。

三、点拨梳理，导学有序

师：回顾一下我们刚才是怎样解决这个问题的？

（课件同时出示解题的过程，并把列举的情况展示在一张表格里）

师：这种解决问题的策略叫作——列举。

（板书课题：解决问题的策略——列举）

师：在以前的学习中，我们曾经运用列举的策略解决过哪些问题呢？一起来看一看吧！

（课件出示）

【设计意图：在学生自学生疑后，教师组织学生小组交流、讨论，接着利用实物展台展示不同学生的不同思考过程，并组织全班同学观察、比较，让学生在比较中加深对“有序、不重复、不遗漏”这三个列举的关键认识，让学生感性认识——列举策略】

四、检测反馈，会学明理

（一）“练一练”第 1 题

学生自由读题，分析题意。

师：从条件里你能知道什么？

生：音乐钟每隔 40 分钟就会发出一次铃声。

师：你知道 11 时过后是哪一时刻会发出铃声吗？

教师指名回答，并要求分析理由。

师：再往后呢？

学生齐答。

（课件出示这两个时刻）

师：那么，你能像这样通过一一列举解决这个问题吗？

学生完成独立解答。

教师指名核对。

（课件出示答案）

（二）“练一练”第 2 题

学生自由读题，分析题意。

师：能看懂这张表格吗？

教师指名说一说。

师：你能继续往下填吗？

学生独立填表。

教师指名核对，集体评价。

（课件出示正确答案）

师：如果先选定一种素菜，你还能按顺序列举出各种不同搭配吗？

学生独立思考后，教师指名口答，集体核对。

（三）练习十七第 1 题

学生独立写出算式。

投影展示学生作业，集体评价。

师：这节课我们解决问题时都用到了同一种策略，大家说说是什么策略？

生：一一列举。

师：你觉得解决什么样的问题时需要运用一一列举的策略？一一列举时要注意什么？

学生齐答：有序！

【设计意图：通过设计层次性的练习，帮助学生加深对一一列举策略的认识。学生通过不断地解决生活中的实际问题，深刻感受到在生活中如果遇到有多种答案的问题，或者是需要从多种答案中去筛选的问题时，就要用到一一列举的策略。在运用一一列举的策略解决实际问题时，要根据题意确定从哪里开始列举，列举到哪里结束，在列举的过程中还要做到有序列举，这样才能不重复、不遗漏】

【教学反思】

《义务教育数学课程标准》指出，学生的数学学习内容应当是现实的、有意义的、富有挑战性的。认知冲突是学生学习动机的源泉，也是激发学生积极思维的兴奋剂。富有挑战性的问题往往能引起认知冲突。

在教学中，教师向学生提出富有挑战性的问题，引发他们思考。“如果你是王大叔，你想围成一个什么样的长方形？”“如果你是王大叔，你会选择哪种围法？为什么？”这些富有思考性、挑战性的问题的提出，牢牢地抓住了学生，使他们的思维不断深入。在“自学生疑”环节，为了缓解学生思维的难度，教师先出示例题中的条件，引导学生分析题中的条件，思考由条件“用22根1米长的木条围成一个长方形花圃”能想到什么？层层递进，逐步推理，避免了学生在画图过程中的盲目性，有利于学生利用形象思维发展抽象思维。

在学生“自学生疑”后，教师组织学生小组交流、讨论，利用实物展台展示不同学生不同的思考过程，并组织全班同学观察、比较，让学生在比较中加深对“有序、不重复、不遗漏”这三个列举关键的认识，让学生感性认识“一一列举”策略。通过审题、列举、比较这些活动，学生感性地认识“一一列举”策略的特征——有序思考。另外，这一过程中教师除了不断地渗透一一列举的有序性外，还深化了学生的数学思考，让学生对解决问题的策略有了更深刻的认识。

【教师评价】

教师1：孩子们的生活经验与思考角度各不相同，解决问题的策略也必然存在着很大的差别。教学中教师鼓励孩子们用自己的方法独立完成，在此基础上引导学生同中求异，初步感受到一一列举解决问题的策略价值，如此尊重和理解学生实在难能可贵。

教师2：在解答完例1之后组织学生比较、分析，让学生体会有序列举的好处。通过讨论，学生知道了一一列举可以不重复、不遗漏地找出所有符合条件的结果，从而提升认识，体会一一列举是解决问题的有效方法，并逐渐掌握这种策略。这样，学生自然生成了解决问题的策略，当他们以后再面临类似问题时，策略的应用便会是自发的、能动的、自如的，是有意识的积极行为。

【学生评价】

学生1:本节课生动有趣,老师没有直接告诉我们解决问题的方法,而是让我们先独立思考,从问题的条件想起,一步一步地推理,最终找到了方法。

学生2:这节课,老师让我们自己动脑思考、动手操作,我通过画图发现了用22根1米长的木条围成一个长方形,可以有多种围法。开始我找到的围法是不全面的,后来通过小组内的交流、讨论,我认识到,要想不重复、不遗漏地找出所有的答案就必须有序思考。我觉得这样的数学课不仅很有趣更有挑战性。

【家长评价】

老师语言亲切,教学思路十分清晰,教学基本功很扎实。课堂上,老师更像学生学习的伙伴,她和孩子们一起思考、一起讨论、一起反思、一起归纳,让孩子真正成了学习的主人。

【专家评价】

这一课,无论是老师精心的教学设计、巧妙的课堂构思,还是学生的积极思考、踊跃发言,都给我留下了深刻的印象。

本节课的教学重点是让学生理解一一列举的方法,并能主动运用这种方法来解决生活中的一些实际问题。首先,我认为让学生明白为什么要用一一列举的策略来解决问题是最重要的。教学中,老师呈现给学生的围花圃例题,以及后面涉及的练习题,都需要首先让学生明白为什么要选择一一列举的策略,选择其他方法容易出现什么问题?这一点老师做得比较到位,她通过展示学生的不同思考过程及结果,引导学生观察、比较,让学生自己发现问题,有的答案重复了,有的答案遗漏了,为了防止类似情况的发生,老师通过启发学生,让学生自然而然地就想到了有顺序地一一列举。

本节课的第二个重点是教会孩子如何使用一一列举的策略。使用一一列举的策略,教材中呈现的主要是列表法。这种方法虽然既简洁又清晰,但是很少有学生能想到。大部分学生首先想到的是用算式表达,如 $10\times1=10$, $9\times2=18$, $8\times3=24$,等等。当然,也有少数学生列表的,比如:

长	10	9	8	7	6
宽	1	2	3	4	5

但是学生列出的表格是不完整的。所以,教师在教学中,借助多媒体呈现了一张完整的表格:

宽(米)	1	2	3	4	5
长(米)	10	9	8	7	6
面积(平方米)	10	18	24	28	30

这样,学生对于如何利用表格进行一一列举印象就更深刻了。在后面的练习中,针对不同的实际问题,教师也可以介绍一些不同的一一列举的方法,如连线法等。

第二节 自成课堂实践氛围

一、自成课堂教师访谈

在一次学科教研活动中,教师针对自成课堂的实践效果谈了各自的感受,对特别关注的几个问题整理如下。

问:自从我校推进自成课堂以来,你觉得你的教学方式、方法有所改变吗?

答:我觉得自从开展自成课堂以来,我的教学方式改变还是挺大的,包括我身边的同事改变也挺大。

问:具体表现在哪些方面呢?

答:课堂中,老师不再是一味地向学生灌输知识,而是退到讲台的一边,把课堂完全交给学生。教师的任务是适时准备激励、引导性语言,激发孩子们去质疑、去探究、去发现、去补充,让孩子在课堂中发言、补充、辩论、总结。在学生探究、辩论、补充的过程中,老师始终处于高警惕状态,随时准备着对孩子的发言做出恰当的评价和鼓励,让孩子有兴趣和激情参与其中,真正成为课堂的小主人。

问:为什么会转变这么大?

答:因为通过自成课堂的实践,我认识到,学习在本质上是学生自己的事情,“以学定教”才能满足不同学生的多样化学习需求;教师的讲解无法代替学生亲自的实践与探究；教学对学生的学习起到帮助、促进、催生的作用。

问：现在的教学方式与以前的相比，你觉得有哪些好处呢？

答：自成课堂，学生先根据老师设计的“自成单”进行课前预习，课堂中教师组织学生对预习情况进行反馈、交流，使学生通过思维的碰撞，擦出智慧的火花，真正成为学习的主人。这样，学生在“真学习”中不仅获得了知识，更经历了探究知识的过程；不仅培养了获取知识的能力，更提升了数学素养。

二、自成课堂学生访谈

在自成课堂实践过程中，我们设计了一组问题，分别在不同的年级、班级中选取一部分实验班的学生进行访谈，要点内容整理如下。

（一）访谈1

1. 访谈对象

五(1)班学生。

2. 访谈内容

我们的课堂发生了什么变化？

3. 访谈记录

师：自从我校实行自成课堂以来，你觉得你或者周围的同学，有什么变化吗？

生：我觉得，无论是我个人，还是身边的同学，都发生了很大的变化。

师：具体表现在哪些方面呢？

生：首先说说学习状态吧！以前课堂上，很多同学都不怎么愿意参与，习惯性地“坐冷板凳”，似乎学习对于他们而言是无关紧要的事情。但是，自从学校开始实行自成课堂的教学模式后，他们开始愿意参与到各项活动中，表现出极大的学习兴趣。

师：他们的学习状态为什么会发生这么大的变化呢？

生：因为自成课堂和以前的课堂不一样，每一节课前，我们都会领到一份自成单，上面有我们需要完成的学习任务。没有了老师告知答案，我们需要经过自己多方面的努力，才能获得答案。所以每个人都必须认真完成。

师：所有的学习任务都能自己独立完成吗？

生：不是，有些问题不容易弄明白。

师：那怎么办？

生：没有关系，这些自己解决不了的问题，可以在第二天的课堂学习中，向其他同学寻求帮助。大家就是这样互学互助，共同解决难题。

师：所有的问题你们都能自己解决吗？

生：不是的，有些时候，有些问题我们大家都无法解决。这时，老师就会出来帮助我们。

师：那这样看来，自成课堂中，你们讲的内容似乎比老师还要多了？

生：是的，这也是我们课堂学习的一个重大变化。在学习中，老师不再是主体，我们自己真正成了学习的主人，我们需要自己收集资料，学习交流，互相质疑，倾听他人观点，给予建议等等，几乎所有关于学习的事情都是我们自己在做。

师：这样不是更麻烦？

生：不会的，为了能高效完成学习任务，我们有自己的小组，我们有自己的小组文化、小组组徽，有明确的学习目标，小组内有分工，大家各司其职，各尽其能。

师：那么，大家都喜欢这样的自成课堂喽？

生：是的。自成课堂调动了我们学习的积极性，让我们每个人都能主动参与，并且在活动中锻炼我们的学习意志，让我们每个人的价值都能得以体现，真正成为学习的主人。

（二）访谈2

1. 访谈对象

六(2)班学生。

2. 访谈内容

大家喜欢老师怎样给你们上数学课？

3. 访谈记录

(1) 教师谈话。

近阶段我们班数学课堂气氛压抑，有的问题明明很简单，可有的学生就是不愿意举手回答，不知是何原因，老师很想知道。今天，我们大家都坐下来，敞开心扉，说出自己的真实想法：你们喜欢老师怎样给你们上数学课？

换句话说，什么样的数学课才是你们心目中理想的课堂？大家一定要畅所欲言。

（2）学生讨论交流。

（3）学生自由发言。

学生1：老师的脸色就是我们的晴雨表，当老师高兴时，我们的心情也好，学起来就轻松、愉快。我希望老师在上课时不要发火，这样我们才能静下心来思考，才能解决问题。

学生2：说实话，我自小就只爱语文，特别喜欢阅读和写作，对数学始终有一种畏惧的心理。可是我越怕它，它就越欺负我，简单的内容我还能勉强过关，一旦难度稍大一点，我就害怕听不懂。我希望老师上课时能把说话的速度放慢一些，或者能多用一些实用学具、投影仪等来帮忙，让我们学得轻松些。我想我会学好它的。

学生3：我喜欢数学，可是语文基础较差，阅读能力、表达能力都较差，课堂上不太敢举手发言。我希望老师能多让我们分组讨论交流问题，让我在小范围中多多练习表达，训练一下我的胆量，以后在班级才能大胆地举手回答问题。

学生4：老师，我知道我的数学成绩不太好，加上我口齿不清，上课时老是担心别人笑话我，不能专心听讲，希望老师能多关心我，多让我回答问题，希望同学们能鼓励我，不要笑话我，老师也不要责怪我，我想我一定能赶上来。

学生5：我不太爱说话，所以上课时只想听不想说，特别害怕老师提我回答问题，但是我也最喜欢听老师说“真棒！”“说得真好！”这样我就有了自信心。

学生6：我最不喜欢老师说“静下来听我讲！”有时我们的讨论还没完，老师就让我们停下来。

……

（4）教师总结。

真是太好了！同学们今天终于对老师说出了自己的真心话，并且给老师提出那么多好的建议和意见。老师告诉你们，在今后的数学课堂教学中，老师一定会针对不同的教学内容设计不同的教学方法，并且尽可能调整好自己的心态，上好每一节课，让同学们真正做到听得轻松、学得快乐！

4. 访谈反思

(1) 建立平等的师生、生生关系。

上课是教师和学生的共同活动,这种活动的成功首先是由师生关系来决定的。教学过程是师生交往的过程,在交往的过程中,教师和学生的关系是平等的,教师只不过扮演了一个组织者和引导者的角色,教师不能只考虑自己教得方便、教得舒坦,而要将学生作为焦点,以教导学,以教促学,这就要求教师要尊重学生,放弃对课堂的指挥权,灵活运用策略引导学生在实践中学会自己钻研、自己领悟,从而学会学习。

其次是生生关系。每个学生由于性格、知识基础等因素在教师的心中会形成好、中、差之分,教师要学会调节自己,消除心目中的好、中、差,他们是活生生的人,有可塑性,况且尺有所短、寸有所长,我们应该看到每个孩子都有各自的长处,尽可能让每位学生的潜能都得以充分发挥。

(2) 创设良好的氛围,让学生轻松愉快地学习。

平等、民主的师生关系,自由宽松的课堂气氛能激起孩子智慧的火花、学习的热情。课堂教学强调学生要动起来,课堂要活起来,教师要充分发挥引导、组织作用,让学生充分发挥自主性,让学生勇于发表独创见解,敢于发出不同的声音,培养他们的创新意识,发挥他们的潜能。

成功的课堂还离不开教师客观公正的评价。评价具有明确的激励性和导向性,适时地鼓励、表扬能促进学生思维的发展,教师应让学生在其正确引导、帮助下保持积极状态以达到思维的高潮,从而愉快地享受学习快感。

(三) 访谈 3

1. 访谈对象

四(2)班学生。

2. 访谈内容

建立学生喜欢的课堂。

3. 访谈记录

师:你喜欢学习数学吗?

生:虽然我的数学成绩一直不错,但说实话,我不太喜欢学习数学。我认为,数学内容枯燥无味,很多都脱离我们的生活实际。我有时会想,学习这些数学到底有什么用? 另外,有些数学老师教法极简单,根本就不能激发起我们的学习兴趣，只知道让我们一味地练、做。

师：你理想中的数学课堂是什么样的？最喜欢什么样的数学老师？

生：我一直希望能遇到一个公平、幽默、知识渊博、懂得尊重学生的数学老师。我认为跟这样的老师学习轻松愉快，在没有任何压力的情况下，能不知不觉地学到很多东西，那简直就是一种享受。我理想中的数学课堂是：首先教师的教学内容是我们生活中的数学，我们“自己的数学”。数学课堂能真正让我们觉得数学无处不在，让我们真切地感受到数学的作用，这样才能激发起我们的学习兴趣。其次，课堂上，教师的教学方法应是灵活多样的，结合我们的实际，通过各种方式方法，引导我们自己主动学习、自主探究，让我们在获得丰富的数学知识的同时，发展我们的思维，提高我们的各种能力。最后，就是教师的各方面水平要高。

4. 访谈反思

(1) 贴近生活，贴近儿童，变课本的数学为生活数学。

任何现实的、有意义的、富有挑战性的、贴近儿童生活的素材，都可能成为学生数学学习的内容。比如：教学“百分数的意义和写法”时，对百分数多种形式的认识，完全没有必要采取写几种不同的数读一读的简单做法，可以让学生小组交流在课前收集到不同形式的百分数，说说各自的意义。比如，衣服水洗标上标注的材质成分“100%棉”，酒瓶上的“酒精度 42%(v/v)”，食物外包装上标注“能量 16%”“蛋白质 1%”……这样，把知识和生活联系起来，使学生明白知识源自生活，学生学习的不只是“文本课程”，更是“生活课程”“体验课程”。

(2) 关爱学生，尊重学生，建立公平、民主、轻松的课堂学习环境，实现真正的教学相长。

(四) 访谈 4

1. 访谈对象

五(3)班学生。

2. 访谈内容

我们一起建设自己的自成课堂。

3. 访谈记录

师：你喜欢什么样的课堂？

生：自由的课堂。

师：你心中的“自由”是怎样的？

生：由我做主，想怎样说就怎样说，想怎样做就怎样做。

师：如果你所想的或所做的是错的呢？

生：错了可以再纠正。但是不能不给我们表现的机会吧！我们也有正确的时候呀！

师：你认为同学之间讨论问题好吗？

生：当然好啦！

师：说说原因。

生：同学们在一起讨论时，我们都不感到紧张，在轻松合作中大家就能把问题解决了。

师：你喜欢什么样的老师？

生：不厉害的、不偏向的老师。

4. 访谈反思

通过访谈，我认识到在课堂中要把学生放在主要地位，学生是课堂的主人，教师则是引路人。教师应给学生和善的面孔，让学生首先能友好地接受我们，继而才能接受我们给予他们的指引。我们还要给学生自由，把课堂放手交给他们，让他们充分利用智慧自己去发现问题、解决问题，从而培养他们独立自主的能力。

三、自成课堂与传统课堂的区别

在小学教学中，培养学生持久的学习兴趣是困扰一线教师的难题。许多孩子刚开始学习时比较积极主动，但随着年级的升高，有些孩子对于一些学科的学习渐渐地失去了兴趣。教材内容贴近孩子们的生活是吸引孩子们注意力的首要保证，而课堂教学是另一个影响学生学习兴趣的重要方面。教材多次革新有效地解决了学习知识与日常生活脱节、学生所学与应用关联甚少等问题。课堂作为孩子学习的主阵地，极大地影响了孩子的学习兴趣。和传统的课堂相比，以发展学生自学能力为目的的自成课堂具有诸多优点。

首先，自成课堂真正地关注学生的学习状态。传统的课堂中，教师的讲解占有很大的比重,教师唯恐学生学不会而拼命地灌输知识,学生被动地听、被动地学。自成课堂是学生自己的舞台,孩子们互学和交流的环境宽松自由,对于问题的探究时间充足,问题讨论时教师很少介入。另外,学习成果展示也不是教师指定的方式,孩子们可以用自己喜欢的方式来展示。轻松愉悦的课堂环境让学生的思维拓展、探究交流都能从自己的需要出发,而不是老师布置的强制性的任务,学生主动学为高效地学习打下坚实的基础。

其次,自成课堂重视小组建设,小组合作有序,学习效果显著。传统课堂中小组活动往往是好学生的活动,交流和参与的学生往往是成绩较好的同学,大多数同学参与度较低,小组学习的成效也不甚乐观。自成课堂中的小组建设比较完善,一方面,由小组成员制定的小组活动制度很好地规范了活动时的行为,让小组活动在有序的前提下开展。另一方面,在交流时每个同学的角色定位更为细化,能够让中等学生和学习能力较弱的学生也有参与探究活动的机会。分层激励机制能有效调动每一个成员的活动积极性,小组成员间合作交流频繁,学生间的互学达到了预定的效果,小组活动可以做到真讨论、真交流。

四、自成课堂教学思辨

(一)强化三种意识,激发创新精神

创新是一个民族进步的灵魂,是一个国家兴旺发达的不竭动力。创新具有不同的方面和层次,它不仅是科技界和高等教育的任务,也是基础教育面临的重要任务。教师在教学过程中应强化三种意识,以激发学生的创新精神。

1. 强化导向意识,以学生的发展为根本目标

新一轮基础教育课程改革,涉及课程的目标、功能、内容、实施、管理、评价等方面,立足于实现基础教育课程由学科本位、知识本位向关注每一位学生发展的方向转变。关注每一位学生发展,说起来容易做起来难,由于受思维定式的影响,在实际教学中,教师会有意无意地运用传统的教学模式,讲得较多,教师在台上演,学生在台下观。但是,现在的学生已经不再满足充当配角或者观众了。所以,如果让学生得到发展,教师必须做到

“三准”。

首先，教师定位要准。在教学活动中，教师应把握好自己的角色。教师是学生学习活动的组织者、引导者、参与者、合作者，是学生发展的促进者，学生才是学习的主人。教师要让学生找到最佳的表现角度去展示自己。其次，对学生要看得准。教师要尊重学生的个性，对每个学生的学习要了如指掌。与学生要友好相处，既不能过分干预学生的学习过程，又要对学习有困难的学生有所帮助。与学生最好的沟通方式是自己拥有一颗童心。教师要用学生的眼光看学生，随着学生的成长，在学生慢慢读懂知识、学会学习、勇于创造的同时，教师也慢慢地读懂了“学生”这本书，走进了学生的心灵世界，这时，作为教师的你距离成功的教师也就越来越近了。再者，对知识迁移要准。教师对每节课的教学内容要分析得透彻、准确，要引导学生发现规律，不能简单地把前人发现的规律、法则、公式机械地教给学生，要想方设法让学生去发现，要注重过程，要创造有利于学生创新发现的环境。

2. 强化合作意识，让学生主动参与教学活动

新一轮课程改革的重点是如何促进学生学习方式的变革，而学习方式的变革归根结底是变被动学习为自主学习。在实际教学中，我们把班级的68名学生组成学习小组，培养他们的协作精神，具体做法如下。

第一，组织合作学习小组。前后8名学生为一个合作学习小组，每个小组分正副组长、记录员、监督员、发言人等。每个小组内每个人担任的角色两周变换一次，每个同学都有机会担任不同的职务，不同的角色使每个孩子都有展示自己的机会，每个同学都想好好表现，学生的组织能力和合作能力得到培养。

第二，教会合作学习方法。8名学生围坐在一起，为小组合作营造了良好的氛围，为学生民主意识的形成提供了条件。在课堂上要创设情境，动脑筋去思考如何组织学生去主动探索、合作学习，要彻底改变注入式教法，努力探讨研讨式、合作式学法，把更多的时间留给学生去讨论、思考、发现，让学生主动获取知识。

第三，选择合作学习时机。小组合作式学习一定要选择好合作时机，要让学生在想弄明白又弄不明白、想归纳出来又很困难、想算正确又算不出的

时刻，让学生讨论、集思广益。教师设计的研讨问题思维含量一定要大，如果学生遇到困难，老师要因势利导，既不要伤害学生的自尊心，又不要破坏课堂秩序。

第四，奖励合作学习榜样。每次小组合作学习，都要评出最佳学习小组。评选时，可以让学生尝试一下当老师的滋味，由他们自己给自己打分，让学生比较公正地对待自己，也能宽容地对待别人，培养了他们的集体主义精神。对于最佳学习小组，教师要进行适当奖励，以激发学生学习的兴趣。

3. 强化活动意识，为学生营造创新发现的环境

在整个学习过程中，要让学生手、脑、口并用，始终处于自主、积极的探索状态，使学习的主体性得到充分发挥。教师要把培养学生的创新意识和实践能力作为课堂教学的基本立足点，并将其贯穿于课堂教学的各个环节。

第一，创造条件，奠定活动基础。在数学教学过程中，学生的实践能力体现在学生能够运用原有的数学知识，联系实际，去解决现实生活中数学问题的能力。教师每教学一个知识点时，都要对学生掌握的知识基础进行了解、调查，对新课所需要的学具要让学生提前准备，从而为新课教学创造良好的条件。

第二，加强引导，授予活动方法。学生准备好了学具就想动手操作，这时作为教师就要引导学生动脑思考，可以采用什么样的方法，还有没有别的操作方法，怎样选择操作方法。

第三，学生在操作学具的过程中，教师要因势利导，巧妙地引导学生把从操作中获得的感性认识转化为理性认识。

第四，把理性认识转化为实践能力。教学中，教师在设计练习题时，除设计第一层次模仿练习，还要在第二层次设计有变式的、有创造性的习题让学生练习，并让学生运用已有的本领解决周围的实际的数学问题。这样做，数学教学便贴近了学生生活实际，使学生学到的数学知识延伸到课堂之外的现实生活中，学生的创新精神便可以稳步培养出来。

（二）满足内在需求，促进自主发展

首先，教师要让每个孩子都形成追求成功的愿望。成功是一种内在的、积极而又美好的情感体验。在实施素质教育过程中，我们应从儿童心理发

展的角度，强调尊重学生人格和个性发展，尊重学生的基本权利，强化学生优良的“自我感觉”，注重学生情感领域的需求。教师应指导学生在学习活动中充满信心，有争当好学生的愿望，积极参加学校各种活动，保持积极向上的学习心境，充满活力，能超越自我，不断进步，让每位学生均能品尝到获得成功的喜悦。① 让学生会发现自己：让每位学生能发掘自己的闪光点，看到自己的长处，树立必胜的信心，并能及时总结学习中成功的经验。② 让学生会表现自己：能抓住每一个表现自己的机会，充分施展自己的才华，从而获得一种满足感。③ 让学生会发展自己：学习中除了有自信心，还要有顽强的意志力，能看到自己的力量，发展自己的潜能，不断地朝着既定的目标前进，满怀信心地获取成功。④ 让学生会评价自己：在学校各项活动中、在社会交往中，要让学生学会适当表现自己、恰当评价自己，要看到成功的方面，也要看到有待改进的地方，学会取人之长、补己之短。

其次，教师应学会赏识学生。教师应学会赏识每一位学生，通过赏识，树立学生的自尊感和自信心，“让每个学生在学校里抬起头来走路”。赏识是一种肯定，能带给学生积极的情感体验和美好的人生享受。适时适当的赏识犹如赛场上的呐喊加油，激人奋进。

第三，真诚地关心、爱护每一位学生。学生需要关爱，有困难的学生更需要关怀和帮助。关爱能让学生闯过难关，更能让学生的自主发展锦上添花。然而爱学生还应有法、有度。爱要自然流露，不可生硬，溺爱更不可取，它只会造就“骄娃”和“娇娃”。爱要有微笑的表情，期待的眼神，温和的语言，饱满的情绪。作为教师应充分认识到自己在师生关系中的地位，要热爱、关心每一位学生，投入感情，寄予合理的期待，提出恰如其分的要求，给予足够的温暖、鼓励和表扬，以便发掘每位学生的潜能。

第四，给学生创设自主锻炼的空间。活泼、好动、爱表现是孩子的天性，教师何不顺其自然，加以正确引导呢？教育名家魏书生曾介绍过他“民主”施教的方法，受到人们广泛的好评。他强调教育过程中要充分发扬民主，强化自主意识。他把民主贯穿到教育教学的各个方面，让学生民主选举，民主管理，民主监督，民主评议，学生在充分有序的环境中体验自主的快乐，学生有了自主权，便增强了自尊感、自豪感和自信心。

第三节　自成课堂研究报告

一、相关研究论文

小学数学课前自学的有效性策略探索①

当前小学数学课堂教学改革有这样一个趋势，那就是，学生的自主学习已经从课堂延伸到了课外。数学课外学习从以课后练习、复习、拓展为主，逐渐向课前自学、预习新知发展。越来越多的课堂教学变革都在尝试自学从课前开始，让学生在课前先学先思，进入课堂后，在教师的指导下，在同学的互助下再辩再议，向纵深发展。两年前，笔者申报了省“十三五”规划立项课题，带领一群学科骨干教师开始课堂教学改革，推行自成课堂，即：通过自学、互学、导学等手段引导学生主动探究新知，努力让学生真正成为学习的主人，从而实现学会到会学的转身。其中的自学环节，有时是指导学生在课内完成，也有很多课时是要把自学时间向前延伸到课前，让学生在课前完成。课前自学，很显然就需要解决好学什么、怎样学、学到什么程度等等问题。小学生的自主学习能力还是比较低的，如果没有必要的指导，课前自学避免不了的会出现随意、混乱、肤浅、重结论、低效甚至无效等问题。课前自学的盲目性、随意性，同样也不利于课内探究的进一步实施，也就很难达到发展思维、提升素养之根本。本文就如何引导学生在课前进行有效自学，谈谈自己的探索体会。

（一）拟订目标明晰的课前自学任务

课前自学务必目标清楚，做什么、怎样做，学生必须十分清晰。为了有效达成课前自学任务，我们设计了自学清单，命名为“自成单”。自成单在课前自学课时的前一天放学前发给学生，作为学生家庭作业的一部分，回家完成。自成单上清晰地列出学生课前自学的具体内容，以及详细的活动措施和要达成的活动目标，便于学生在没有教师指导的情况下能独立完成。如自学“认识长方形和正方形”一课，自成单上清晰地列出学习任务：一是在父

---

① 本文发表于《小学数学参考》，2020 年第 8 期。收入本书时略有改动。

母或他人的帮助下,分别制作一个长方形和正方形纸片(不能得到帮助的可以到老师那儿取一份);二是借助工具独立探索长方形和正方形的边和角各有什么特征;三是将怎样得到它有这样的特征的过程记录下来,准备课内交流;四是思考两种图形特征之间有什么联系。自成单上的学习任务清晰明了。自学时做什么、怎样做,以及带什么到课堂再探究等问题,学生都会依照自成单很容易地解决。因此,拟订目标明晰的课前自学任务清单非常必要,有了这个自成单,学生的自学任务就清晰简单了许多,完成学习任务的可行性和有效性可大大提高。

(二) 设计形式多样的课前自学活动

课前自学不能单纯地以看书、答题为主要内容,要注意设计形式多样的自学活动内容,激发学生的学习兴趣,全面发展学生的数学素养。同时,要避免长期形式单一的活动内容,给学生带来厌倦等心理负担。除了阅读资料、尝试答题外,还要更多地设计一些趣味性、操作性、实践性、探索性、拓展性等活动内容。让自学活动源于知识,指向实践,启迪思维。如"认识千克"的课前预习,笔者设计的实践活动是让学生寻找物体上表示重量的标示,记录下哪些物体或物体组合的重量是 1 千克、10 千克。"圆的周长计算"的课前自学,笔者设计的操作活动是让学生独立制作一个圆形纸片,想办法测量它的周长,并将周长与直径、半径比较,寻找它们之间的关系。"分数的基本性质"的课前自学,笔者设计的探索性活动是让学生根据分数与除法的关系去思考商不变的规律在分数中如何表述?鼓励学生用自己的语言表述出来,并能进行充分、合理的解释。依据自学内容,有针对性地设计形式多样的自学活动,不仅能鼓励学生积极参与到主动自学活动中来,同时也能丰富探索手段,有效培养学生的动手实践、独立思考等数学能力。

(三) 实施问题引领的课前自学形式

问题引领的自学形式,就是以问题解决为基本内容的学习形式。教师给学生提供的自学清单,以问题形式呈现出来,引导学生在解决问题过程中达成自学的目标。问题引领,强调教师对学生自学的引导性,任务的明确性,活动的指向性。通过有效保障自学目标的达成,有利于提升全班学生自学目标的达成度。这就需要教师有效设计自学清单,尽可能让每一位学生都能通过问题解决的活动过程完成自学任务。如自学"3 的倍数的特征"一课，笔者设计了一组问题：① 2 和 5 的倍数特征与哪位上的数有关系？3 的倍数的特征也是吗？你打算怎样验证？结果是什么？② 分别用 3 颗、6 颗、8 颗和 9 颗珠子在计数器上任意组成一个数，这些数都是 3 的倍数吗？③ 3 的倍数的特征会与什么有关系？有怎样的关系？④ 你有什么办法判断一个数是不是 3 的倍数呢？通过系列问题的解决，就架构起了学生自主探究知识的全过程。同时，把原来需要在课堂上解决的问题适当前置到课前，学生在课内就会有更多的交流探讨的时间，就会有更多的思维碰撞。

（四）尝试自主设计的课前自学流程

为了提升课前自学的有效性，笔者逐步推广使用自成单。学生依据自成单的指导内容开展自学活动。长期以来，自成单都是学科老师制定，学生被动使用的。为了充分体现学生自学的自主性，笔者开始尝试指导学生自主设计自成单，让学生自己决定自学流程。指导学生自主设计自成单经历了一个由扶到放的过程。首先是选择一个自学课题，由各小组模仿之前使用过的自成单，在研讨的基础上，制定出各自小组的自学清单，然后在教师的组织下全班交流，明确每组自学清单的优劣。各小组根据建议再做调整。最后，通过投票选择其中一组的设计为本课时的自成单。通过几次指导以后，自成单改由各学习小组分别依次制定，全班学生使用。推广使用学生自主设计的自成单，将学生由被动的授受学习任务者，转变为学习任务的拟订者，真正达成了自主学习的目标。学生的自主学习能力得到了有效提升，参与自学的积极性更高了。

（五）鼓励学有所惑的课前自学样态

如果单纯地把课前自学设定为问题解决的过程，显然不利于培养学生的创新意识和实践能力。除了注重解决问题外，还要特别关注学生质疑意识的培养，关注学生发现问题以及提出问题能力的培养。因此，在指导学生开展课前自学的过程中，要有意识地引导学生有所获也要有所疑，提出自己所惑之处。通过自学不仅要把答案带到课内，还要把提出的问题带到课堂上来，与全班学生交流。如自学“乘法分配律”一课，有学生提出来：为什么这个运算律是成立的？还有的学生提出来：如果括号里的两个数相减，这个运算律还成立吗？如果括号外是除以一个数也可以吗？……在课堂教学的时候，笔者把学生提出来的问题有选择地抛给全班学生，组织学生开展研讨。很多时候学生们在没有教师指导的情况下也能通过合作解决这些问题。让学生在自学的过程中有意识地质疑并提问，通过课内互助解疑、指导答疑，可以有效地拓宽学生视野，促进学生发现问题的能力，以及提升想象能力和思维能力。

课前自学活动还可以适当进行拓展，引导学生关注学习周边，把数学与生活、数学与其他学科联系起来，发挥数学的桥梁与纽带作用，整合学生的认识。总之，课前自学不唯结果、不唯形式，应充分发挥它应有的功用，不断提升它的有效性。

丰富学生数学经历的教学策略①

学生应当有足够的时间和空间经历观察、实验、猜测、计算、推理、验证等活动过程。这是《义务教育数学课程标准》中特别提出的数学活动要求。经历是一个过程，是在人的感觉器官和心理活动作用下的一种亲身参与过程。数学经历可以简单地理解为在数学活动过程中，学生作为探索者全程参与了知识的生成过程。数学经历包括操作、观察、思考、猜测、交流、合作、计算等全部数学活动形式。数学经历是学生数学学习活动的主要体现形式，更是学生知识获得、能力提升、素养发展的重要基础。因此，数学教学要特别重视学生的数学经历，要为有效实现学生丰富的数学经历开展数学探索活动。

（一）确立目标导向，完善经历体验

从《义务教育数学课程标准》的总目标中，我们不难看出经历是作为教学目标来实现的。在知识技能的目标块里，四条表述中有三条特别强调了经历过程。第四条所说的参与，也应当看作是经历。这样来看，知识技能目标中，经历就是数学课堂教学中必须达成的活动目标。由此，在引导学生数学经历的过程中，务必确立目标导向，以教学目标为引领，精心组织数学活动，引导学生充分经历，促使学生不断完善体验经历。

苏教版小学数学“三角形”一课，教材的活动要求首先是让学生画三角形、教师指导学生观察画出的三角形的特征，在学生初步感知三角形特征的基础上，给出三角形的概念。也听了一些教师按这个思路实施教学，但是听

① 本文发表于《教学与管理》，2019 年第 9 期。收入本书时略有改动。

了之后总觉得活动主线不明确，学生的经历常常出现断层。究其原因，还是没有完成明确本课的教学目标，没有准确定位学生为目标而活动的宗旨。笔者在教学这一课时，明确学生活动是以概念建立为导向，以概念形成过程中促进学生观察、思维、想象等关键能力的提升为目标。在操作画三角形这一环节，笔者让学生思考选择什么样的工具，画的时候还要注意什么，如何保证画出来的是三角形。然后让学生展示画出的三角形并说一说自己的画法和想法。这一环节让学生明确画三角形，需要画三条线段，三条线段的端点是一一连接的。笔者再引导学生观察思考线段端点连接的方法，从而引出"首尾相接"的概念。在观察特征这一环节，学生会联系画法结合观察，得出三角形的基本特征，形成三角形的基本表象。在概括三角形概念的时候，笔者并没有在学生已有表象的基础上直接给出，而是让学生思考三角形是个怎样的图形，是否能用自己的语言表述。学生表述的语句虽然各不相同，但是都能把握住"三条线段""首尾相接"这些关键词。最后在小组的讨论中达成一致，得出完整的概念表述。教学这一课，笔者紧紧把握活动目标，让学生在操作、观察、思考、交流的过程中充分经历每一层次的活动过程，以活动目标为导向，充分完善学生经历的每一环节，从而有效实现学生关键能力提升的活动要求。

（二）同步认知发展，融合经历过程

数学教学活动必须建立在学生认知发展和已有的知识经验基础之上。数学经历显然是要从学生的认知起点开始的，这就需要我们在课堂教学设计的时候，认真研究学生，了解学情，弄清学生的认知起点在哪里，这是设计好数学活动经历的关键所在。因此，活动设计要基于学生已有的知识基础，积累的生活经历，一般的思维方式，以及学生年龄段的情感与认知需要。只有明确了学生的认知起点，准确定位"最近发展区"，让数学经历与学生的认知发展同步，才能把经历与认识有效融合，让过程经历实现活动的价值。

苏教版小学数学四年级安排了"可能性"的教学。学生对于随机事件虽然有简单的认知基础，有过"石头、剪刀、布""摸奖"等简单活动经历，但是他们对随机事件形成过程的感受，没有"真正"的经历，也没有随机意识的形成基础。所以，在教学这一课时，笔者依据学生的认知基础，重点在活动过程体验上，引导学生进行数学经历，让认知与经历有机融合，努力实现经历与意识建构的统一。在第一环节摸球体验过程中，笔者启发学生思考结果会是怎样的，但并不简单追求问题的答案，而是分小组分工合作，充分体验“摸”的过程。小组合作过程中，要求学生不断交换记录、拿袋、摸球、观察等“工种”，让每一位学生都有摸、看、记的经历，从而改变学生仅关注随机事件发生结果的已有观察结构，填补学生对随机事件发生过程体验的认知缺失，让学生充分感受到随机事件发生的结果并不是“摸”出来的，而是由事件的本身决定的。在此经历基础上，再教学认识“一定”和“不可能”时，学生就会利用已有的完整的随机事件的活动经历，去准确地判断确定事件的发生结果，而且会准确地从事件本身来寻找依据，实现了数学经历与认知发展的同步前行。

（三）搭建活动阶梯，拓展经历空间

我们都清楚，数学教学的目的并非是简单地获得一个公式或是一个算法。学生的数学学习活动过程是知识获得、能力提升、情感体验、思想碰撞、观念形成、素养发展的复杂过程，也是一个迂回曲折、反复判断、多重选择、柳暗花明的活动过程。在活动经历中，教师要依据学生发展需要，搭建必要的和适合的活动阶梯，充分拓展学生的数学经历空间，让学生的活动经历有深度、有碰撞、有视野，在更广阔和有价值的活动空间里，学会发现问题、提出问题、解决问题，并不断积累学习经验，实现由学会到会学的转变，完成自我发展。

笔者在教学苏教版小学数学“长方形面积计算”一课时，分三个认知层次，引导学生经历计算公式形成的过程。第一层次摆一摆，在学生用一平方厘米的小正方形摆出几个小长方形后，笔者并不急于让学生进入下一环节，而是引导不仅要做还要思。学生在操作中观察、思考，拓展活动空间。学生观察自己摆的过程，在使用小正方形的个数以及摆成的长方形的形状上寻找联系，初步感受到长方形长与宽的积与小正方形的个数有关联。第二层次是量一量。笔者并不给出量的方法，而是让学生先尝试测量，在多次的测量中，给学生充分的交流探索时间，不断优化，逐步引导学生从摆满，到摆局部，再到只用一个进行测量的进阶，从而让学生进一步感知小正方形的个数与长方形的长、宽之间的必然联系。在充分摆、量、议、思的基础上，再进行第三个层次的算一算。这一层次学生是可以明确做出选择的，但是我并没有让学生简单地总结，而是让学生把自己的发现在小组充分交流，进行思辨，拿出充分的依据，说明公式的合理性，让混沌的感知变得有条理、更清晰。在每一个认知活动层次中，我都尽可能帮助学生搭建更多的活动阶梯。从操作到观察；从观察到思考；从思考到思辨；从思辨到共识，不断延伸，在更丰富的活动层次中拓展学生的认知空间，在经历知识生成过程中，达成关键能力的有效提升。

（四）开展多样训练，转换经历形式

《义务教育数学课程标准》提出，学生应当有足够的时间和空间经历观察、实验、猜测、计算、推理、验证等活动过程。这句话可以理解为学生的数学经历应当是全覆盖的，它应当存在于学生全部的数学活动中。既有操作、实验等实践活动过程，又有猜测、计算、验证等思维过程，还包含数学基本推理的逻辑思考，以及数学基本思想方法的体验。因此，在数学经历过程中，经历形式的多样性也就显示出它重要性的一面。

1. 充分调动感知系统，让经历形式多样化

学生数学活动经历的形式是多样性的。动手操作、独立思考、观察发现、交流合作、展示分享、辩论分析等，以至于习题训练也是一种经历。因此，在数学教学活动中，教师要依据教学需求，充分调动学生的感知系统，让学生手脑并行，思行合一。数学教学中的算理、算法教学，笔者常常是借助小棒、图片、计数器等实物，让学生在动手中感悟，在感悟中交流，在交流中思考，形成一般问题解决的方法。在习题训练中，笔者也常常让学生自己命题，针对知识训练重点，有目标地命题；针对易混易错难点，有指向地命题。在解题经历中加入命题元素，让习题训练经历更丰富，认知体系建构更完善。苏教版小学数学教材在编排“小数加减法”这一内容时，有意呈现了两种不同的尝试思路，一个是末位对齐，一个是小数点对齐。这是学生活动过程中应有的经验呈现。借用这个认知矛盾冲突，笔者开展了一场小小的辩论会，让学生有理有据地表达自己的观点。在参与辩论的过程中，探寻小数点对齐的意义，达成自我选择、自主发展的目标价值。

2. 充分重视自主表达，让表征呈现多元化

学生数学经历的过程，也是学科知识结构转变为学生认知结构的过程。这个过程的载体或表现，应当是多元表征。数学经历是由外在经历到内化

加工，再到表征外现的过程。因此，在数学活动过程中，我们也应同样重视学生心理表征呈现的多元化。例如在教学“解决问题的策略———一一列举”时，学生在对问题的分析过程中，比较明确要采取列举的方法，把可能的长方形都列举出来，计算出他们的面积，然后选择最大的一个作为答案。列举的形式是多样的，笔者给学生充分的自由，让学生以自己喜欢的方式呈现自己的思考，有的画几何图形，有的列数字表格，有的写乘积算式，有的绘树形图等。在丰富多样的表征呈现过程中，学生经历了个性展现的最大自由。在全过程的经历中，培养学生自主学习、独立思考的能力，培养他们能用数学的眼光观察世界，以数学的思维解决问题的本领，激发他们热爱数学、探索数学奥秘的热情。

活动的深度决定学习的深度①

——对小学数学深度学习的几点认识

我们都知道，当前根据学生的年龄设置了年级，根据年级的不同编制了学科教材。小学阶段学生所有要学的数学知识就摆在那儿，也或者可以理解为它并不受任何因素干扰，你学与不学，它一直都在。教学的本质要求，就是教师要唤醒、激励、引导孩子对其进行一次再创造。书本是静态的，而且它所呈现的知识是抽象的，而学生是鲜活的，学习是积极主动的。在教师、教材、环境、技术等因素的作用下，学生的思维是否有挑战性、思维的阶梯能有多少、活动体验的感悟有多少层次等等因素，体现出学生学习活动质量的高低。对教师来说，教学内容是确定的，要开展深度学习，就要思考如何在学习活动的组织中，让学生的活动更加深入，让学生的主体地位更加突出，让其真正成为教学的主体，在活动中充分展示个性，在深度加工中主动得到发展。

（一）在操作活动中思行合一，引导学生深度感悟

小学数学教学活动中安排很多活动操作的内容，尤其是中低年级的教学内容会更多一些。这些操作活动的安排，目的就是让学生在“做”的过程中，去经历、感受、认识、理解、掌握，在活动中经历知识的再生成过程。动手

① 本文发表于《数学教学通讯》，2019 年第 8 期。收入本书时略有改动。

操作活动也是小学数学课堂中最常见的学习形式之一。操作活动是一种活动经历，这个经历至少应当包括两个方面的内容，一个是实践体验，感官上的；一个是感悟思考，思维上的。单纯的实践体验并不能完全达成教学所要求的活动目的。要让操作活动的深度带动学生思维的深度，就应当是动手与动脑实现统一，实现行与思深度融合。要在操作体验中有所思，更要在感悟思考的指引下对操作活动进行再加工，努力去实现起于行、收于思、再于行、深度思的有机融合。

江苏版小学数学三年级上册在教学 52÷2 时，安排了先摆小棒分一分、再计算的活动过程，特别提出来摆完小棒以后要和同学交流。5 捆加 2 根小棒要分成两份，按学生前几节课的操作经验，会很快得出每份是 2 捆加 1 根，矛盾的冲突点是在余下的 1 捆上面，这也是教学列竖式计算时的新知增长点。这就需要教师在组织学生摆小棒时，让学生完成操作、思考、交流的全过程。教师要给学生提出来分什么，再分什么，交流下分的顺序，思考按什么顺序分会更好些。从而让学生在操作中感悟、交流、思考，最终获得一般的操作方法，为更好地理解竖式计算做好活动基础。学生在摆小棒的时候，会有不同的分法，但是同样可以得到正确的结果。确定一般的分法，是需要学生充分思考获得的，只有经历充分交流、思考的过程，他们才能体会到一般分法的优势，从而有效解决竖式计算中余下一个 10 怎么办的问题。前面在教学 46÷2 时，先分整捆还是先分几根并没有特别的实际需要，也不影响一般的算法，所以有学生先分 6 根时，我们不能过分强调他的不是，因为我们提不出先分整捆的理由。但在这一课时分小棒时就会明显体现出分、拆、合、分这种顺序的优越性。但是这样的分法学生并不会手到擒来，也不是所有学生都可以顺利实现的。这样，教师在组织学生活动中，要给学生充分活动的时间，或是可以重来一次，体验一下不同分法的操作过程，感悟一般方法的优越性。同时还要引导学生边操作边思考，为什么会余下 1 捆？余下 1 捆怎么办？从而在操作基础上思考获得解决问题的办法，生成属于自己的计算方法。

（二）在自主探索中放大空间，引导学生深度思考

小学数学课堂中，我们常会说这样一句话：让学生跳一跳才能摘得到。这句话蕴含很多教学理念和方法。一个是要确定学生的“最近发展区”，这

一点作为带班的学科教师来说基本可以把握住。二是教学问题必须有挑战性，不能是学生信手拈来的低层次活动。事实上我们提倡的深度学习，其中有一个原则就是尽可能提高挑战高度，把低阶思维训练逐步向高阶推进。自主探索是学生数学学习的重要方式之一。在探索过程中，我们总是遵循着循序渐进的原则，由低到高分层实施，逐步推进。其实，我们在设计每层高度的时候，这个“度”是十分关键和重要的。我们都明确的是挑战总会有失败伴随着，明白“千锤百炼”的道理。那么我们在设计问题的时候，也应当考虑到给学生设置必要的障碍，让学生有“犯错”的经历，因为没有挫折的经历是不完整的。那么，挑战性问题难度如何把握呢？很多时候教师在课堂上是准备了几套方案的——如果一个问题的提出把学生问蒙了，那紧接着就会出现分解性的问题，降低探索高度，让学生缓过神来继续完成挑战。在很难准确把握让学生跳多高的时候，这种就高不就低的策略也不失为上策。因为探索的空间越大，给学生带来的思考才会越深、越广。

听过一节南通老师上的数学课，教学的是“射线、直线和角”这一内容。其中可以画有限长度的线来表示射线和直线的无限长这一思想，学生理解起来应当说是有相当难度的。一般的教学都是教师提醒学生：直线是无限长的，我们只要画一部分就可以了，但是学生很难得到这样的基本思想体验。为了让学生体验到有限的信息可以表达无限的思想，并主动寻找和理解表达的意义，执教老师并没有给学生讲解和提示，而是通过情境活动认识过射线和直线以后，分别让学生在黑板上或自己的作业本上各画一条射线、直线和线段，并在小组中交流自己的画法。学生很自信地动手就画，直线和射线的长度充满了作业本或是黑板，而且是很自信地向其他同学介绍自己画法的规范与正确。但是在相互交流中，有学生渐渐发现了问题：射线和直线是无限长的，画的时候都要画这么长吗？教师于是就把部分学生的困惑抛给了全班同学。在困惑、思考、商讨中，学生找到了解决问题的办法，那就是要发挥端点作用。学生感悟到了画再长的线也不能把直线和射线画完，端点决定了线的长度，短短的一段就可以代表无限。执教者留给学生想象的空间很大，正是在这样的空间中，学生得到了更深刻的体验，思维得到更深度的训练。

（三）在互动交流中质疑问难，引导学生深度对话

课堂交流是学生的学习方式之一，也是数学学习的目标内容，更是学生

良好的学习习惯。课堂教学中的互动交流分为两个基本层面，一个是教师与学生的互动交流。当前课堂教学越来越重视教师与学生之间的交流互动。传统课堂中教师占主讲地位、学生处从属地位的被动单向传授式交流，慢慢被平等互动的双向交流地位所替代。教师越来越注重调动学生的积极主动性，建立起师生对话的良好氛围，在师生互动的双向交流中促进课堂教学的有效进行。二是学生与学生的互动交流。这也是当前课堂所提倡的新型学习方式。学生个体之间、小组群体内部、组际之间、班内互动等学生交流方式，更有效地体现出学生学习的主动性，突出学生作为学习主体的核心地位。交流互动是数学活动的重要组成部分，教师要在引导学生表述与倾听的基本交流中，引导学生质疑问难，让学生在交流互动中进行情感的沟通、智慧的碰撞，指导、激励学生开展深度对话，

江苏版小学五年级数学教材在编排小数加法和减法的第一课时教学时，直接让学生尝试用竖式计算一位小数加两位小数。有的学生会关注元、角、分等单位，按“单位”对齐，就呈现出来小数点对齐的计算竖式；有的学生基于对整数加减法的理解，有可能在列竖式时出现了末位对齐的现象。在交流展示的时候，分歧出现了。教师就要把握好这个难得的矛盾冲突，引导学生从表述自己观点的交流会，升级为一场推翻对方、坚持自己的辩论会。指导学生既要有充分的理由证明自己的算式是正确的，还要找到合理的证据表明对方所列算式的错误所在。观点要有理有据，态度要诚诚恳恳，表述要清清楚楚，听者要明明白白。深度对话，使得学生在交流中能够不断质疑、辨析，主动寻找依据支撑，充分表达观点。深度对话，把简单的观点表述升格为思想的博弈，有利于培养学生对科学的严谨态度，培养学生思维的逻辑性，使学生获得更有效的基本数学思想体验。

（四）在巩固应用中转换角色，引导学生深度训练

学生掌握数学知识，不能依赖死记硬背，而应以理解为基础，并在知识的应用中不断巩固和深化。数学巩固练习是课堂教学必不可少的内容。基本技能的形成需要一定量的训练，巩固练习能有效地帮助学生理解所学内容，巩固相关技能，开拓数学视野，进而满足他们学习数学的个性化需求。但是巩固练习不能依赖机械地重复操作，要注重训练的实效性。

因此，在巩固应用中，教师首先要挖掘生活中的数学素材，紧密联系学

生生活实际。习题的选择和编排突出层次性，设置巩固性问题、拓展性问题、探索性问题。如一年级在教学 20 以内数的认识相关内容时，训练不能停留在小棒、计数器等数学专用工具上，要充分寻找学生生活中的数字，让学生走进生活，练习认数。如认识公交车的编号、电梯的楼层、商品数量、动物园动物数量变化等等。在联系生活实际的训练中，学生学得更有趣味，练得更加投入，并能够从小养成用数学眼光观察世界、用数学知识解决实际问题的意识。

二是要有意识地转变教师命题、学生答题的单一训练形式，尝试让学生自主命题，给学生一个从解题者变为命题者的角色转变机会。事实上，命题比解题会给学生带来更高的挑战。人的内心里有一种根深蒂固的需要——总想感到自己是发现者、研究者、探寻者。在儿童的精神世界中，这种需求特别强烈。这是苏霍姆林斯基最经典的一段言论。在探索的时候有这样的需求，在解决实际问题的时候也会出现。学生自主命题的功能之一就是，学生自己所掌握的内容再现，能帮助教师了解学生数学活动经验的构成，更深入地掌握学情。功能之二就是，学生有让对方出错的心理，他们就会把自己在解决实际问题时经历过或者可能遇到的错误情形进行重现，以期待对方犯与自己同样的错误。找准自己的错误所在，也就避免了自己以后再犯同样的错误。对于命题者和答题者来说这是双赢的。角色的转换会让数学训练变得更加深入，让学生参与得更加投入。对此，《义务教育数学课程标准》上也有相关的要求：问题情境的设计、教学过程的展开、练习的安排等要尽可能地让所有学生都能主动参与，提出各自解决问题的策略，并引导学生通过与他人的交流选择合适的策略，丰富数学活动的经验，提高思维水平。

小学数学解决问题策略的生成路径[①]

小学数学教学要求学生在问题解决的过程中，能探索分析和解决问题的有效方法，提出各自解决问题的策略。教师要帮助学生建立选择策略的思想，引导学生通过与他人的交流讨论，选择合理的策略，积累数学活动的经验，提高思维水平。基本策略的生成蕴含在解决问题的全过程之中，本文

① 本文发表于《教学与管理》，2020 年第 8 期。收入本书时略有改动。

就结合解决问题策略的教学内容，谈谈策略生成的基本路径。

（一）理清问题表征，铺就策略生成的基石

策略的生成是在解决问题的过程中实现的，显然，解决问题的前提是理解题意。能否选择有效方法解决问题，能否在问题解决的过程中生成基本策略，其关键点就是能否完全、深刻地理解题意，是否能对原始文本再加工，形成问题表象。

1. 看到了什么：全面感知问题信息

数学问题的呈现形式是多样的，文本呈现的形式较多，也会有图形、画面、符号、表格等多种形式来表达问题的信息。在借助问题情境呈现问题信息以后，要给学生认真“读”题的充足时间。针对文字表述的问题，先让学生轻声慢读一遍，知道问题和条件各是什么。接着再读，找出不理解的词句，或是自己认为重要的信息，并做好标记。对于不理解的词句，要认真思考弄懂每个词句所表达的意义；对于重要的信息，要紧紧围绕它展开思考，分析数量关系，寻找问题解决的思路。针对图形、符号、表格等形式呈现的问题，首先要引导学生细致观察，说出来自己看到了什么。然后细致分析图形各部分间的联系，可以动手画一画、连一连，再尝试用自己的语言表述条件和问题分别是什么。不论是直白的文本、抽象的符号，还是直观的图示，都要让学生细细观察、思考、表述，实现问题解决的第一步，即看到了什么。

2. 知道了什么：细致梳理关键信息

对题意的深入理解是需要学生重现问题信息，并对信息再加工，从文本或图示中找到关键信息，提取出条件和问题。尤其是非文本信息中的情境素材、抽象符号等，可能会对题意的理解产生干扰，更要让学生细致观察、反复“阅读”，然后要能以文本的方式，清晰表达出问题中的相关数学信息。通过语言表达，对信息进行重组，有利于学生完整、准确、有条理地表达自己知道了什么。通过不同学生、多层次的、全面的陈述，帮助学生更好地理解题意。例 1：小红第一天做了 12 只纸船，以后每天都比前一天多做 3 个，第五天做了多少个？这个问题中“以后每天都比前一天多做 3 个”就是关键信息，只要引导学生清晰地理解这句话的含义，问题的解决方法自然就会浮出水面。对于这个关键信息，首先要让学生独立思考，然后与同桌交流自己的

想法,最后再全班展示。要让学生清晰地表达:第二天比第一天多做3个,第三天比第二天多做3个……第五天比第四天多做3个。或者:第一天做的加3个就是第二天做的,第二天做的加3个就是第三天做的……第四天做的加3个就是第五天做的。知道了关键信息的含义,解决思路就自然生成。

3. 想到了什么:深入挖掘潜在信息

数学问题的呈现,除了比较直观的显性信息外,有的还会有隐性信息的存在,需要学生进一步思考挖掘。如果能很彻底地挖掘出问题中隐藏的信息,对于选择解决策略或是解题方法,会起到重要作用。因此,学生在看到了什么、知道了什么以后,有必要组织学生思考还能想到什么?例2:如果用22根长度都是1米的木棒去围一个长方形,怎样围才能使这个长方形面积最大?从阅读文本中就可以清晰地知道条件和问题是什么。但是这里面隐含着解决问题时需要注意的条件,需要引导学生进一步挖掘。从“22根长度都是1米的木棒”这个信息中,可以知道:用这些木棒围成长方形的周长都是22米;长方形的长和宽都是整米数;可以围出形状不同的长方形;围出的长方形长与宽的和是11米;等等。获得了这些隐性的信息后,在接下来的列举方法与列举形式的选择上,就变得思路清晰、水到渠成了。

(二)抓住核心问题,编织策略选择的纽带

解决问题的过程就是策略生成的过程,在数学问题清晰地呈现以后,策略的选择就成为接下来学生思维活动的重心。选择怎样的策略?为什么要选择这样的策略?需要对问题进行深入分析,并借助已有的知识经验才能得出。学生很难独立完成,当然更不会是教师的给予。教师需要引导学生对关键问题、核心问题进行深刻理解,对现实情况进行合情推理,以及对问题思考进行再深入。在这里,抓住核心问题深入分析,就显得十分必要。

1. 剖析给定条件,确立解决思路

有些数学问题的解决,要从条件中提出核心问题,通过对核心问题的深入剖析,寻求解决问题的路径,从而生成解决问题的策略。例题3:把72只皮球放入6个小盒和1个大盒,正好装满。已知小盒装球的数量是大盒的三分之一，小盒和大盒各装多少个皮球？其中的核心问题就是：小盒装球的数量是大盒的三分之一。教师要针对这个核心问题引发学生思考，得到大盒与小盒装球数量间的关系，进一步明确如果先算小盒装球数，就可以把1个大盒看作3个小盒；如果先算大盒装球数，就可以把6个小盒看作2个大盒。这种情形不是真实发生的，是借助数量间的关系进行虚拟选择，所以假设的策略就自然生成。

2. 剖析指定问题，确立解决思路

例题4：带50元买1个本子和1支钢笔，最多找回多少元？

软面抄	硬面抄	小熊钢笔	小兔钢笔
每本8元	每本9元	每支17元	每支15元

这是文字表述与表格应用相结合呈现数学信息的。从表格给出的条件中，学生除了"读"到种类和价格不同外，不能直观地从中捕获到解决问题的思路。要解决问题必须另辟蹊径，这类题的核心问题在要解决的指定问题上，即：最多找回多少元？因此，指导学生认真分析"最多找回多少元"这一核心问题，就成为策略生成的关键。要让学生深入分析"最多""找回"等核心问题里的关键词句。通过思考、交流、分享，知道本子和钢笔品种不同，价格也不相同；买不同的本子和钢笔要付出的钱和找回的钱也不同；价格越高，付出的钱就越多，找回的钱就越少。最后得到：要使找回的钱最多，那付出的钱就必须是最少。理清数量间的关系，从而寻求解决问题的思路。抓住了核心问题，就编织起了策略生成的纽带。

（三）反思活动过程，加速策略提炼的进程

《义务教育数学课程标准》的第二学段目标提出：能回顾解决问题的过程，初步判断结果的合理性。解决问题策略的教学并不以得到问题的结果为终极目的，在获得问题的答案后，还要引导学生进行回顾与反思，进一步梳理问题解决的实践过程，体会策略选择的探索过程，加速策略模型的提炼进程。

1. 反思过程，体会策略选择的必然性

问题解决后，要注意引导学生进行活动反思。通过引导学生回顾解决问题的过程，让学生再认识；依据对实际问题中数量关系的梳理，让学生再分析，重温策略选择的思维历程。在想法、思路的充分交流与碰撞中对比、分析策略运用的必然性。如上述例2中，通过分析，学生可以想到能围成的长方形有多种形式，长宽不一，它们的面积也可能大小不一，要从中比较出最大的，那么列举就成为必然的选择。同时，教师要有意识地引入不完全列举的情形，启发学生反思：列举部分长方形后，能不能找到长、宽的变化与围成长方形面积之间的关系？学生通过观察、思考，可以得到答案。比如通过三次列举，就可以得出长与宽相差越小面积就越大，长和宽相差最小的情况只能分别是6和5，猜想出当长是6宽是5时面积最大。这样的猜想是否正确呢？要验证结论，还需要再列举出可能出现的长方形，并计算出它们的面积进行比较。通过这样实践、猜想、验证等活动过程，让学生明确要找出其中面积最大的，必须把所有可能的面积都一一列举出来，在探索的过程中可能会引起我们一些思考，猜想出结论，但是还需要再列举去验证，从而让学生进一步明确列举的必然性。

2. 检验结论，体会策略选择的合理性

对问题结论进行必要的检验是正确解决问题的重要保障。检验在解决实际问题中的重要地位不容忽视。数学教学中务必注重培养学生良好的检验习惯，要有问题解决后的检验意识。同时，指导学生形成合理的检验方法，即数量关系分析得是否准确，运算顺序编排得是否合理，最终结论是否符合题意等。必要的检验过程，除了保障结果的正确性外，还有利于学生进一步明确数量关系，对策略的选择进行再判断，从而确信自己对策略的选择。进一步体会问题解决过程中，策略选择的正确性和合理性，理清策略的来龙去脉，加深对策略生成的理解，固化策略与某一类问题解决的对应关系，实现既获得基本的数学活动体验，又掌握基本数学思想与方法的价值目标。

（四）整合认知结构，完成策略模型的再塑

小学生解决问题策略的形成是一个长期的、有规律的过程，一般要经历积累与感知、体会与形成、稳定与加强等阶段。某一种解决策略的形成之前，学生在已有数学活动中都有一定的积累和感知。只不过有时它是潜在的，学生没有意识去主动提取或是没有能力提取。因此，在教学解决问题策略内容时，有必要引导学生回顾曾经的问题解决过程，寻找策略的身影。通过对多种形式问题解决的回顾,整合认知结构里解题思路的元素,进一步内化,再塑策略模型。

1. 自主回忆,主动整合

如上述例2,学生反思问题解决的过程,体会列举策略解决问题的思想之后,要引导学生自主回忆曾经运用到列举策略解决过哪些问题。列举的策略从一年级数的分与合开始,在不同年级均运用过。学生对列举策略的体验比较丰富,而且列举策略的特征也比较明显,所以教师给出一一列举这样的名称以后,学生很容易就会想到以前的数学活动中哪些用到了列举的策略。比如认识平均分时,要把一堆物体可能平均分的份数与结果列举出来等。这些学生能够主动回忆的过往体验,可以让学生自主回忆,多找一些数学活动中的列举类型,帮助学生再塑策略模型。

2. 分层引导,丰富体验

在策略的积累和感知阶段里,策略是隐性存在的,有些策略的体验并不会特征明显地显现出来,学生自主回忆不能完全地发现或表述。针对这样的情况,教师要分层引导,指导学生揭开曾经体验的面纱,把学生非主动意识的体验丰富到策略生成的再认识中来。

一是引导学生把未显性化的策略体验提取出来,通过对比分析,重新认知问题解决的过程,明确策略的过往运用。二是引导学生清晰表述曾经的策略运用过程,把实践行动转化为言语表达,体会曾经的问题解决过程与今天得到的策略之间的关系。比如转化的策略,学生能回忆出除数是小数的除法计算问题,异分母分数加减法计算问题等,都是通过转化来解决的。对于利用等式性质解方程,学生很难发现其中的转化策略,教师可以引导学生再审视解方程的步骤,体会方程由繁到简的变化过程;引导学生解方程的形式上其实就是把原方程转化为等号左边是独立的未知数、右边是具体数值的这样一个过程,体会转化策略的丰富运用。

总之,策略的生成不是一蹴而就的,需要以问题为载体,通过学生在解决问题的过程中,不断地类比分析、回顾反思,逐步建构起来;需要学生在运用策略的过程中,亲身体验和感悟,历练和提升。

二、中期评估表

江苏省教育科学“十三五”规划课题
中期评估表

课 题 类 别 教学研究

课题立项时间 2018 年 7 月

课 题 名 称 基于学生核心素养发展的“自成课堂”实践研究

课 题 主 持 人 金永梅

主持人所在单位 新沂市城关小学

江苏省教育科学规划办

一、课题研究进展情况

1. 中期阶段所做的主要工作

（1）领导重视、成立机构、明确责任、全员参与。

为使“基于学生核心素养发展的‘自成课堂’实践研究”课题研究工作能够顺利地开展，使课题研究走向规范化、科学化，学校将本课题研究作为重要工作来抓，学校一把手亲自督导教科研工作，保障了本课题研究工作的高效推进。

（2）做好课题研究主要活动设计。

前期准备阶段：做好课题的申报和论证；组建课题组，商议研究计划；请有关专家对课题组成员开展有关研究方法和理论的培训；撰写开题报告，参与新沂市课题开题会议。

中期实施阶段：按学科研究内容，成立若干子课题小组；开展问卷调查和有关测试；根据课题研究需要，进行教育教学理论和教育科研方法的培训；研究实施过程中出现的各种理论和实践中的问题；围绕“自学、互学、导学、会学”开展各类研究活动，内容有自成单设计、观摩课讨论、分析及教学案例分析、课堂教学观察评价策略等；每学期制订课题研究活动计划，并做好资料归档、总结、交流活动。

中期总结阶段：整合数据资料，整理研究成果；编写《核心素养下的自成课堂教探索》一书；完成课题研究中期报告。

（3）课题研究计划执行情况

课题能按计划扎实地开展。课题组针对课题研究的问题，拟定并细化课题实施方案与计划，保证课题有序进行。一年内，课题组举行的校内研究活动达 20 余次，参加上级科研活动 10 余次。为保证课题研究的质量，课题组严格执行考勤制度，从出勤率上保证课题的开展。自开展课题研究工作以来，课题组认真做了以下工作：

① 加强教育理论学习，努力提高每个成员的理论水平。两年来，课题组结合教师继续教育学习的内容要求与安排，每个成员都主动参与市级组织的各项各次活动。

② 充分保证课题研究时间。根据课题研究计划，课题组成员系统学习“徐州市教育科研管理办法”“学进去讲出来”“中小学教师素质及其评价”“教学密码”“创新智慧论”“教育教学评价研究”等教育科研参考材料。

③ 多形式、多渠道开展课题研究。课题组规范课题研究的过程管理，积极进行课题教学研究活动。课题研究工作开展 以来，课题组成员认真进行公开课、优质课的说课、集体备课和评课活动。公开课上完后，人人参与评课，真诚坦率地探讨教育教学问题。通过说课、评课，教师的教学科研水平提高很快。两年来，通过老教师的展示课、青年教师的公开课、 新教师的汇报课以及新老教师带徒一系列活动，大大提高了教师的业务水平，也加深了教师对教材和学生的研究。

2. 取得的阶段成果（包括出版、发表的成果、已产生的实践反映及专家、行政领导的评价等，已发表的论文，请注明发表的时间及刊物）：

一年来，学校有15位教师在市县级举办的教师优质课和基本功大赛评比中获奖。一年来课题研究组发表及获奖的论文如下：

（1）王海波：《小学语文教学中学生创新思维的培养》，发表于《新智慧》2018年第25期；

（2）吴嫣：《小学英语课堂呼唤生命力的回归》，发表于《英语画刊》2018年第8期；

（3）夏斌：《细品实录，细观课路，细感实效》，发表于《中小学教学研究》2018年第1期　；

（4）徐娜：《chant让英语课堂教学更有效》，发表于《英语画刊》2018年第9期；

（5）张丽：《科学课堂学生合作学习素养养成初探》，发表于《教研周刊》2018年第9期；

（6）张永琪：《刍议如何通过学讲计划构建小学数学高效课堂》，发表于《新课程》2018年第1期；

（7）华娟：《基于对话教学的语文课堂共同体教学模式研究》，发表于《成才之路》2019年第1期；

（8）孙委：《用“趣点”激活小学数学复习课》，发表于《数学大世界》2018年第12期；

（9）孙委：《培养应用意识，提升小学数学核心素养》，发表于《数学大世界》2018年第11期；

（10）金永梅：《生疑互补有序明法》,发表于“行知论坛”日期？？？；

（11）金永梅：《基于数学核心素养发展的自主习题设计的思考》，获徐州市教育教学研究室论文评比一等奖，2019年6月。

3. 课题研究中存在的问题或不足

（1）“自成课堂”着眼于学生的自学、互学、会学及教师的导学，助推了课堂教学的和谐生成。但是，在小学各科课堂教学实践和听课活动中发现，有些课堂教学仅仅是为了应付公开课而临时应对。如合作学习时，小组成员间不具备合作的心理倾向，无法进行有效的互动交流；个别教师设计的“自成单”内容过于简单，缺乏讨论、研究、交流的价值，不能引领学生走向高阶思维。

（2）由于小组与小组间，以及小组内成员与成员间的能力水平和发展层次存在着差异，小组间的学习步调不一致，影响了每一个学生能力的充分发挥。

（3）任何一种评价模式都会因其自身的原因而存在偏颇，因为人是发展的、变化的，很多因素都不是显性的，评价者很难从某些表象对被评价者给予科学合理而又全面公正的评价，尤其对于儿童，他们特别具有期待性，都期待成功和信任。因此，在研究过程中我们还需要进一步改革评价机制，着力构建主体发展型的评价模式，即“等级+评语+成长激励计划”的综合评价模式。

（4）必要的理论探讨研究和具有优良素质的教师群体是培养和发展学生自主能力的坚实基础，实践只有在理论指导下才能不入歧途、才能健康发展，只有建立一支优良的教师队伍才能让理论更好地付诸于实践，取得令人满意的成效。

4. 下阶段研究计划及确保最终成果的主要措施。

（1）研究全面实施阶段（2018 年 9 月—2020 年 6 月）。

① 课题组成员及学校语文、数学、英语、科学学科教师全面开展新模式的课堂教学，相关教师按照课题组研究总结出来的课堂教学模式组织教学。

② 课题组及时总结教学研究中的成功经验，每周开展两次交流研讨会，推广经验，整改不足。

③ 加强学习和交流，积累经验。课题组每周组织语文、数学、英语、科学四学科各一节校级示范课，推广课堂教学经验，完善课堂教学模式。

④ 组织开展课题组成员人人上新模式达标课活动，全面推进课堂教学模式改革，提高整体教学质量。

（2）总结深化阶段（2020 年 7 月—2020 年 8 月）。

① 在取得阶段性成果的基础上，课题组及时总结课堂教学改革中存在的问题，进一步制定措施，深入开展研究，特别是对自成课堂教学模式中的细节问题加强研究。

② 课题组及时总结推广自成课堂教学模式的成功经验，以专题讲座、研讨会、学习简报等形式交流推广，供教师学习借鉴。

③ 课题组对课堂教学改革情况进行总结，汇编、出版课题研究专著。

④ 表彰先进，深化完善。课题组配合学校召开阶段性成果表彰会，对教学改革中表现突出的课题组成员进行表彰奖励，进一步深化、完善教学模式。

5. 课题内容、人员、计划有无重大调整，如有调整，应另行提出书面报告，经所在单位签署意见，报市教育科学规划办公室审批

（以上内容均由课题负责人填写）

<table>
<tr><td colspan="6">二、中期评估意见

评估组组长(签字)
年　　月　　日</td></tr>
<tr><td colspan="6">三、中期评估小组成员</td></tr>
<tr><td>序号</td><td>评估组职务</td><td>姓 名</td><td>职务职称</td><td>工作单位</td><td>签 名</td></tr>
<tr><td></td><td></td><td></td><td></td><td></td><td></td></tr>
<tr><td></td><td></td><td></td><td></td><td></td><td></td></tr>
<tr><td></td><td></td><td></td><td></td><td></td><td></td></tr>
<tr><td></td><td></td><td></td><td></td><td></td><td></td></tr>
<tr><td></td><td></td><td></td><td></td><td></td><td></td></tr>
<tr><td colspan="6">四、组织评估单位（县区教研室或市教研室）意见

公章　　　　负责人签字（盖章）:
年　　月　　日</td></tr>
</table>

三、结题报告

“基于学生核心素养发展的‘自成课堂’实践研究”
课题结题报告

课 题 主 持 人：金永梅
课题参与教师：朱善春　夏　斌　黄召翠　张　宁　孙　委　徐　娜
张　辉　刘田华　陈　宇　金鑫莉

一、问题的提出

随着新课改的逐步深入，新的标准、新的教材、新的理念、新的教法，一时间百家争鸣。如何探索校本化课堂教学改革，改善学校教学现状，改变学校课堂教学单一、封闭和学生被动学习的局面，焕发课堂教学的生命活力，形成具有学校特色的课堂教学生态？

2016 年，北京师范大学举行中国学生发展核心素养研究成果发布会，会上提出了中国学生发展核心素养的总体框架，包括文化基础、自主发展、社会参与三个方面，综合表现为人文底蕴、科学精神、学会学习、健康生活、责任担当、实践创新六大素养。

新沂市城关小学课改工作者围绕学校诚文化核心“诚者自成”和课堂教学，寻找两者之间的契合点、生长点，最终确立了指向学生学习内需的“学会学习”和心理内需的“自成”，提出了着眼于学校诚文化建设的、秉承“诚者自成”办学理念的、以学生“学会学习”为目标的、辐射其他核心素养的、基于学生核心素养发展的“自成课堂”教学模式实践研究构想。

二、核心概念

（一）核心素养

2016 年，中国学生发展核心素养研究成果发布会上提出了中国学生发展核心素养的总体框架，包括文化基础、自主发展、社会参与三个方面，综合表现为人文底蕴、科学精神、学会学习、健康生活、责任担当、实践创新六大素养。本课题着力研究 “学会学习”这一基本素养的习成，期冀实现以学生“学会学习”为中心的、辐射其他核心素养的课堂教学样态。

（二）自成课堂

《中庸》云：诚者自成也，而道自道也。诚者，物之终始，不诚无物。是故君子诚之为贵。诚者，非自成己而已也，所以成物也。 学校将“诚者自成”作为校训，构建了学校“诚文化”体系，“自成课堂”就是其中的一环。

本课题提出的“自成课堂”，不仅仅是引导学生学习知识技能和方法的课堂，更是可以使学生在学习中拥有健康、充实、明亮的自我，并不断超越自我的课堂。该研究致力于实现教学内容的呈现方式、学生的学习方式、教师的教学方式和师生互动方式的变革，从而促进学生有效学习的形成和创新思维的发展，推动新课程标准的实施，符合新课程改革的基本要求。 该研究有利于教师更新教学理念，以人为本，时刻关注学生、尊重学生，把学生的学会学习和教师的自身发展放在首要位置，可以帮助教师关注课堂教学的有效性，不断思考如何以学生学会学习为基点，创造性地开发和利用教材，不断优化教学设计，提高课堂教学效率，探究课堂教学艺术，构建和谐课堂。

三、研究目标

（1）立足于学生核心素养的自主发展和学会学习，通过改革课堂教学形态，确立学生的主体地位，促进学生转变学习方式，促进学生进行有效学习。

（2）进一步实现由重传授知识向重学生发展、由重教师“教”向重学生“学”、由重结果向重过程等的转变，从而进一步提高教学质量，促进教师专业化发展。

（3）探索和构建新课标理念下校本化自成课堂教学模式。

四、研究内容

（一）文献综述

文献研究分为两部分内容，第一是学习当前核心素养教育的国内外研究状况，重点学习北京师范大学的研究成果，明确中国学生发展核心素养的总体框架，认真体会文化基础、自主发展、社会参与这三个方面的核心内容，以及人文底蕴、科学精神、学会学习、健康生活、责任担当、实践创新等六大素养。第二是学习借鉴国内外学者在主动学习、自主学习方面的研究成果和研究方法，结合本地学情、师情及学校教育发展特色进行内化吸收。

20 世纪 60 年代后期，美国、英国、澳大利亚等国家先后掀起了以能力为本的教育改革；80 年代后期，又启动了以标准为本的教育改革，以保障最基本的基础教育质量。然而，随着时代的发展，以能力为本和以标准为本的教育方式渐渐地暴露出来了一些弊端，传统的知识与技能无法满足学生对学习结果的期待与要求。因此，催生了“核心素养”这一概念。

核心素养是新时代发展的产物。培养学生的核心素养，是新时期基础教育改革的新方向，也是对当代教师提出的新要求。关于核心素养的研究，我国目前尚处于起步阶段。

2016 年，北京师范大学举行了中国学生发展核心素养研究成果发布会，会上提出了中国学生发展核心素养的总体框架，包括文化基础、自主发展、社会参与三个方面，以及人文底蕴、科学精神、学会学习、健康生活、责任担当、实践创新等六大素养。

综上得出，核心素养以全面实现个人发展为目的，涵盖内容广泛，包括知识、技能、情感等多方面，将个人的全面发展、社会的需要和国家的富强相结合，具有很强的综合性和实践性。总之，核心素养是个人全面发展和社会进步的保证，是提升国家软实力的必要条件。

本课题研究是一次大胆的尝试，我们把发展核心素养作为课堂教学新形态的引领，把学校文化建设与课堂教学新形态探索融合。通过课题研究，实现发展核心素养、探索课堂教学新形态、融合学校文化建设三位一体，最终形成具有学校特色的课堂教学生态，呈现学校教育发展特色。“自成课堂”一词源于学校诚文化核心理念“诚者自成”，属于本课题研究自主创编词。在相关研究领域中，我们学习、借鉴了徐州市市域推进的“学讲计划”课堂教学改革、南京仲广群为代表的助学课堂、洋思中学的“先学后教，当堂训练”的课堂教学模式，参考了《华东师范大学学报（教育科学版）》中《论学生的自主学习》、《河南社会科学》中《自主学习:相关理论与评价工具》等学术论文。这些较为成熟的研究成果，为学校开展具有本校教育特色的课堂教学改革提供了丰富的营养。

（二）调查研究

为了更好地实现课题研究与学生学习实际相互促进，本课题小组采取了便于统计和分析的问卷调查法。

1. 调查内容

问卷调查以本校课堂教学基本模式对师生的影响为主要内容，课题组力求全面了解教师课堂“导学”及学生“自学、互学、会学”的现状，分别设计了师生无记名调查问卷，以探索教学观念与教学现状之间的冲突，为理论与实践研究打好基础。调查内容主要包括：① 教与学的动机；② 教与学的习惯；③ 教与学的方法；④ 教与学的思维；⑤ 教与学的过程；⑥ 教与学的结果。

2. 调查结论

问卷调查以低中高三个年级的 90 名学生为调查对象。通过调查分析，发现问题主要有学生自主学习缺乏持久动力，合作学习流于形式，教师导学不能引领学生思维攀升。问卷显示，影响学生自主学习的原因有很多，包括学校管理层、教师、家长和学生自身。因此，如何激发学生的学习动机、提高提问的实效性、使学生形成好的学习方法、培养学生养成良好的学习习惯、对学生进行积极的学习评价和学习监控等问题，亟待课题组深入地去研究、去实践。

3. 探讨与建议

根据调查，我们了解了我校教师对自成课堂教学的应用情况，在理论上教师已经对自成课堂有了一定的认识，但是由于缺乏必要的经验和能力，自成课堂教学也出现了形式化和低效率的现象。所以，我们应当总结经验，扬长避短，改革创新，通过深入探索与实践，进一步提高课堂教学效率。课题组要求教师认真学习相关理论，转变教学观念，充分发挥学生的主体性作用，积极实践、探索、创新，改进教学方法，提高课堂教学效率。同时，教师应更多地关注“学生”“发展”“过程”三个方面，力求让所有的学生都体验到学习的乐趣，从而达成自学、互学、会学的目的。

（三）“自成课堂”模式建构研究

课题组在教学实践中开展课题研究，以促进学生核心素养发展为目标，以学生自主学习为主要形式，提出自成课堂的模式构成，并应用于课堂教学实践之中。在实践中不断尝试、分析、研究，通过教学实践验证课堂教学模式构成的合理性、科学性，在实践中不断改进和完善。在实践研究的基础上，逐步建立起课堂教学基本模式、样态的理论构成。目前，语文、数学、英语、科学等四个学科都已形成适合本学科教学的，有利于促进学生核心素养发展的，以自主学习为主要形式的课堂教学模式。

1. 学科总模式

本课题研究围绕自成课堂的基本策略，重点开展了“‘自成课堂’的课前自学与课内自学策略”“‘自成课堂’的组内互学和班内互学策略”“‘自成课堂’指导时机和指导要点的导学策略”“‘自成课堂’的会学策略”等问题的探索和研究。

“自成课堂”意在强调，学习在本质上是学生自己的事情，具有不可替代性，教学的作用在于帮助、促进与催生学生自主学习行为的发生。通过研究，我们最终形成了“自成课堂”教学整体样态，即：自学而生疑，互学而互补，导学而有序，会学而明法。

2. 分学科模式变式

语文、数学、英语、科学四个子课题组分别针对各自学科的特点，在总课题模式框架下，探索符合各学科特点的基本教学模式。

（1）语文学科。第一板块：扣题质疑，提炼主问题；第二板块：自学感悟，品词析句；第三板块：互学交流，组际分享；第四板块：导学释疑，思维攀升；第五板块：会学梳理，得意得法。

（2）数学学科。第一板块：创设情境，自学生疑。以问题为主线呈现教学内容，让学生围绕问题展开知识的建构。问题主要通过自成单的形式展现，倡导学生独立、主动地进行学习。第二板块：交流展示、互学互补。以学生为主体设计教学活动，先进行小组内的学习交流，会的学生教不会的学生，从而构建一个互相帮助、互相交流、合作学习的平台。小组合作交流后，由小组成员将学习成果、疑难问题展示出来，让学生之间互相评价，使学生学会聆听、学会发现别人的优点、学会分析别人的缺点，从而取长补短。第三板块：点拨梳理，导学有序。教师应认真倾听学生的表达与提问，准确判断学生达到的层次，对未解的谜团和未能达到应有高度的问题，给予提示和点拨，深化学生认知，帮助学生把知识织成网状结构。第四板块：检测反馈，会学明理。教师应充分考虑不同层次学生的学习需求和学习能力，重基础、善拓展，集知识性与生活性、多样性与趣味性于一体；重反馈、细讲评，理清解题思路，优化解题过程。同时，以灵活多样的方式和学生一起全面回顾学习过程和收获，在回顾中系统梳理与建构知识框架和体系。

（3）英语学科。第一板块：自学生疑，激发思维。通过课前导学自成单激发学生学习的兴趣，并引导学生去自学和完成相关任务，从而达到预习的目的。具体设计如下：① 观看课文动画或教师录制的教学视频；② 正确读出自成单上出示的新单词或新短语；③ 探究自成单上呈现的问题；④ 能正确朗读课文并制作本课思维导图。第二板块：激趣导学，入情入景。创设整体情境，导入相关话题并进行新课教学。此环节要充分体现学生的主体地位，给学生打造一个互相交流、小组合作学习的平台，培养学生的自学能力，提高学生的语言技能。具体设计如下：① 巧妙导入，激活语言背景；② 引入话题；

③ 课件出示新单词和短语，学生互相交流学习；④ 分段深层理解，制作思维导图。第三板块：互学深研，合作探究。在这个环节中，老师完全退到幕后，鼓励学生积极讨论，自己提问，自己解答。具体设计如下：① 小组讨论，进一步完善思维导图；② 互相问答，检查组内同学对课文的掌握程度；③ 组间赛读，形成阅读策略。第四，会学拓展，学力展示。学生阅读后，教师通过总结和让学生在真实情境中进行表演，提高学生的语言技能。具体设计如下：① 讨论总结，适时拓展；② 表演升华，教师要给学生充分的准备时间，要让学困生在组内成员的帮助下充分参与进来、敢于开口表达而不用担心出错，这对于学困生的英语学习将起到很大的激励作用；③ 观看表演后，进行情感升华。

（4）科学学科。第一板块：创设情境，引入新课。由学生在课前或刚开始上课时自主学习，发现疑难，提出问题，经由教师和学生共同梳理后提取课堂学习的主要问题（知识点、重难点）。学生带着思考和质疑进入讨论，达到提高课堂教学针对性的目的。同时，在学习时间和学习进度上，教师应给予学生一定的自主性，以保证不同层次的学生“异步”学习的公平机会。第二板块：自主思考，独立设计。教师应使学生充分发挥主观能动性，调动班级中每位学生的学习积极性，让学生根据需要研究的问题自主思考，并尝试找到自己认为可行的研究方法。第三板块：互学讨论，完善方案。通过“兵教兵”实现“一对一”的教学模式。在自学的基础上，通过小组合作讨论解决问题，并确定研究方案，引导探究。第四板块：交流汇报，得到结论。借助黑板、多媒体播放器等，由学生汇报学习成果，引导其他学生梳理学习内容，理清问题解决思路，培养学生观点概括、问题表述、问题解决以及表达、交流等综合能力。第五板块：回归生活，解释现象。这是建立知识联系、领悟学习成果的环节。教师要引导学生概括学习内容，绘制知识结构图、思维导图，领悟学习方法，建构思维模式，养成自觉学习的习惯。同时，引导学生关注生活问题，将所学内容应用于生活，达到学以致用的目的。

（四）课堂评价研究

课题提出的“自成课堂”是为发展学生的核心素养而探索形成的，是为了实现以“自学、互学、导学、会学”为主线和主要教学行为的学生自主成长的课堂，课堂教学形态以“自主发展、学会学习”为中心。

基于“自成课堂”的观察评价，课题组设计了“自成课堂教学观察评价表”，在课堂教学观察听评中，要求课题成员立足于五个维度：

第一，目标与设计达成。主要研究目标设置是否符合学科核心素养的要求，目标层次是否适合本班学生实际，目标达成路径是否有效。

第二，路径规划与实施。重点观察有没有设计与本节课知识有关的自学内容及练习，以及自学内容是否与本节课相关、练习的数量和难度是否合适；重点关注不同层次的学生完成预习任务的情况，以及课内学生自主学习的时间安排是否合理、学生完成基础性目标的情况及比例；调查了解不同层次的学生在课前和课内完成自主学习任务所需要的时间。对于学生互学的研究，重点观察有没有被边缘化的学生；调查小组内不同层次的学生解决拓展性问题的比例；观察关键问题的交流情况、共识达成过程以及全员参与情况；观察学生讨论交流完成后，选取代表成员以及代表成员讲解内容的准备情况；观察小组长对交流过程的管理和学生相互之间对发言同学的评价。

第三，问题提出与解决。主要研究问题是否与目标一一对应；问题是否精练、合理；在探究的深度方面，导学是否为本节课的重点内容；在学生讲解的过程中，教师是否适时、有效地进行指导，教师的指导是否有利于学生高阶思维的培养。

第四，多向交流与互动。在多向交流上，重点观察学生的交流是否有意义和价值，交流的内容是否具有拓展性和挑战性；小组内交流是否进行了有效地组织和安排，小组间交流是否考虑了不同层次的学生、学生是否关注了听众的感受。在互学方式上，研究是师问生答还是师生之间相互启发；教师是否有效激活了学生的思维，能否有效引导学生自我解答问题。对话互动中，重点观察师生互动时教师与学生的关系是居高临下、权威自居，还是耐心倾听、交流；学生之间的交流是否对权威构成了挑战，学生能否提出并回答具有挑战性的问题。

第五，智慧点拨与指导。重点观察教师是否做到“该出手时就出手”，是否给学生留下了充足的思考和讨论的时间；教师是否对所有问题都进行了面面俱到的点拨；对于非关键问题，教师处理时是否具有教学艺术；教师点拨的方法是否合理、有效，教师是直接给出答案还是设法引导学生解决问题。对于教师评价学生交流的研究，重点观察教师评价的时机是否恰当，教师的评价是否对学生有新的期待，教师的评价对学生解决问题是否具有有效性等。

城关小学“自成课堂”教学评价表

<table>
<tr><td>执教者</td><td></td><td>学科</td><td></td><td>授课班级</td><td></td><td>授课时间</td><td></td></tr>
<tr><td>课题</td><td colspan="7"></td></tr>
</table>

<table>
<tr><th colspan="2">评价项目</th><th>评价内容</th><th>分值</th><th>得分</th></tr>
<tr><td rowspan="5">学生学习情况60分</td><td>课前预习</td><td>自觉主动预习，预习有深度，能提出有一定价值的问题；自主完成自成单，准确率高</td><td>10</td><td></td></tr>
<tr><td rowspan="2">学习过程</td><td>学习状态：有求知欲望，学习态度积极，学习活动参与度高，呈现“自觉、自主、自成”的学习状态</td><td>10</td><td></td></tr>
<tr><td>学习方式：能够自觉运用“自学、互学、会学”的学习方式；在自成单指导下完成自主学习；小组合作分工明确；大胆进行组内、组间、班级交流展示，清晰地表达自己的观点；诚恳质疑他人的观点，虚心研讨</td><td>20</td><td></td></tr>
<tr><td>学习效果</td><td>快速掌握当堂知识；思维和行为变化显著；学习习惯进一步养成</td><td>20</td><td></td></tr>
<tr><td colspan="4"></td></tr>
<tr><td rowspan="3">教师导学情况
40分</td><td>自成单设计</td><td>基于学生核心素养发展的理念，准确定位教学目标和教学内容；深入研究学情；导向性学习问题和教学方式方法设计恰当；结合学生的学习情况合理使用教学资源</td><td>10</td><td></td></tr>
<tr><td>教学决策与实施</td><td>引领学生深度思维，培养学生的创新精神与实践能力；体现先学后教、多学少教、以学定教、自主体验、互助研究、质疑生成</td><td>20</td><td></td></tr>
<tr><td>教学能力与素养</td><td>教学基本功扎实，为学生创设有意义的教学情境，激发学生自主学习；满足不同层次学生的学习需求；有一定的教学智慧</td><td>10</td><td></td></tr>
<tr><td colspan="2">自主学习时间</td><td>当堂检测成绩</td><td></td><td>总分</td></tr>
<tr><td colspan="2">评价与建议</td><td colspan="2"></td><td></td></tr>
</table>

说明：90~100 分为优秀，75~89 分为良好，60~74 分为合格，60 分以下为不合格。

评价结果：优秀□　　良好□　　合格□　　不合格□

评价人：____________

开展课题研究以来，我们认真进行了公开课、优质课的说课、集体备课和评课活动。公开课上完后，人人参与评课，真诚坦率地探讨教学问题。通过说课、评课，教师的教学科研水平提高很快。两年来，通过老教师的展示课、青年教师的公开课、新教师的汇报课以及师徒结对等一系列活动， 教师的业务水平明显提高，教师进一步加深了对教材和学生的研究。

五、课题研究成效

（一）最终形成了“自学生疑重基础，互学互补重合作，导学有序重点拨，会学明法重体系”的课堂教学样态

“自成课堂”教学模式既可以理解为一种理念，又可以理解为一种方法。作为理念，意在强调，学习在本质上是学生自己的事情，具有不可替代性。本课题的研究，帮助、促进和催生了学生自主学习行为的发生。

以下是课题组对抽样班级“自成课堂”持续观察的前后测评对比统计：

类　型	人　数	自学生疑			互学互补			会学明法		
		好	一般	差	高效	一般	放任	突出	一般	差
实施前	50	12	32	6	5	33	15	15	17	8
		24%	64%	12%	10%	66%	24%	30%	54%	16%
实施后	50	31	15	4	40	10	0	38	10	3
		62%	30%	8%	80%	20%	0	74%	20%	6%

（二）“自成课堂”带给我们的变化

1. 教师层面

由进而退，教师的角色改变了；授人以渔，教学的指向改变了；教生所疑，教学的质和量改变了；欣赏学生，教学的幸福指数提高了。语文教师黄玉红这样写道：“自成课堂让我和学生在最短的时间取得了较大的效益。课前反思、课中反思、课后反思，让研究成了我的习惯。”

2. 学生层面

学生不再“被学习”，会自学、会倾听、会思考、会提问、会合作、会表达。学生发现问题、提出问题、分析问题、解决问题的探究过程完整了。学生的学业成绩提高了。

学生好奇、好问、好胜、好玩，喜欢学习了。在自成课堂中，学生学会发现自我、表现自我、发展自我、评价自我，人文关怀在课堂中自然流淌，科学精神激发了学生的潜能，担当意识在小组内生成，实践创新为孩子们喜闻乐见……教师给予学生"学会学习"的一片绿叶，学生收获了"核心素养发展"的一片森林。

3. 课堂层面

课堂生成多了；掌声、笑声、辩论声多了；课堂越来越扎实、充实、平实、真实了。我们看到：语文课堂上，学生美美地写字，有板有眼；琅琅地读书，抑扬顿挫；静静地听讲，目不转睛；沉沉地思索，低眉颔首；喳喳地表达，旁若无人；沙沙地写作，文思泉涌。数学课堂上，学生面红耳赤地争论，理直气壮地出错；手拉手，头对头，目光碰目光；绝对融入集体，相对自由走动。英语、科学课堂上，教师导学，该蹲下来蹲下去，须站起时站直了；呵护而不一边倒，钉是钉，铆是铆，褒贬旗帜鲜明。

4. 成绩层面

作为刚由乡镇村小转为新沂市直属小学的城关小学，一直十分注重课堂教学改革，坚持向教研要质量、向教研要发展，紧随本课题的持续、深入研究和实践，学校整体教学质量不断攀升。2018、2019、2020 三个年度，学校综合考核均取得新沂市一等奖的好成绩。小升初测试及全市分年级教学质量检测中，学校整体教学质量均在全市第三、第四名。学校实现跨越式发展，社会美誉度和家长满意度均在不断攀升。

5. 成果层面

课题主持人及课题组成员，有多篇和本课题研究紧密贴合的论文在省市刊物公开发表，并有数十位教师的课题研究论文、研究课在省市各级获奖。课题组完成两本课题研究专著的写作和出版，课题主持人金永梅撰写出版《核心素养下的自成课堂探索——数学篇》，金永梅、朱善春、夏斌编著出版《核心素养下的自成课堂探索——综合篇》。课题主持人及课题组成员，有十五位教师在市县级举办的教师优质课和基本功大赛评比中获奖。

六、结论与反思

（一）研究结论

（1）通过改革课堂教学形态，转变教师的教学行为，改变学生的学习方式，促进学生自主发展、学会学习，学生的核心素养得到发展。

① 设计自成单，自学而生疑。

“自成课堂”是倡导先学后教的。基于这样的思考，我们将“先学”活动移至课前，与传统的部分作业时间进行置换，给足时间让学生“学而先得，学而生疑”。

自成单是自成课堂的一个重要抓手。一份高质量的自成单，不仅能把学生引领到乐学、会学、勤学之路，而且能引领学生学会探究、学会合作、学会创造。学生学而有得，自有成功的体验；学生学而不得，便有急于“充电”的欲望，学生学有新发现，更愿意在课堂上呈现、表现，后续动力更强劲。

② 建立小团队，互学而互补。

对于真正意义上的同伴合作，需要明确几个必要条件的支撑：需要有合力，知道如何配合；需要有目标，知道合作干什么；需要有动力，知道为什么合作；需要有方法，知道怎么合作；需要有准备，便于进行深度的交流合作与经验共享。

各个年级根据实际情况进行小组建设，对于小组人数及人员分配等，低、中、高年级要求各不相同。小组合作的目标必须要确定小组自学所得，呈现小组学习新发现，提出小组探究产生的困惑。通过基础任务达成得分、组间挑战达成得分、创新思路和方法得分等评价，提升小组合作动力。在小组合作过程中，教师要特别指导学生，确定汇报内容，明确汇报规则，达成合作默契，形成合作方法，提升合作能力。

③ 习练表达体系，导学而有序。

学生先行研究，自学、互学后，就有了展示、汇报的冲动，顺应这种心理，教师需要给营造学生话语空间，有序导学。

“我通过什么方式、解决了什么问题、是否正确，请大家与我交流。”“我们小组发现还可以这样解决问题，请大家与我们小组交流。”“我们小组还存在什么问题，请大家提供帮助。”

在反馈过程中，如遇学生无法解决问题时，教师及时介入，引领学生大组活动，鼓励学生进行生生间的互动。教师的言语不是指向问题的解答，而是发挥组织、串连的作用，用以激发学生参与互动的欲望和动力。具体形式是，在对方没讲明白时提问；在对方没讲全面时补充；在对方观点有漏洞时质疑；在对方模棱两可时辩论；在对方观点错误时反驳。当以上元素介入交流时，课堂就会呈现出一种别样的生态：教师适度隐退，讲台让给学生，学生像小老师一样在前面大胆发表自己的观点，其他的孩子进行评价、补充、修正，台上与台下的学生聚焦问题，进行激烈的交流与辩论。若学生提出的问题质量很高，有利于教学的拓展和深化，新一轮的课内探究便由此展开。

④ 创设“小角色”，会学而明法。

“自成课堂”的“教”有别于传统教学的“教”，教师不是把知识塞给学生，而是重在导引学生“怎么学”，会学而明法。

“自成课堂”更像是一个大舞台，学生在这个舞台上扮演着各种各样的角色。“自成课堂”对学习者的角色进行了重新设计，赋能学生，在“自成课堂”中，我们提出并引导学生践行“小老师”“小记者”“小辩手”“小哨兵”“小侦探”“小文员”等“六小诚娃计划”。

给孩子一个小老师的角色，他们会想方设法地让其他同学去明白他所理解的内容。教师需要教给孩子的是如何才能更好地讲明白。

给孩子一个小记者的角色，他们会在采访中积累素材、梳理素材、形成成果。

给孩子一个小辩手的角色，他们便敢于同不同的意见争个高下。教师需要交给孩子的是如何寻找依据，让自己的观点站得住。

给孩子一个小哨兵的角色，他们通过观察，敢于挑战、敢于质疑。

给孩子一个小侦探的角色，他们会主动探寻知识的奥秘。教师需要教给孩子的是如何去探究、如何去表达。

给孩子一个小文员的角色，他们会像文员一样梳理学习的知识点，梳理出学习的方法和技巧。

（2） 探索课堂教学新模式，能够把学校文化建设与课堂教学改革融为一体，把课堂作为文化建设的重要阵地，把文化建设与课堂教学改革紧密联系在一起。

心怀“诚”念，学有所“成”。 在“自成课堂”上，学生清楚地认识到学习的意义，明确学习的目标，形成正确的学习动机，且能从心理、情感上把学习当成一件快乐的事，并运用自身智慧及习得的学习技能与方法，不断获取成功的内驱力，成为学习的主人 。

（3）多元化、激励性的评价促进了学生自主能力的发展，有效地激发了学生学会学习的动力，促进了学生的自主发展。

自学评价：主要观察学生自学的情况，包括观察学生自学方法的选取与质量高低，以及观察学生是否形成了自学的习惯。学生在自学中遇到困难时，教师要给学生以信心，鼓励学生继续努力，只有确定学生在自学时确实无路可走时，老师才能稍做引导。如此而为，旨在让学生的自学升华为一种品质。

倾听评价：主要观察学生是否聚精会神地听教师所讲和其他同学的发言，要求学生听之在耳、记之在心，鼓励学生就所听内容提出个人的看法与见解。

2

合作评价：主要观察学生在课堂小组学习中合作得如何，包括学优生对学困生的帮助是否到位，以及学困生是否具备主动探索的精神。还要观察学生在小组活动中有没有亲和力，会不会互相关照，能否关注别人的表情和神态，会不会认真倾听别人的发言，能不能共同完成小组任务。

交流评价：主要观察学生能否流畅地说清楚所要表达的内容，学生是否具有一定的概括能力，表达内容是否具有层次感；观察学生在表达时是否姿势端正、声音洪亮、面带微笑。如果站在讲台上发言，要求学生要面对全体同学，并借助眼神、手势等增强效果，达到提高学生表达水平、培养学生表达技巧的目的。

思维评价：主要观察课堂教学有没有处于一种“静”的状态。表面的“静”之下是思维的活跃：可以在创设问题的情境中“思”，可以在探究问题、解决问题的过程中“思”，也可以从多个角度探究、解决问题，用个性化的方式呈现结果之中的“思”。

练习评价：主要观察教师是否通过练习来强化学生对所学内容的记忆，观察练习的方式是否单一，观察学生在练习中是否能做到举一反三、触类旁通。

总之，在“自成课堂”上，我们不仅要评价学生“知道什么”，更重要的是评价学生“能做什么”；不仅要评价学生行为表现的“结果”，更重要的是评价学生行为表现的“过程”。

（4）必要的理论探讨、方法研究和具有优良素质的教师群体是培养和发展学生学会学习的坚实基础。

从魏书生的“六步教学法”到邱学华的“尝试教学”，从洋思中学的“先学后教，当堂训练”课堂到杜郎口中学的“三三六”展示课堂，乃至徐州市学讲课堂等教学改革的典型经验，课题组成员在学习和借鉴他人经验的同时，也在叩问自己的“自成课堂”，究竟什么样的课堂才是符合教学规律和学生身心成长规律的课堂？一大群教师在研究中不断反思教学，反复实践课堂教学模式，成就了学生“学会学习”。

（二）研究反思

“自成课堂”着眼于学生的自学、互学、会学及教师的导学，可以使学生优势互补、形成良好的人际关系，促进学生个性的健全发展。越来越多的老师在课堂教学中采用这一模式，助推了课堂教学的和谐生成。但是，在小学各科课堂教学实践和听课活动中，也有些课堂仅仅是为了应付公开课。如在合作学习时，小组成员间不具备合作的心理倾向，无法进行有效的互动交流；有些小组的互学成了学优生表现自己才能的舞台，而学困生失去了思考、发言、表现的机会。在“自学”方面，个别教师设计的自成单内容简单，缺乏讨论、研究、交流的价值，不能引领学生走向高阶思维；或偏于智力因素的发展而忽视了非智力因素的发展，在全人培养上打了折扣。

每个学生的成长过程和环境都不相同，加上性格、兴趣等方面的差异，必然导致学生的核心素养存在客观的差别，因此，本课题重点指向学生核心素养之一的“学会学习”的研究，让教师将更多的时间和精力放在培养学生的“学会学习”上。然而，在实践过程中，却造成了教师对学生在课前的自学和课后的拓展缺乏科学、规范的指导，造成了部分自学基础薄弱的学生学习能力得不到明显提升的问题。另外，教师虽然拓展了学生人文底蕴、健康生活、责任担当、实践创新等方面的培养，但是由于学生年龄的限制，依然需要家长的参与。这种差别必然呼唤教育者、培养者要坚持注重个性、合理分组、因材施教的教育原则。因此，在原课题界定的范围，我们应选择其中与小学教育相适应的方面进行具体深入的研究，以求取得真实的成效，同时各学科之间的教师应互相学习、借鉴，进行优势互补，对学生进行持久的训练。

总之，经过近三年的研究，我们不仅获得了研究的成果和结论，更享受了研究的过程，我们真切地感受到了儿童的多彩世界和富有创意的天性，这也使我们每一位教师更好地确立了自己在课堂教学中的角色定位。我们的研究必将促进师生共同健康地成长，也必将推动学校整体教育教学质量的提高。

江苏省教育科学“十三五”规划课题研究成果

核心素养下的自成课堂探索

——综合篇

金永梅　朱善春　夏　斌　编著

中国矿业大学出版社
·徐州·

图书在版编目(CIP)数据

核心素养下的自成课堂探索. 综合篇/金永梅,朱善春,夏斌编著. —徐州:中国矿业大学出版社,2020.10

ISBN 978-7-5646-3973-0

Ⅰ.①核… Ⅱ.①金… ②朱… ③夏… Ⅲ.①课堂教学—教学研究—小学Ⅳ.①G623

中国版本图书馆CIP数据核字(2020)第204408号

书　　名　核心素养下的自成课堂探索——综合篇
编　　著　金永梅　朱善春　夏　斌
责任编辑　齐　畅
出版发行　中国矿业大学出版社有限责任公司
（江苏省徐州市解放南路　邮编221008）
营销热线　(0516)83884103　83885105
出版服务　(0516)83995789　83884920
网　　址　http://www.cumtp.com　**E-mail**:cumtpvip@cumtp.com
印　　刷　苏州市古得堡数码印刷有限公司
开　　本　787 mm×1092 mm　1/16　**本册印张** 14.5　**本册字数** 276千字
版次印次　2020年10月第1版　2020年10月第1次印刷
总 定 价　98.00元(共两册)

目　录

自成课堂操作模式

自成课堂自学案例

自成课堂互学案例

自成课堂导学案例

自成课堂会学案例

自成课堂践行实效

自成课堂操作模式

新沂市城关小学自成课堂教学模式(语文)

一、理论支撑

(1) 杜威的现代教学理论认为,知识不是商品,不能直接从一个人手里传到另一个人手里;教学应实现对儿童的经验改造的任务,从儿童经验出发,通过丰富、扩展儿童直接经验的方式,让儿童学习文化知识并最终系统掌握科学知识。

(2) 建构主义学习理论强调以学生为中心,要求学生由外部刺激的被动接受者变为信息加工的主体、知识意义的主动建构者;要求教师由知识的传输者变为学生主动意义建构的帮助者、促进者。

(3) 美国教育家布鲁姆认为,教育者的基本态度应是选择适合儿童的教育,而不是选择适合教育的儿童。

二、坚持原则

(1) 儿童性原则:无限相信孩子的天性和潜能。孩子能做的就应当让孩子自己做;孩子能想的就应当让孩子自己去想。

(2) 主动性原则:改变学生被动学习的状态,激发学生自主学习的原动力。鼓励学生在探索中感悟源自自己、同伴互助、教师帮助的学习方法。

(3) 发展性原则:全面发展、和谐发展、主动发展。

(4) 情意性原则:营造良好的师生关系,教师以大度、欣赏和鼓励的态度做到公平、公正。

(5) 整体性原则:引领学生整体思维发展,让学生经历发现、提出、分析、解决问题的全过程。

三、关注核心素养

紧扣语言建构与运用,着眼于学生思维发展与提升,着眼于学生审美鉴赏与创造,着眼于文化传承与理解。

语言建构与运用是语文核心素养的重要组成部分，也是语文素养整体结构的基础层面。学生语文运用能力的形成、思维发展与提升、审美鉴赏与创造，以及文化传承与理解，都是以语言建构与运用为基础，并在学生个体言语经验的建构过程中得以实现的。学生语言建构与运用的水平是其语文素养的重要表征之一。

思维发展与提升是指学生在语文学习的过程中获得的思维能力发展和思维品质的提升；审美鉴赏与创造是指学生在语文活动中体验、欣赏、评价、表现和创造美的能力及品质；文化理解与传承是指学生在语文学习中，能理解、借鉴不同民族和地区的文化，能继承中华优秀传统文化，以及在学习过程中表现出来的文化视野、文化自觉和文化自信。

四、基本模式

(1) 课堂教学主要形式：小组合作学习。

(2) 课堂教学设计原则：以学生学习为中心。

(3) 课堂教学主要方式：自学、互学、探学。自学倡导学生先学而教师后教；互学倡导学生组间、组际互动；探学重在引领学生走向语言运用的高阶思维、培养学生的创新精神与实践能力。

(4) 课堂教学主要环节。

① 设计自成单。

【第一课时】

a. 扣题质疑，提炼主问题；

b. 三读课文，步步有达成；

c. 指导书写，情义在其中。

【第二课时】

a. 走向多元概述；

b. 品读语言温度；

c. 探究言语规律。

② 自主先学，走向自成单。

③ 组间互学，成果展示。学生起身围聚，轻声交流；人人参与，弱势先发声，优者后发声，呈向上趋势。

④ 质疑问难，寻幽探秘。教师引领学生走向高阶思维，探究语言奥秘。

(5) 课堂教学主要形式:学生学习活动的模块式推进。

(6) 课堂教学评价的关注点:会学,学会。

(7) 课堂教学评价要点:自学的评价要点为时间、状态;互学的评价要点为参与度、有序性、有效性;探学的评价要点为问题价值,效果达成。

(8) 课堂教学教师的行为:指导、倾听、评价、调控。

新沂市城关小学自成课堂教学基本框架(语文)

一、自学而生疑

《开天辟地》自成单

本周习惯养成：读书做记号＿＿＿＿＿。

四年级（＿＿）班　　姓名＿＿＿＿＿　　时间＿＿＿＿＿

课文课时	《开天辟地》第一课时	达成分析
自学任务	一、我能借助拼音正确地读课文。 二、我能与大家分享这些词语的意思： 混沌　巍峨　开天辟地　精疲力竭　纵横交错 三、我有办法巧记这些生字： 辟　斧　丈　厚　柱　拢　竭　液　肤 四、我能根据“开天辟地”“化生万物”两个小标题给课文分段。 五、拓展阅读： 左手持凿，右手握斧。 轻而清的东西冉冉上升，变成了天；重而浊的东西慢慢下沉，变成了地。 我能发现这些句子的特点：＿＿＿＿＿＿＿＿。	

二、互学而互补

（一）组间席卡

新沂市城关小学自成课堂学习小组名片

＿＿＿＿年级（　　）班　　组号＿＿＿＿

一、组名及含义

二、组徽及含义

三、小组目标

四、组员分工

总组长：＿＿＿＿＿＿＿＿

学科组长：

语文：＿＿＿＿　数学：＿＿＿＿

英语：＿＿＿＿　科学：＿＿＿＿

五、小组公约

＿＿＿＿＿＿＿＿＿＿＿＿＿＿

＿＿＿＿＿＿＿＿＿＿＿＿＿＿

（二）小组文化

【划分办法】 教师充分了解学生的基础能力，根据性别、性格、品德、成绩四大平衡原则分组，组间同质（均衡分组），组内异质（好中差均分），每组 4～6 人，组员编号，以便能够在课堂上均衡展示，提高展示效率。

【小组文化】 各小组在全体组员共同商讨和努力下，确定组名、创作组歌、设计组徽、确立目标、制定公约，共同维护和建设好小组，把学习小组打造成一个共同成长的小团队。

【组员分工】 每个学习小组民主推选一名总组长，负责整体把控小组学习和常规情况；每位同学担任一门学科的学科组长，负责管理协调全组关于该学科的学习活动。

【组内研讨】 学生起身围聚，轻声交流，达成后击掌、落座。

【展示规则】 不同小组同号或不同号同学展示相同或不同的内容，或以整个小组为单位，组间展示相同或不同的内容，人人参与，弱势先发声，优者后发声，呈向上趋势。

【表达体系】 学生可在其他同学没讲明白时提问，在其他同学没讲全面时补充，在其他同学观点有漏洞时质疑，在其他同学模棱两可时辩论，在其他同学观点错误时反驳。

【检测评价】 学生经过思考完成教师给出的检测题，由教师抽评和学科组长组内批阅交叉评价，主要看做得对不对、字写得好不好，随时记入“课堂评价表”该组栏目中。教师一定要将学生集中的疑难问题讲清楚、讲细致。

三、导学而有序

在反馈的基础上，遇到学生无法解决问题时，教师应引导学生进行大组活动，鼓励学生进行生生互动。教师不应直接解答问题，而应发挥组织串联的作用，激发学生参与的愿望和动力。这时，课堂就会呈现出一种别样的生态，教师适度隐退，讲台让给学生，学生像小老师一样大胆发表自己的观点，其他的孩子进行评价、补充、修正，台上与台下的学生聚焦问题，并进行热烈的交流与辩论。若学生提出的问题哲理性很强，有利于教学的拓展和深化，新一轮的课内探究便可由此展开。

四、会学而明法

《开天辟地》会学检测

本周习惯养成：读书做记号______。

四年级(____)班　　姓名________　　时间________

课文课时	《开天辟地》第一课时	达成分析
会学检测	一、我会观察，我能写好本课左右结构的字： 二、我能正确选择下面的读音： 辟(pì　bì)　　碎(shuì　suì) 皎(jiāo　jiǎo)　　浊(zhó　zhuó) 三、我能正确、流利地读好课文的第____自然段。 四、我的阅读很丰富： 课外，你一定读过很多精彩的寓言故事和神话故事，能向大家推荐几篇吗？请你写出两篇寓言故事和两篇神话故事的名字。 寓言故事：________________ 神话故事：________________	

《爱如茉莉》第一课时教学设计

【板块一】 扣题质疑，提领而顿。

(1) 引入课题，指导板书(重点指导文题中有代表性的字)。

(2) 题为文眼，读题可以预先获知相关信息，不妨读读、猜猜。

(3) 会读题的同学能根据课题提出很多需要探究的问题。

教师点一名学生说一说。

(4) 提炼主问题。

师：能提出问题已经不简单，能提出有价值的问题就更了不起。小组内研究哪个问题最有探究价值？

(设计意图："主问题"有利于整体阅读、活动开展、对话交流，要培养学生敢问、乐问、会问)

【板块二】 三读课文，有的放矢。

★ 一读

(1) "自学"任务。

师：把每个生字、每句话都读正确，要让你的耳朵听到你的声音。

(2) "导学"交流。

师：你觉得哪个字音最需要注意？你觉得哪个句子比较难读？请来教大家读一读！

★ 二读

(1)“自学”任务。

师：圈出难理解的词语，可以联系上下文或查字词典解决。

(2)“导学”交流。

师：思维碰撞后，你们小组觉得还有哪些词语需要提出来讨论一下？抓住一个重点词进行言语训练。

★ 三读

(1)“自学”任务。

师：一个自然段一个自然段地默读，一个自然段一个自然段地思考，每个自然段分别写了什么？哪些自然段可以合并在一起？

(2)“互学”交流。

(3)“导学”汇报。

【板块三】 指导书写，亲近母语。

(1) 听词串，辨生字，指导写。

师：请同学们专心听，老师想让你们书写哪一个字？（生字组词，形成词串）

师：这个生字在文中哪里出现的？请放入句中，说说意思。

师：默一默，你感觉在书写上有哪些方面需要提醒大家注意？

教师及时评点并示范书写，可以重点关注生字书写。

(2) 说句子，辨词语，指导写。（注意多义词在不同语境中的意思，如“成熟”）

师：这次默写一个词语，看你听得清、猜得准不？

评点书写，及时示范。

师：这个词语在文中哪里出现的？联系上下文，说说区别。（一词多义）

小结：同一个词在不同的语句中，含义是不一样的。

（设计意图：我们不仅要让学生学会书写，更要在书写的过程中，激发学生亲近母语，让学生慢慢感知汉字不仅是书写的符号，还蕴藏着许多有意思的内容，从而培养学生对祖国语言文字的热爱）

【板块四】 布置作业，自主设计。

(1) 师：你认为课文学到这儿，还应该做哪些练习？

(2) 指导:鼓励学生根据自己的特点和课文实际创造性地设计进一步学习的内容,如:积累词句、扩展阅读、研究性学习等。

(3) 学生可以自己给自己布置作业,也可以小组共同商定作业。

(设计意图:先语言后人文,力求简单明了,教路、学路、文路三者统一)

《爱如茉莉》第二课时教学设计

在初读课文、整体感知课文内容的基础上,第二课时设计为四大板块。

【板块一】 复习字词。

(1) 激趣:字词有“情”有“义”。

师:美国幽默大师马克·吐温曾说,一句好听的赞词能使我不吃不喝活上三个月。学生们愿意用上好听的赞词来夸夸老师吗?

师:同学们,请你们也把快乐送给自己,用四字词语来赞美自己,也让自己快乐三个月!

(2) 听词串,辨生字,试默写。

师:请同学们专心听,老师想让你们默写哪一个字?(生字组词,形成词串)

师:这个生字是在文中哪里出现的?放入句中,说说意思。

师:默默看,你感觉在书写上哪些方面需要提醒大家注意?

(师及时评点并示范书写,可以重点关注生字书写)

(3) 说句子,辨词语,试默写。(多义词在不同语境中的意思,如“成熟”)

师:这次默写一个词语,看你听得清、猜得准不?

评点书写,及时示范。

师:这个词语在文中哪里出现?请联系上下文,说说区别。(一词多义)

小结:同一个词在不同的语句中,含义是不一样的。

(设计意图:“复习字词”板块,旨在让学生识记生字词,把握生字书写的“关键笔画”,写正确,写美观,并顺势联系语境解词义、悟语情)

【板块二】 多元概述(导学)。

(1) 信息串联法(留意写作顺序)。

师:课文是按什么顺序叙述的?

师:每个时间段(地点)分别写了什么?

指名汇报,语言越简洁越好。

师:谁能把这几句话连起来说一段话?比一比谁串联得更自然。

(2) 词语链接法(抓住关键词语)。

根据课文内容，出示一组能贯穿文章主要内容的词语。

师：课文主要说了什么？能否用上这些词语说一说。

(3) 读题扩展法(提炼文章中心)。

题目就能概括文章，这篇课文讲了什么？

以事为题：谁在什么情况下做了什么事？结果怎样？

以话为题：谁说—怎样说—为什么说—说的结果怎样？

添加标点“!”和语气词，再读课题。

小结：题目往往概括了课文的主要内容或者所要表达的思想。

(设计意图：教学叙事性作品时，我们要在文本语言图式与学生已有的语感图式之间搭建桥梁，通过多元概说方式，实现同化，进而提升学生的语感)

【板块三】 品情达意。

(1) 聚焦主问题。

师：读完课文，你感受最深的是什么？课文的哪一个段落最能体现这一特点？(情感)

(2) 开展主活动。

①“自学”任务。

师：读读这段话，要让耳朵听到你的声音，这个段落中哪些语句(字、词)温暖了你的心？可以在旁边空白处写上你的感受。

②“导学”汇报：创设言语交流情境。

师：语言是有温度的，可以让你感动而温暖、激动而炙热、会心而清凉……看谁能发现文字背后的意思？

切入细读。

标点：句读总关情。

写景的语句：一切景语皆情语。

对话的语句：对话语要有角色意识，像孩子一样读，语气语调就有了变化；叙述语要读得自然、流利，语气语调不要起伏太大。

心里的语句：心里话要轻声细语。

眼中有字，脑中有画，心中有情，拿起课本一起读这一段。

(设计意图：人物的内心世界和可贵品质都隐含在字里行间、附着在关键词句之中。语文教学中要引领学生关注、发现那些“特别”的词句，让学生通过理解感悟、朗读体验等多种方式进入课文、进入人物的真实内心)

【板块四】 探究规律。

(1) 师:内容人人都看得见,可作者写法的精妙之处还是个秘密,谁能发现作者表达的不寻常之处?

(2) "导学"发现。

① 词语之妙。

② 句型之妙。

③ 文体之妙。

(3) "会学"迁移。

① 编辑部征稿:提出仿写内容及要求,学生练写。

② 编辑审稿:

师:如果你是小编辑,请在审稿后发表录用与不录用的理由。

(设计意图:阅读要与写作紧密结合,语言内容要与语言形式有机结合)

【板块五】 作业设计。

(1) 师:你认为课文学到这儿,还应该做哪些练习?

(2) 指导:鼓励学生根据自己的特点和课文实际创造性地设计进一步学习的内容,如:积累词句、扩展阅读、研究性学习等。

(3) 学生可以自己给自己布置作业,也可以小组共同商定作业。

【板书设计】

17 爱如茉莉		
内容层面	情感层面	语言密码层面
一个字	一个动作	
一个词	一个眼神	细节 一切景语皆情语
一句话	一种神态	

(设计意图:先语言后人文,力求简单明了,教路、学路、文路三者统一)

新沂市城关小学自成课堂教学模式(英语)

一、自学生疑,激发思维

通过课前导学自成单激发学生学习的兴趣,并引导学生去自学和完成相关任务,从而达到预习的目的。具体设计如下:

(1) 观看课文动画或教师录制的教学视频。

(2) 正确读出自成单上出示的新单词或新短语。

(3) 探究自成单上呈现的问题。

(4) 能正确朗读课文并制作本课思维导图。

二、互学深研,合作探究

这个环节中,老师完全退到幕后,鼓励学生积极讨论,自己提问、自己解答。相信学生会在这一环节带给我们无限的惊喜。具体设计如下:

(1) 小组讨论,进一步完善思维导图。

(2) 组内问答,检查组内同学对课文的掌握程度。

(3) 组间赛读,培养阅读策略。

三、激趣导学,入情入境

创设整体情境,导入相关话题,进行新课教学。此环节要充分体现学生的主体地位,给学生营造一个互相交流、合作学习的平台以培养学生的自学能力,发展学生的语言技能。具体设计如下:

(1) 巧妙导入,激活语言背景。

(2) 引入话题。

(3) 课件出示新单词和短语,学生互相交流学习。

(4) 分段阅读并回答问题,达到深层理解。教师通过设计由浅入深的问题,逐步引导学生理解故事的内容,适时对学生给予提示和点拨,深化学生认知,并帮助学生制作思维导图。

四、会学拓展，学力展示

阅读后，通过总结和真实运用情境，发展学生的语言技能。具体设计如下：

(1) 讨论总结，并适时拓展。

(2) 表演升华。

此环节要给学生充分的准备时间，要让学困生在组内成员的帮助下充分参与进来，让学困生敢于开口表达而不用担心出错，这将会激发学困生学习英语的积极性。

(3) 观看表演后进行情感的升华。

新沂市城关小学自成课堂教学基本框架(英语)

一、自学生疑,激发思维

Chinese festivals 自成单

Class______ Grade______ Name______Time________

Teaching contents	Unit 7 Chinese festivals The first period	Assessment
Learning tasks	1. 能正确读出和理解下列节日和相关的单词与短语: the Spring Festival; the Dragon Boat Festival; the Mid-Autumn Festival; the Double Ninth Festival; get together; dumpling; dragon boat race; some places; moon cake; rice cake; climb mountains; 1—12 月。 2. 围绕四个节日,每个节日搞清楚三个问题: a. When' s the...? b. What do people do at this festival? c. What do people eat at this festival? 3. 能正确熟练的朗读课文。 4. 制作本课思维导图。	

二、互学深研,合作探究

(一) 小组讨论

小组内讨论完善自己针对课文内容在课前制作的思维导图,并推选代表小组进行汇报。

这个环节是对课前自主学习的检查与反馈,让学生在交流中改进完善、取长补短。学困生能看到组内好的设计,学优生能在组内充分展示,让不同层次的学生都能有所收获。

(二) 组间问答

分组自读课文,尽可能多地了解课文信息,再合上课本,观看思维导图互相问答,检查组内同学对课文的掌握程度。

这个环节中,老师完全退到幕后,鼓励学生自己提问、自己解答。相信学生会在这一环节带给我们无限的惊喜。

(三) 组间赛读

分组朗读课文,每组学生可以选择自己的朗读方式。

(四) 组间席卡

新沂市城关小学自成课堂学习小组名片

Class ________ Grade ________ Group ________

一、组名及含义 二、组徽及含义 三、小组目标	四、组员分工 Group leader: ____________ Team members: ____________ ____________ ____________ 语文: ________ 数学: ________ 英语: ________ 科学: ________ 五、小组规则: ____________ ____________

(五) 小组文化

详见语文教学基本框架。

三、激趣导学,入情入境

(一) (阅读前)巧妙导入,激活语言背景

(1) Listen to the song "Twelve months".

(2) Play a game: Say the months quickly.

(3) 出示圣诞节图片并询问:"What festival is it?"

Christmas is a western festival. Today we will learn Chinese festivals. Read the title together.

(4) 教师把本课出现的新单词和短语用课件的形式呈现,学生互相交流学习,遇到不会的互相询问,或者由读得较好的学生领读。

the Spring Festival	the Dragon Boat Festival	the Mid-Autumn Festival
dumpling	rice dumpling	the Double Ninth Festival
moon cake	rice cake	get together
dragon boat race	some places	climb mountains

此教学环节要创设整体情境，导入相关话题并渗透句型教学。

（二）（阅读中）深层理解，培养阅读策略

1. Watch and find out the main topic（观看视频并画出四个节日）

T：What festivals are they?

the Spring Festival　the Dragon Boat Festival　the Mid-Autumn Festival　the Double Ninth Festival

2. Read and underline（分四部分细读并画出相关内容）

a. When's the...?

b. What do people do at this festival?

c. What do people eat at this festival?

学生画好后要用思维导图的形式呈现出来，教师要给予适当引导。思维导图要快速而准确地抓住课文信息点，要用简洁明了的图例给人留下深刻的印象，这是一个非常好用的学习方法。

四、会学拓展，学力展示

（一）讨论总结

What sentences can we use to talk about festivals? Talk in your group. 谈论朋友我们还能使用哪些句子？它们分别是哪些方面？小组讨论后再回答。

例如：The Spring Festival is in...（时间）

People usually...（经常做的事情）

People eat...（吃的食品）

引导学生说出更多的句子。

例如：The Spring Festival is the most popular festival in China.

They visit relatives and friends. The elders give the children red packets. They light fireworks. They have a lot of fun.

通过回答，让学生们进一步完善思维导图。这是本课第二次出现思维导图。学生在思维导图的指引下进行头脑风暴，先组内，再班内。这一环节是为了提高学生的参与度，尽量避免选择性提问。教师可使用提问整个小组的方式，被提到的小组成员开火车轮流说，组内其他成员可以帮助说不出来的同学，这样各个小组的所有组员都能紧张起来，充分挖掘头脑中的知识储备。教师在学生总结归纳时把他们提到的信息点板书在黑板上，帮助学生完成思维导图。

（二）表演升华

In June, the reporter will come to the school and ask some questions about the Chinese Festivals. Can you talk about them?

6月，记者将会到学校，采访你们一些关于中国节日的内容。你能说一说吗？

最后一个环节是表演环节。学生分组进行表演，一人采访，其余同学每人介绍一个节日。此环节要给学生充分的准备时间，要让学困生在组内成员的帮助下充分参与进来，让学困生敢于开口表达而不用担心出错，这将会激发学困生学习英语的积极性。

（三）观看表演后进行情感的升华

Life is limited, but our love is unlimited. 生命有限而爱无限。

Most Chinese festivals lay stress on family reunion. 绝大多数中国节日注重家庭团聚。

引导学生：Love our family love our Chinese festivals.

Chinese festivals 会学拓展

Class ________ Grade ________ Name ________ Time ________

Teaching contents	Unit 7 Chinese festivals The first period	Assessment (How many stars?)
Ticking time	1. I can read the new words and phrases; I can name the months of the year.	
	2. I can read the story time.	
	3. I can introduce my favourite festival in English. I can finish the mind map.	

新沂市城关小学自成课堂教学模式(科学)

一、创设情境,引入新课

新课进行前,简单布置学生收集与本课有关的信息,如生活中的一些现象等。课程进行前,学生用不同形式展示自己收集到的信息。教师和学生明确本节课需要研究的问题。具体设计如下:

(1) 学生收集材料,课前汇报自己收集到的关于本课的信息(包括图片、文字等)。

(2) 师生明确本课研究对象,教师板书课题。

(3) 学生依据自学情况,提出需要研究的科学问题。

二、自主思考,独立设计

发挥学生的主观能动性,调动班级中每位学生学习的积极性,让学生依据需要研究的问题自主思考,尝试设计自己认为可行的研究方法。

三、互学讨论,完善方案

教师充分了解学生的基础能力,根据性别、性格、品德、成绩四大平衡的原则分组。学生先进行组内交流,共同讨论,在组内形成一套共同方案;再进行组间交流,进一步完善各组方案。各组按照完善后的方案,开展科学探究活动,记录相关现象、数据等。具体设计如下:

(1) 学生在小组内交流自己的想法,组内其他同学认真倾听,并提出建议和意见(学会倾听,学会听取他人的合理建议,有助于个人学习)。

(2) 小组内形成一套研究共案。

(3) 小组派代表发言,汇报本小组的研究计划。

(4) 其他小组仔细倾听,提出疑惑或建议。

(5) 全班讨论,形成研究共案。

(6) 教师导学,引导学生关注重要事项(需要观察、记录的现象,操作中的危险之处等)。

(7) 小组内开展科学探究活动。

我们研究的问题	
我们的猜测	
我们需要做的材料	
我们的方法	1. 2. 3. ……

四、交流汇报,得出结论

(1) 小组内整理实验数据和记录到的现象。
(2) 依据本小组记录内容,得出科学结论。
(3) 小组派代表汇报本组结论。
(4) 全班形成结论。

五、回归生活,解释现象

教师应让学生在实践中体验和累积认知世界的本领,并且能够运用所学,尝试解释生活中的一些现象。学完教材,及时引导学生关注生活中的问题,有助于学生将所学内容运用于生活,达到学以致用的效果。具体设计如下:

(1) 教师出示学生课前收集到的日常生活中的图片、现象等。
(2) 学生观看图片,明确这些图片、现象背后的科学道理。
(3) 教师继续出示各种各样类似的图片,学生尝试利用课堂所学的知识进行解释。

新沂市城关小学自成课堂教学基本框架(科学)

一、自学而生疑

"斜面的作用"自成单

__六__年级(　)班　姓名________时间________

课文课时	斜面的作用	达成分析
自学任务	一、温故知新 1. 我知道的简单机械有________________________。 2. 这些简单机械的作用一般包括____________、____________等。 二、自学反馈 1. 自学中，我解决的问题是： 2. 自学中，我存在的疑惑是：	

二、互学而互补

1. 组间席卡

新沂市城关小学自成课堂学习小组名片

年级________班　　组号________

一、组名及含义 二、组徽及含义 三、小组目标	四、组员分工 总组长：____________ 学科组长： 语文：__________数学：__________ 英语：__________科学：__________ 五、小组公约 ________________________ ________________________

2. 小组文化

详见语文教学基本框架。

三、导学而有序

教师针对学生汇报以及小结情况,有序引导,将学生的话语上升为严谨的、规范的科学语言,以引导学生达成学习目标。

四、会学而明法

六 年级(　)班　姓名________时间______

课文课时	斜面的作用	达成分析
会学检测	一、我知道的本课科学概念 斜面:______________________________。 二、我在生活中见到过的斜面: 三、我的猜测是: 四、我的研究想法是: 五、我需要记录的是:	

五、具体课例展示

第一部分教学设计——“斜面的作用”

【板块一】 创设情境,引入新课。

1. 学生汇报自己课前收集到的关于本课的信息(包括图片、文字等)。

2. 师生明确本课研究对象,教师板书课题。

3. 学生依据自学情况,提出需要研究的科学问题。

(设计意图:让学生提出研究的问题,一方面能检测学生自学的情况,另一方面可以训练学生发现问题的能力)

【板块二】 自主思考,独立设计。

依据需要研究的问题,学生自主思考,设计一套研究方法。

【板块三】 互学讨论,完善方案。

1. 学生在小组内交流自己的想法。

2. 组内其他同学认真倾听,并提出建议和意见(学会倾听,学会听取他人的合理建议,有助于个人学习)。

3. 小组内形成一套研究共案。

4. 小组派代表发言,汇报本小组的研究计划。

5. 其他小组仔细倾听,提出疑惑或建议。

6. 全班讨论,形成研究共案。

7. 教师导学,引导学生关注重要事项(需要观察、记录的现象,操作中的危险之处等)。

8. 小组内开展科学探究活动。

我们研究的问题	斜面的作用
我们的猜测	
我们需要做的材料	
我们的方法	1. 2. 3. ……

(设计意图:为学生提供充分的探究式学习机会,让学生在做中学、在学中思,通过合作探究,逐步培养学生提出科学问题的能力、收集和处理信息的能力、获取新知识的能力以及分析问题和解决问题的能力)

【板块四】 交流汇报,得出结论。

1. 小组内整理实验数据和记录的现象。

2. 依据本小组记录内容,得出科学结论。

3. 小组派代表汇报本组结论。

4. 全班形成结论。

(设计意图:通过组织交流,培养学生语言表达的能力和倾听的能力)

第二部分教学设计——"不同坡度的斜面"

在完成第一部分学习活动、得出一定科学结论基础上,进行第二部分活动。

【板块一】 自学思考,对比生疑。

1. 教师引导学生关注各小组实验数据,向学生提问:通过数据,除了发现斜面能够省力,还有没有其他发现?

2. 学生纵向对比各组数据,发现新的问题:各组斜面省力情况不一样。

3. 自主思考:为什么斜面省力情况不一样呢?

4. 教师出示图片和实物,适时点拨学生斜面的不同之处。

(教师适时引导学生关注一些隐蔽的问题,并提供帮助,将有利于激发学生的求知欲望和探究的热情)

5. 师提问:如何研究这个问题呢?

(设计意图:创设愉快的教学氛围,保护学生的好奇心和求知欲,激发学生学习科学的兴趣,引导学生积极主动探究)

【板块二】 互学讨论,类比生法。

1. 信息串联,学生类比第一部分活动设计,尝试设计探究方法。

2. 同伴交流,互相完善。

(设计意图:学生是学习的主体,教师应引发学生的认知冲突,引导学生主动探究,启发学生积极思维)

【板块三】 导学有序,明晰变量。

1. 聚焦问题:探究不同坡度的斜面作用,需要改变的是什么?第一部分活动中,改变的是什么?

2. 找到实验中需要改变的条件,形成个案。

【板块四】 会学迁移,设计方案。

1. 学生在小组内交流自己的想法。

2. 组内其他同学认真倾听,并提出建议和意见(学会倾听,学会听取他人的合理建议,有助于个人学习)。

3. 小组内形成一套研究共案。

4. 小组派代表发言,汇报本小组的研究计划。

5. 其他小组仔细倾听,提出疑惑或建议。

6. 全班讨论,形成研究共案。

7. 教师导学,引导学生关注重要事项(需要观察、记录的现象,操作中的危险之处等)。

8. 小组内开展科学探究活动。

我们研究的问题	不同坡度的斜面作用
我们的猜测	
我们需要做的材料	
我们的方法	1. 2. 3. ……

【板块五】 得出结论,记录现象。

1. 小组内整理实验数据和记录的现象。

2. 依据本小组记录内容,得出科学结论。

3. 小组派代表汇报本组结论。

4. 全班形成结论。

第三部分教学设计——“生活中的斜面”

【板块一】 回归生活,解释现象。

1. 教师出示学生课前收集到的日常生活中的图片:螺丝钉、传送带、高架引桥、楼梯等。

2．学生观看图片，加深对斜面作用的认识。

3．教师继续出示各种各样的针、刀刃、斧刃。

4．学生解释它们被设计成这样的意图。

【板块二】 学以致用，改变生活。

1．教师出示一组高山图，请学生设计一条上山的路。

2．学生设计并解释设计原理。

教师应让学生在实践中体验和累积认知世界的本领，并且能够运用所学，尝试解释生活中的一些现象。学完教材，及时引导学生关注生活中的问题，有助于学生将所学内容运用于生活，达到学以致用的效果。

【板书设计】

7 **斜面的作用**

一、斜面有什么作用省力？

组号　　直接提(N)　　用斜面(N)

二、不同坡度的斜面

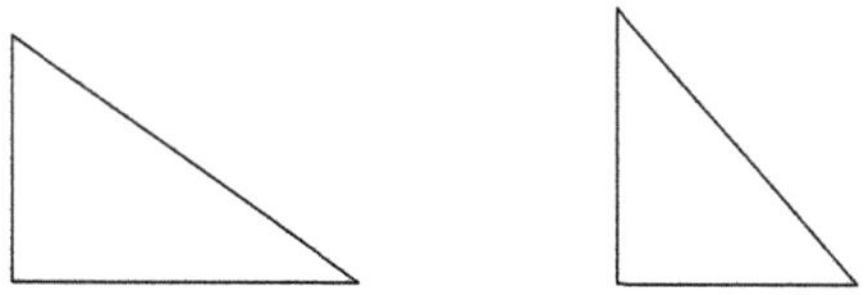

三、生活中的斜面

自成课堂自学案例

自成单在小学语文教学中的具体运用

一、遵循学生的认知规律，设计好自成单

我们常常不自觉地以教者的认识规律取代学生的认识规律，从而违背了主体教学原则。因此，自成单的设计，必须是在了解学生学业状况和心理特点的基础上，设计符合学情的问题、方法，以及确定课堂教学过程。要让学生掌握所学内容，必须了解学生身心发展规律、认知发展规律，以学生易懂易会的形式表现出来，这样才具有科学性、现实性，才能收到事半功倍的效果，也才能体现学生是课堂的主人的观念。教师对学生要因材施教，要让优等生看到挑战、中等生看到激励、学困生看到鼓励，要让不同层次的学生都能得到发展。教师要让学生在“最近发展区”内去自主探究，获取知识，设疑应考虑学生知识的层次性和个性的差异性，导学导练要有适当的梯度。因此，教师必须对学生的学习水平和知识状况有清楚的了解。语文课改，就是要让学生喜欢识字、喜欢写字、喜欢阅读、喜欢交际，要让学生有主动识字的愿望、对说话有浓厚的兴趣。要实现这些，前提是教师设计的学案应从教学内容和学情出发，在教法与学法的最优化方面动脑筋、下功夫，并进行精心设计。

二、课堂教学中重在“导”

自成单是引导学生开展自主合作和探究式学习的方案，因此重点在引导。教师不仅要引导学生开展好自学，更要引导学生开展好展示、交流和探讨。学生在课上可根据老师提供的自学提示，通过小组提出问题，利用线上学习平台互相帮助解决。这样，更有利于学生培养自主学习能力，提高学习兴趣，品尝思考乐趣，收获学习快乐。展示环节是生生、师生、组生、组组互动的过程，主角是学生，学生提出问题，学生讨论、阐述自己的观念和见解。展示的方法要有利于学生阐释自己的观点和见解，各小组自主决定展示方式，避免单调。教师可以在自成单上设计一些富有创意的展示板块，如：明辨是非、一题多解、丰富多彩、设计方案、大显身手、奇思妙想、相约经典、走进生活、动手尝试、才艺展示、演讲比赛、小品表演等。

三、设计好反馈环节

每堂课要有不少于 5 分钟的时间进行课堂检测。可以是学生自检、学生之间互检,或由老师检查。可以是学生自己回顾学习的内容、学生之间相互提问,也可以是老师分发检测题检查。在检测过程中,教师要及时了解学生的答题情况,以便及时调整活动方案或者确定重点讲解的内容,让学生学得更有效率。

四、结对帮扶,促进合作

学生进行小组学习时,一般是 6 人一个小组,有些同学性格比较外向、学习成绩较好、喜欢发言,有些同学不喜欢发言,久而久之,小组里发言的总是那几个,其他同学少发言或干脆不发言;在合作解决问题时,也总是组长和成绩好的同学参与得多,其他同学参与得少,这些都不利于全体同学的全面发展。同时,少数学困生因为长期被忽视,逐渐游离于小组之外,成了旁观者。为了帮助每一个同学都能有所进步、促进全体组员参与到小组合作学习中来,可将 6 人小组再分成 3 个 2 人小小组。这些小小组由一个成绩或表现相对较好的学生与一个成绩或表现相对较差的学生组成,既是最基本的合作学习单位,又是最小的单位。他们两人面对面交流,无论发言的同学还是听讲的同学都会全身心投入,可以有效提高解决问题的效率。这样,6 人小组内至少有 3 人在同时发言,增加了发言机会,锻炼了同学们的口头表达能力。教师可以将同一小小组的 2 名同学的学习成绩和其他方面的情况捆绑起来考核,并与本小组内其他小小组开展竞争,可进一步提高小小组学生的团结协作和全小组同学参与合作学习的主动性和积极性。

五、反思

自成单教学模式推行以来,大多数教师的课堂都是以学生学会学习为宗旨,以自成单为依托,以教师为主导,以学生为主体,实现学生的自学能力、合作能力、创新能力和整体素质共同提高的自成单教学模式。

(一) 收获

1. 利用自成单教学能用活教材

自成单的应用,使得教师不再是照本宣科地讲教材,而是根据教材提供的知识,从生活实际取材,按照由易到难或者其他逻辑顺序提出问题,不但让学生学会了解决问题,而且能了解到知识来源于生活、又反作用于生活。

2. 教师由传统的知识传授者转变为学生学习的组织者

以前的教学,都是教师讲、学生听的“满堂灌”的教学模式,学生掌握得好与坏只是通过提问几个同学来了解，不能全面掌握学生的情况，课堂上忽视了学生自主学习能力的培养，教师主宰课堂，学生被动接受，效果不好。新条件下，教师角色重新定位为：教师是学生学习的参与者、引导者和合作者。第一，自成单的使用使教师的教学观发生了根本性的转变。每位教师充分利用自成单的特点，重视学生良好学习习惯的培养，鼓励学生主动学习，课堂上小组内相互讨论，既提高了学生的学习兴趣，又融洽了同学之间的关系，教师更多的是授予学习方法，引导学生解决问题、归纳总结。第二，自成单的使用使教师成为学生学习的参与者。课堂上，不再是教师提问题、学生回答，而是学生根据自己的学习情况提出问题，教师和同学共同回答或共同讨论问题的解决方法。教师参与到学生的讨论中来，既让学生学到了知识，又拉近了学生与教师之间的距离。

3. 利用自成单教学提高了学生的积极性

课堂不再是老师的“一言堂”，学生真正参与到了学习中来。尤其对于学困生，他们从旁观者变成了学习的参与者，并且能代表小组发言。其实，每个学生都有展示的欲望，当这部分学生也参与到学习中来时，课堂气氛更活跃了，学生们都动起来了。

（二）思考

1. 自成单质量的保证

没有高质量的自成单，就会事倍功半，会导致师生没有信心。所以，在使用自成单教学的过程中，我们应该认真设计自成单，特别应该注重自成单前面几个问题的设计，这样才能提高教学的质量。

2. 全体老师的参与度

使用自成单的老师要真正能够走进备课老师的思想，才能体会设计的动机和目的，才能有效使用自成单。同时，集体备课非常重要，要集全体老师的智慧为一体，创造一张高质量的自成单，以提高教学质量。

3. 使用过程中的创新能力

自成单大部分都有一定的模式，在自成单的使用中，教师要有自己的创新意识，灵活运用自成单，把握好课堂。

4. 学生自主学习能力的培养极其重要

学生是整个教学的主体，只有学生自主学习的能力提高了，才能解决自成单所提出的问题，我们的课堂才能真正成为自成单教学课堂。

自成单教学模式不但培养了学生的想象力和发散思维等能力，还为学生创造了宽松和谐的学习环境，建立了民主、平等的师生关系，培养和锻炼了学生的创新精神和创新意识，符合素质教育的要求，突出了学生的主体作用。

总之，我们要高度认识自成单教学的意义，坚定课改的信心。自成单教学虽然有一些困惑，但是，实践证明，自成单的使用的确可以消除大多数学生的茫然，提高学生的学习兴趣，使学生掌握一定的学习方法。我们相信，日益成熟的自成单教学，一定会使学生的智力和能力得到提高和发展，会为他们今后的学习奠定坚实的基础。

语文教学中自成单的运用与思考

“自主、合作、探究”是新课程标准积极倡导的一种新型学习方式，而自主又是学生进行合作、探究学习的基础和前提。如何让学生有效地自主学习呢？通过一段时间的探究和实践，自成单成为教师引导学生主动学习、主动探索的教学载体和教师教学的辅助工具。

自成单是指根据教材、学情的内容制作的，以问题为主体的，让学生自主探索、求知的一张单子。这张单子一般包含教学目标、活动方案、检测反馈三大主体部分。自成单在内容上简明扼要，涵盖了教学内容的重难点，学生通过自成单的引导能够条理清晰地进行自主探究学习，逐步攻克难点知识，掌握重点知识；在形式上讲究美观大方，设计组合了一些趣味、简明的元素，让学生在使用时不至于乏味无趣。总体来说，自成单通过设计有启发性、趣味性和探究性的问题，引导学生自主学习，从而达到思维能力和动手能力的提升。自成单为何能成为提高语文学习效率的有效利器呢？

一、自成单是预习成效的保障

学习过程主要有三个环节，即预习、研习、复习。预习是语文学习全过程中的第一环节，是学习语文新知识的起点。俗话说，好的开始是成功的一半，其实好的预习也是教学成功的一半。语文教学中，课前如果学生能有效预习课文内容，把握文章大意，在课堂上学生就能够如鱼得水，发挥自如。在教师的引导下，学生一点即通，这样既提高了课堂教学效率，又节省了教学时间，达到事半功倍的效果。然而，通常情况下大部分孩子的预习是无效的，因为他们不知从何下手，他们漫无目的地预习虽然花费了时间，但达不到预期的效果，所以课堂效率低下；课堂效率低下，所以课后作业时间延长、知识盲点堆积，以致学习成绩不理想。自成单的设计为学生的预习提供了方法和内容的保障。自成单在设计时涵盖了当节课所要解决的字音、字形、字义以及课文内容的概括和重点句子的理解等内容。通过课前预习，学生对所要学习的内容提前进行学习、思考和研究，很多知识点在课前已经掌握，课堂上主要做的就是把预习中没有弄明白的地方或者不够明白的地方弄懂。更为重要的是，预习习惯的养成会促使学生进一步提高独立思考、分析、判断的能力，这正是学习所需要的。例如在教学《开天辟地》第一课时时，课前发放了该节课的自成单。

《开天辟地》自成单

本周习惯养成：读书做记号______。

四年级(____)班　　姓名______时间______

课文课时	《开天辟地》第一课时	达成分析
自成任务	一、我能借助拼音正确地读课文。 二、我能与大家分享这些词语的意思： 混沌　巍峨　开天辟地　精疲力竭　纵横交错 三、我有办法巧记这些生字： 辟　斧　丈　厚　柱　拢　竭　液　肤 四、我能根据"开天辟地""化生万物"两个小标题给课文分段。 五、拓展阅读： 左手持凿，右手握斧。 轻而清的东西冉冉上升，变成了天；重而浊的东西慢慢下沉，变成了地。 我能发现这些句子的特点：______。	

学生预习这节课时，把生字、不理解的词语，通过查字典、联系上下文或与同学进行讨论，弄清弄懂，对课文的段落也进行了概括，当学生对课文内容有所知有所解的时候，课堂自然而然就变成了他们的主阵地，他们成了课堂的主角，教师不会为学生不认真思考、不积极举手而苦恼，要知道每个孩子都希望得到老师的赞赏。有了自成单，学生的学习能力得到了培养，学生的主体地位得到了体现。因此，自成单是预习成效的保障。

二、自成单是预习成效的落实

叶圣陶先生认为，预习原本通行，但要收到实效，方法必须切实，考查必须认真。所以，课前只布置预习还不行，教师必须加强检查，否则学生预习的积极性就会降低。通过检查，才能了解学生的预习效果，对学生的预习加以表扬、鼓励，让学生享受预习所得的喜悦并相信自己的能力，学生才能长时间保持预习的热情。自成单在设计时不仅设计自成任务还设计了会学检测，这样的设计意图就是检验学生的课前预习效果。会学检测的设计也从字、词、句、篇几个方面着手，既检查了学生预习之后基础知识掌握得如何，也对学生的自学能力进行考查、对预习的成效进行有效的检测。

叶圣陶先生说，教师之为教，不在全盘授予，而在相机诱导。如何最有效地提高学生的自主学习能力是教师最值得探究的课题。自主学习是一种最强的学习能力，这种能力的培养需要一个过程，需要老师的指导。课前，教师指导学生进行预习活动是提高学生自学能力的主要途径。在新课标教学中，预习是在老

《开天辟地》会学检测

本周习惯养成：读书做记号______。

四年级(____)班　　姓名________时间________

课文课时	《开天辟地》第一课时	达成分析
会学检测	一、我会观察，我能写好本课左右结构的字： □□□□　□□□□ 二、我能正确选择下面的读音： 辟(pì bì)　碎(shuì suì) 皎(jiāo jiǎo)　浊(zhó zhuó) 三、我能正确、流利地读好课文的第____自然段。 四、我的阅读很丰富： 课外，你一定读过很多精彩的寓言故事和神话故事，能向大家推荐几篇吗？请你写出两篇寓言故事和两篇神话故事的名字。 寓言故事：________________ 神话故事：________________	

师的指导下，学生运用所学的知识和技能去获得新知识的活动。而自成单在方法和内容上都给予了学生引领，只要合理充分地利用，自成单在提高学生预习效率方面会发挥意想不到的作用。长此以往，学生的自学能力就会得到提高，成绩也会不断地提高，综合素质也会不断提升。

科学自成单的设计与应用

新一轮新课程改革，强调转变学生的学习方式，重视合作学习、自主学习。新课程教学提出“核心素养”一词，对影响学生终身发展的自主学习能力提出了更高的要求。科技不断发展进步，知识浩若烟海、日益更新，比掌握知识更重要的是掌握获取知识的方法与途径。

小学科学课程是一门探究性非常强的学科，学生的科学知识是在多样化的探究活动中获得的。在活动前，教师要求学生自主学习探究活动相关的基础知识或是上网查阅相关资料。在活动中，学生能够积极主动地参与活动实践，在活动中发现问题、解决问题。在活动后，学生能够认真地分析实验现象和实验数据，总结探究活动的成功与失败之处。如，教学五年级下册探究影响摆动快慢的因素一课时，教师先让学生自主回顾，摆分别有哪几部分组成，怎样区分摆长与绳长？然后，教师向学生提出摆长会影响摆动快慢吗？教师给予学生充分的时间进行自主思考：怎样设计实验？如何控制实验变量？如何处理数据？在完整的探究活动中，学生的自主探究能力逐步提升，合作交流能力也会大幅度地提升。

有效的自主学习探究活动，需要教师的指导与有效材料的引领。基于此，科学自成单的设计应运而生。

在自成单的最前面，应向学生呈现明确的学习目的、学习重难点，让学生带着目的去进行科学活动探索。

活动任务设置梯度，应由简到难、由现象到本质，符合学生认知规律。同时，面对不同的学生群体，能够设置不同的活动内容，尊重学生的个体差异，根据学生特长分配不同的任务，如，给心思缜密的学生分配长期观察记录任务，给思维活跃、接受信息能力比较强的学生分配活动信息的收集与分类任务。

科学活动内容呈现多样性，并紧贴生活实际，与科技发展进步紧密相连。从学生已有的经验出发，激发学生科学探究的热情。

科学活动内容的多样性，对探究方法多样性提出了必然的要求，鼓励一题多解、一思多问。对于每种探究活动，都鼓励学生实施多样化的探究方案，并鼓励学生完成探究活动，促进学生思维、技能多方面的发展，尤其是创新能力的发展。

科学活动的顺利开展得益于好的自成单设计。自成单在使用的过程中发挥了一定的作用，如大幅度提高了学生科学探究活动的积极性；较清晰的任务分工，让学生的科学活动更加积极有效。

当然也出现了一些问题，有些学生过于依赖自成单，学习活动缺乏自主精神。有效的自主学习活动，需要创建开放民主的探究环境。第一，教师要转变传统的灌输式的教学思想，给予学生充分的自主活动时间与空间。第二，创立民主开放的学习环境，鼓励学生自主探究，允许不同思想的碰撞。第三，创建合作学习小组，制定组内激励政策，有效促进组间竞争，在合作与竞争的过程中，能够激发学生各项潜能，尤其是创新意识、创新能力。

英语学科自成单的研制应用

英语自成课堂教学模式，是我们基于小学英语学讲课堂研究形成的新的小学英语教学模式。此教学模式基于学讲而又有别于学讲，以“自学、互学、导学、会学”为主线和主要教学行为，从而实现学生自主成长。小学英语自成课堂注重学生自主学习能力的培养，在课堂教学中充分利用自成单激发学生去自主学习，充分回归学生的主体地位，改善课堂教学生态，从而实现高效的课堂教学。所以，作为助力课堂的自成单就显得尤为重要。一份高质量的自成单，不仅能激发学生学习的兴趣，还能教会学生如何探究、如何合作、如何灵活地运用所学知识。因此，教师在课前必须要用心完成自成单的设计。

首先让我们来认识一下自成单。自成单是用来引导和辅助学生学习和运用知识的表格，根据它在学习中使用的环节和用途，可以分为三大类，即课前导学自成单、课中会学拓展自成单和课后课堂检测自成单。不管是课前、课中还是课后自成单，都要难易适中，符合学生认知规律，让学生通过自主学习能够完成教师提出的学习任务。

自成单要体现明确的指向性、清晰的层次性、内容的开放性和方法的多样性。指向性是使人的心理活动有选择地反映一定的事物。一份高质量的自成单要简洁明了，要能诱发学生思维的兴趣，要让学生一目了然地明白自己要完成的任务，切不可“面面俱到”或“泛泛而谈”。也就是说教师在设计学习任务时，一方面内容不宜过多、过于烦琐，这样学生会感觉无从下手，不仅思维受到压抑，而且收获不多。另一方面又要杜绝内容过于简单、毫无思考价值，如简单的判断题，或与教学内容关系不大的游戏等。

Road safety 自成单

Class______ Grade______ Name______Time________

At the zebra crossing
First look at the__________________.
Then wait for the__________________.
No zebra crossing
Wait on the______________and look out for __________________.
Look_________first, then_________and then_________again.
Cross the road with________________________.

自成单在表述上一定要清晰、简洁、凝练，所有的要求一目了然。要让学生拿到自成单之后，迅速明白该如何去做，不用再花时间去研究自成单的意思。另外，在学习任务的设置上要由易到难，环环相扣，让学生感觉很有条理。最常见的自成单形式就是条目式，用阿拉伯数字按顺序标出要求学生完成的各项任务。

Chinese festivals 自成单

Class______ Grade______ Name______Time________

Teaching contents	Unit 7 Chinese festivals The first period	Assessment
Learning tasks	1. 能正确读出和理解下列节日和相关的单词与短语： the Spring Festival; the Dragon Boat Festival; the Mid-Autumn Festival; the Double Ninth Festival; get together; dumpling; dragon boat race; some places; moon cake; rice cake; climb mountains; 1—12 月。 2. 围绕四个节日，每个节日搞清楚三个问题： a. When's the...? b. What do people do at this festival? c. What do people eat at this festival? 3. 能正确熟练的朗读课文。 4. 制作本课思维导图。	

这份自成单很清晰地呈现了要求学生完成的学习任务，且在任务的设置上体现了由易到难，尤其在第二个任务的设置上做到了清晰、简洁、明了。如果针对课本上的四个节日 the Spring Festival、the Dragon Boat Festival、the Mid-Autumn Festival、the Double Ninth Festival 逐一提出这三个问题，就会让学生感觉有些繁杂。自成单不是知识点的简单叠加，不能将教学内容一一呈现，否则，就会显得琐碎、杂乱，会让学生感觉又乱又烦，长此以往，学生就会渐渐丧失学习的兴趣。另外，采用逐一提问逐一回答的形式，学生就会套用课本上的句型，限制了思维。上图中学习任务的设置，可以让学生根据自己的学习情况和对课文的了解，用自己的方式来陈述，有利于学生创新性思维的培养。

课本上的教学内容是我们设计自成单的依据，自成单中学习任务的设置又不能为课本所束缚。在课堂教学中我们提倡开放性的课堂，强调教学内容的开放、教学方法的开放、师生关系的开放。因此，作为助力课堂教学的自成单也要体现它的开放性。作为教师，我们要充分挖掘知识的产生背景，充分利用一切可以利用的素材，创设开放性的问题，创设开放性的教学环境，密切知识与生活实际的联系，以此来激活学生的思维，培养学生思维的灵活性，调动学生学习的积极性，培养学生的创造性。

Seasons 自成单

Class______ Grade______ Name______Time________

Teaching contents	Seasons The first period	Assessment
Learning tasks	1. 联系生活实际，根据提示出口成章。 There are_____ seasons in a year. They are _____ _____ _____ _____. I like ____ best, because... 2. 我是小小表演家，小组练习后推选两名学生表演。 A:What' s your favourite season? B:Spring. A:Why? B:Because...	

上面的自成单，虽然有一定的限定性，但给学生留下了自由发挥的空间。学生可以根据自己的喜好，谈论自己喜欢的季节。

教无定法，作为助力课堂教学的自成单的设计也要体现方法的多样性。教师可以根据教学内容、学生的兴趣爱好和学生的知识储备情况等灵活地设计适合学生思维的自成单。不同的教学内容、不同的课型、不同的课堂使用环节对自成单的设计都会有影响。我们在设计自成单时要体现它的以下功能：① 要体现教学内容的核心；② 要激发学生的兴趣和培养学生的能力；③ 要尽量满足不同层次学生的要求；④ 要便于学生交流与评价；⑤ 要给学生的创造性学习留有空间。

针对新授课我们要增加自学探究的成分，针对复习课我们要增加讨论整理的成分。不同的课堂环节，使用的自成单的样式也不相同。课前导学自成单可以让学生观看微课或教材配套视频自主完成教师设计的导学作业，也可以让学生在课前利用工具书，或上网查找相关内容，或询问家长、老师和同学。课中的会学拓展自成单，以小组合作的形式为主，但也要有所不同。

以六年级下册“Unit 3 A healthy diet”为例，我们可以设计以下形式的自成单。

方案一：

> **Let' s do a survey.**
> Model:
> A: What do you have for breakfast?
> B: I have some noodles, an egg and a little milk.
> A: What about lunch and dinner?
> B: I eat some rice, some fish and a few sweets for lunch. I eat a little rice, a lot of meat and some vegetables for dinner.
> （注意：① 同桌对话，并记录对方的饮食，可以用首字母表示；② 调查完之后要用第三人称汇报一下同桌的饮食。）
> Name: Miss Lu
> Breakfast: some n..., an e..., a little m...
> Lunch: some r..., some f..., a few s...
> Dinner: a little r..., a lot of m..., some v...

方案二：

> **Let' s design.（设计一份健康的饮食）**
> 1. 六人小组合作完成一张食物金字塔，边说边贴。(We should eat /drink...)
> 2. 小组合作，介绍你们组的食物金字塔，每人说一句。
> 3. 展示完后可以一起说：We have a healthy diet.

方案三：

> **Write healthy tips.**
> 1. 小组讨论健康小贴士。
> 2. 每人写 1—2 条，贴到纸上。
> 3. 完成后要读一读哦！
> We can...
> We should...
> We shouldn' t...
> Eat...every day.
> Drink...every day.

还有方案四、方案五……每位教师都能设计出很多种不同的方案，但哪一种最适用于自己的课堂、自己的学生，是每位教师要挖空心思去思考的问题。

课后的课堂检测自成单重在检查学生对知识的掌握情况，笔者通常采用打星和选择的形式，下面分别举例。

方案一：

Teaching contents	Unit 7 Chinese festivals The first period (How many stars?)	Assessment
Ticking time	1. I can read the new words and phrases: I can name the months of the year. 2. I can read the story time. 3. I can introduce my favourite festival in English. I can finish the mind map.	

方案二：选择式(以六年级下册“Unit 8 Dreams”自成单为例)。

1. 收集职业类单词。(　　)。

A. 能说出已经学过的职业类单词。

B. 不但能说出已学过的职业类单词，还能说出书本外的职业类单词。

2. New words 新单词：astronaut，pianist，dancer，football player。(　　)。

A. 我只会读其中的一些单词。

B. 我会读所有的单词。

C. 我不但会读和拼写所有的单词，我还会用英语解释这些单词呢？

3. New phrases 新短语：in the future，care about，in the World Cup，fly a spaceship to the moon。(　　)。

A. 有的短语会读，有的不会读。

B. 我会读所有的短语，而且能理解这些短语。

C. 我不但会读和理解这些短语，而且还会用这些短语放在句中和其他同学进行交流。

4. New sentences 新句型：What do you want to be in the future? I want to be... (　　)。

A. 听到句子后，我知道是什么意思。

B. 我不仅听得懂，我还会进行回答。

C. 我不但听得懂、会回答，而且还会在情境中运用这个句型。

5. 对于 Story time 这篇课文，你达到什么水平了呢？(　　)。

A. 我可以理解课文，但还有个别单词句子不确定读音，因此读得不太流利。

B. 我不但可以理解课文意思，还能有感情地流利地朗读课文。

C. 我很厉害哦，在对课文理解的基础上，会进行课文复述。

由以上内容可见，要形成一份高质量的自成单，教师必须要有很好的学科素养，要深入研究课标、研究教材；教师还要有较强的知识整合能力，要能把教材中的知识结构转化成利于学生研究的一个个学习任务，为学生的深入学习提供系统的引导；教师还要充分了解学生，了解学生的能力水平，了解学生在哪儿会遇到困难，了解学生的兴趣爱好，知道哪个问题学生会感兴趣、哪个问题学生会觉得没有意思。所以，一份高质量的自成单的背后，凝聚着一位优秀教师的智慧和汗水。

【反思】

自主学习即学生依靠自己的努力，自觉、主动、积极地获取知识，它强调教学过程中“以学生为中心”的教学模式，而教师的任务则侧重于启迪、引导。具有自主学习能力的学生在学习过程中表现出强烈的探索和进取精神，善于运用科学的学习方法合理安排自己的学习活动。那么，教师如何在学生自主学习的过程中适时地引导和帮助呢？笔者认为可以尝试以下方法。

1. 培养学习兴趣，激发学生的自主学习意识

学习动机分为内在动机和外在动机，内在动机是指人们对学习本身的兴趣所引起的动机，外在动机则指人们由外部诱因所引起的动机。教师需灵活运用各种途径，如课件、趣味故事、英文歌曲、英文电影等增加学生的学习兴趣。

2. 在课堂中激励、强化学生的主体意识

强化学生的主体意识是指让学生意识到自己是课堂的主体，使他们充分扮演好自己的主人翁角色，积极主动地参与到课堂的各个教学环节中去。在教学中为学生创设各种机会参与课堂是一种非常好的增强学生信心和学习热情与主动性的方式。教师应该积极调动学生的课堂参与积极性，增加他们的自信，让他们相信自己在没有教师督导时可以自己摸索学会很多知识，为增强学生的自主学习能力打下心理基础。

3. 创设自主学习的环境，形成自主学习、探究的氛围

教师应建立民主平等的师生关系，营造学生自主学习的氛围。教师在课堂上不但要有亲和力、感染力，而且要参与到学生中去，与学生一起表演，成为学生们的玩伴，才能使学生解除思想包袱、尽情地表现自己、发挥聪明才智和想象力。如：在课堂上，笔者不但注重教师的范读，而且经常与学生一起表演课文中的角色，在师生同台表演后，再征求其他学生的意见，一起探讨最佳的表现手法和技巧，学生们纷纷发表各自的意见，这句该怎样读，那句又该如何表达，整个课堂就成为自主、热闹的学堂。

4. 改进教法，指导学法，灵活使用激励手段

德国教育家第斯多惠说过，教育教学的艺术不在于传授本领，而在于激励、唤醒和鼓舞。在英语教学活动中，合理运用激励手段，可以有效地激发学生学习英语的兴趣，促进学生自主学习。教师可以在教学中使用语言激励：对表现出色的学生，可用“great”“excellent”“wonderful”等语言激励；一般的学生可用“You are good”进行激励；对于表现不太好的学生，可用“Don’t worry. I’m sure you can do much better next time”等语言来激励他们。积极恰当的评价，既满足了学生对成功的渴望，又强化了积极的学习情感。

5. 提倡自主合作学习方式

在平时的教学过程中，教师应组织学生开展小组性的活动，如课文背诵竞赛、英语小品评比等。通过一系列的小组活动，激发学生学习英语的积极性和主动性，形成良好的英语学习氛围。各项活动的开展都离不开老师的精心设计，教师要让每一个学生都能参与，并且通过这些活动能真正学有所获。例如在进行相关话题讨论时，可以采用小组合作学习的方式，根据教材内容设立任务，帮助学生寻找机会练习大胆开口说英语，让学生在不断的练习中体验成功的喜悦，从而激发学生的学习热情，帮助学生树立信心，进而使学生形成学习的内在动力。

自成课堂互学案例

《钱学森》教学片段

师：俗话说言为心声，抓住人物的语言来品味，就找到了通向钱学森心灵的最佳道路，请找出来。

（出示自主学习要求：默读课文，画出课文中钱学森说的话，用心读读看，这些话表达了钱学森怎样的思想感情？写一写你的感受）

师：找到钱学森说的话了吗？谁来读他第一次说的话？

（出示语句：我是中国人。我现在所做的一切，都是在做准备，为的是回到祖国后能为人民多做点事）

（1）小组之间谈体会，最后全班交流。

师：第一段话是钱学森在什么情况下说的？谁来读相关句子。

（引导：从钱学森是西奥多·冯·卡门教授最得意的学生和最得力的助手，你可以看出什么）

A组一号同学：西奥多·冯·卡门(1881—1963年)，匈牙利犹太人，1936年入美国籍，是20世纪伟大的航天工程学家，开创了数学和基础科学在航空航天及其他技术领域的应用，被誉为“航空航天时代的科学奇才”。他所在的加利福尼亚理工学院实验室后来成为美国国家航空和航天喷气实验室，我国著名科学家钱伟长、钱学森、郭永怀都是他的亲传弟子。

师：冯·卡门是超音速时代之父、美国空军科技奠基人，我们有必要来了解一下。

B组一号同学：我们小组来提问，在西奥多·冯·卡门身边，意味着什么？

A组二号同学：钱学森将得到无可限量的前途，这就是书中所说的“他是冯·卡门的最得意、最得力的助手”。

C组一号同学：我们组来说说钱学森在美国的优厚待遇作为补充。

1939年至1943年任美国加州理工学院航空系研究员。

1943年至1945年任美国加州理工学院航空系助理教授(其间：1940年至1945年为四川成都航空研究所通信研究员)。

1945年至1946年任美国加州理工学院航空系副教授。

1946年至1949年任美国麻省理工学院航空系副教授、空气动力学教授。

1949年至1955年任美国加州理工学院喷气推进中心主任、教授。

更重要的是，他跟其导师西奥多·冯·卡门参与了当时美国绝密的“曼哈顿工程”——导弹核武器的研制开发工作，在美国是一个屈指可数的稀世之才。

师：并且他享受着高薪，这在当时的新中国来说简直不可能，这说明了什么？

E组四号同学：钱学森视金钱为粪土，他心中有个强烈的信念——我是中国人，我要回到中国，为中国贡献自己的力量！

C组三号同学：文中说“我现在所做的一切”，钱学森做了什么？两个“最”意味着什么？

B组二号同学：当时，钱学森和老师一起研究罗斯福总统钦定的火箭发射、原子弹和氢弹。他曾暗下决心：我虽与祖国远隔重洋，不能上战场与日军搏斗，但可以利用在美国的科学研究和实验条件，去抢占世界科技高峰，借以提高军事力量，打击帝国主义德、日、意。

D组一号同学：如果钱学森选择留在美国，将意味着什么？想一想会是什么样的生活？有哪些优越的工作条件？（汽车、洋房、钱财、一流的实验室、先进的实验器材、与同行一起研究的氛围……）可是他说——（读句子）现在，他一心想要回国，意味着他要放弃——29岁就被聘为麻省理工学院的终身教授。放弃——放弃——

E组三号同学：钱学森的赤子之心不因金钱、不因富贵而动摇，这就叫——富贵不能淫！也让我情不自禁想起了周恩来少年读书时的一句名言——为中华之崛起而读书。

师：“我是中国人”是一句宣言，更是一句誓言。朗读这句话，让人感受到钱学森的心声！读出这份坚定！

反思小结：通过这个环节的学习，学生能认真倾听小组间成员的发言，做出快速反应，对学生说出的内容进行质疑深化，将人物内心的情感剖析得淋漓尽致。小组之间相互提问，通过资料的查阅补充，读出文字后面隐藏的一颗拳拳报国之心和发自肺腑的爱国情感。

(2) 在对方没讲全面时补充。

小组学习中，学生在认真倾听对方发言后，教师应鼓励孩子们学会在别的组讲得不全面时候加以补充。句式如“我们小组就某一问题来做补充”“我们小组认为还可以这样理解”。

(3) 在对方观点有漏洞时质疑。

小组合作学习能够培养学生的合作交际能力。在小组合作学习的过程中，共同的学习目标将小组成员的个人利益与小组的集体利益紧紧地联系起来。为了达到共同的学习目标，小组成员分工协作，互相学习、互相帮助，使小组的学习活动建立在和谐的氛围中，即使在合作学习过程中发生冲突，也能跳出自我，用他人的眼光看待问题，听取别人的意见。因此，学生在小组合作学习中可以学会互相尊重和理解，学会沟通，学会互相分享，小组成员之间的关系体现了现代社会需要的团队合作精神。教师应引导孩子们针对小组间的发言，提出质疑，进行漏洞补充。如“我们小组想对这个问题提出质疑”“我们小组发现A组同学的发言有疑点”等。

师：钱学森回国容易吗？你从哪儿知道的，请用文中语句告诉大家。

（出示：“钱学森无论到哪里，都抵得上五个师，绝不能让他离开美国！”）

师：从美国将领的这句话中，你读出了什么？

D组五号同学：我们组通过查阅资料了解到，一个师的人数可达上万人，钱学森一个人就可以抵得上几万人啊！你们说，钱学森是一个什么样的人？（力量无比的人！伟大的人！了不起的人！不可多得的人！打着灯笼难找的人！）

师：怪不得海军的高级将领说……

（学生齐读句子）

E组五号同学：从这个“绝”字体会到钱学森在美国受到的挫折很大。虽然这五年钱学森饱受迫害，然而他一刻也没有忘记祖国，他回国的决心——一刻也没有动摇。这就叫——威武不能屈。

师：因此，五年后的一天他终于踏上了回国的归程。

（导读第六自然段）

师：他深情地眺望着水天一色的远方，（教师出示第一自然段句子，学生齐读句子）“他多么希望脚下的甲板是火箭的舱壁”，可见钱学森归心似箭，恨不得插上翅膀一下子飞到祖国的怀抱。齐读这句话。同学们，你们发现在时间上，这一自然段放在哪儿合适？

B组三号同学：我们小组发现，从时间上看，这一自然段应该放在最后，为什么会放在文章的开头呢？我们有疑问。

A组五号同学：我们组经过讨论觉得这一节应该放在课文的第六自然段后面。这样写是倒叙的手法，这样写更能吸引读者的注意，引人入胜。

通过思维的碰撞，同学们明白质疑是解决问题的前提，感受到沟通的重要，在合作中分享，提高了课堂效率。

（4）在对方模棱两可时辩论。

小组合作学习能够激发学生探索的欲望。作为小学生，只有依靠群体力量才能开展探索式学习。在小组合作学习过程中，学生难免会产生分歧，或意见不统一，或发现新的问题，此时，学生就会产生强烈的探索欲望，每位成员都想成为解疑答难的能手，学生始终保持着一种积极的、主动的学习状态，学习活动贴近实际生活,学生会产生强烈的学习兴趣,学生积极参与学习活动的欲望被充分激发。如果教师平时注重对学生创新、探索能力的培养和训练,学生的收获一定会很多,小组合作的效率会很高。

学习《钱学森》说的第二句话

钱学森诚恳地说:“我们日夜盼望着的,就是祖国能够从黑暗走向光明,现在这一天终于来到了。祖国现在是很穷,但需要我们大家——祖国的儿女们共同创造。我们是应当回去的。”

钱学森一心想回国,可当时的中国十分贫穷落后,所以有些留学生这样劝他——“祖国刚解放,要钱没钱,要设备没设备,现在回去搞科学研究,只怕有困难”。

自由阅读。

师:你觉得哪些词有分量,让你感受到钱学森的爱国深情?

小组之间交流后,再进行汇报。

A组二号同学:“日夜盼望”说明他日思夜想,“终于”表达了愿望实现的艰难,“应当”是理所应当、天经地义的意思,这几个词让我们看到了钱学森把回国看成是一种职责。这就是他,一个华夏儿女的真情流露。这也让我们不由地想到了少年周恩来的“为中华之崛起而读书”的抱负和担当。看来,大凡有远大理想和爱国情结的中国人都是对祖国热情澎湃的。

二、小组之间进行辩论

师:中国经历了多年战火,无论生活条件,还是搞科研的环境、设备,与美国都有着天壤之别。有留学生想劝阻钱学森不要回国,而钱学森依然诚恳地说……你赞同谁的观点?

F组四号同学:我们小组赞同钱学森的观点。是的,祖国是很穷,正因为这样才更加需要我们这些学有所成的学子们回去建设它、发展它。不仅要自己去建设,更重要的是需要靠大家——我们中华儿女共同去创造。天下兴亡,匹夫有责。

G组四号同学:是的,我们组的观点也是赞同钱学森。他的这份爱国情并没有因祖国贫穷而动摇,这就是——贫贱不能移。

A组四号同学:正是这份拳拳爱国心使钱学森踏上了回国的征途。结合课文的第三自然段我们不难看出,牵动钱学森回国的还有浓浓的骨肉情。大家请看资料:年年中秋,今又中秋。自 1935 年出国留学,到 1949 年,钱学森已有 14 年没有回国了。我这里收集了一封钱学森写给父母的家书。钱学森思念亲人,中国的父母也思念着远在异国他乡的钱学森。有一次,钱学森的母亲生了重病,写下了一首诗:窗外细雨飞,老妇命垂危。夫君煎药苦,盼子子不归。这真是字字血,声声泪啊!牵动钱学森回国的还有浓浓骨肉情。正是这拳拳爱国心,浓浓骨肉情,才促使钱学森毅然决然地回国。

师:难道说明其他留学生不爱自己的祖国吗?

D组五号同学:他们也爱祖国,只是他们没有钱学森爱得深刻而彻底,相信在钱学森的带动下,会有更多的学子投入到回国的建设中来的。

C组六号同学:正因为这"赤子情怀",可以放弃富贵荣华;正因为这"赤子之心",可以战胜重重阻挠,钱学森回来了,华罗庚回来了,李四光回来了,还有邓稼先、吴文俊、郭永怀等也回来了。他们魂牵梦绕的是自己的祖国,他们用自己的一言一行诠释了孟子的千古名言——"富贵不能淫、贫贱不能移、威武不能屈"!

师指导朗读:假如你是钱学森,说这番话时应是怎样的心情?(激动、诚恳、坚决、果断)那你就带着你的激动,带着你的诚恳,带着你的坚决和果断再来分角色读一读!

对于这段文字的解读,学生完全根据自己的理解和课前资料的查阅,在认真倾听、积极辩论中认识到钱学森的执着、感受到他强烈的爱国之心。

三、在对方观点错误时反驳

小组合作学习能够有效地缩小学生间的信息差。教师在课堂教学中受时间、空间等因素的影响,不可能注意每一位学生的学习情况。在合作学习过程中,大家互相交流、互相学习、互相纠正,在每个小组中,可能是"一教几"或是"几教一",不仅每个组员要充分发挥自己的能力,而且各组员之间还必须建立良好的合作关系,即使是学习有困难的学生,通过合作学习,往往也有进步,实现了学习信息的互补,有效地促进了全体学生的共同发展。

《牧童和狼》教学片段

小组之间讨论：牧童是一个说谎的孩子，我们如何面对说谎的孩子？

F组二号同学：我们组认为他是个说谎的孩子，所以要严厉惩罚，让他得到应有的惩罚。文中的孩子最终被狼吃了，活该。

E组三号同学：我们要纠正他的观点，面对说谎，我们要弄清说谎的原因，不应该一味地责备、严惩。过分严厉的惩罚会适得其反，可能会给孩子一生的成长留下阴影，甚至会造成亲子关系的紧张。孩子说谎的原因有很多种，有的是因为自己做了错事又害怕受到惩罚，有的是因为想通过说谎来让家长满足自己的某种愿望，有的是因为错误模仿大人的行为而说谎，有的是因为不愿意做自己不喜欢做的事情而说谎，有的是因为要故意刺激报复家长而说谎，等等。

A组三号同学：父母要根据不同情况的说谎采取不同的教育措施。打骂孩子不能够从根本上解决问题，还可能让孩子学会了暴力、形成自卑的性格，给孩子的内心造成极大的伤害。如果只是放纵或者讲大道理，不仅没有任何用处，反而会助长他的不良习惯。

在同学们的互相帮助下，大家的意见达成一致，既知道了做人不可以说谎，也明白了面对说谎该怎么处理，形成了正确的是非观念。

笔者曾经以为合作很简单，但其他教师告诉我，交往与合作要从倾听开始，特别是对低年级学生来说，合作不是简单的能力，而是复杂的高阶能力。高在哪里呢？

我们在充分借鉴、学习继而反复实践后，总结出“倾听的六步骤”：第一步，像向日葵一样把身体转向讲话的人；第二步，眼睛看着讲话的人；第三步，微笑聆听——用微笑的方式，传达给讲话的同学这样的信息“我想听你说”“我在听你说”；第四步，听懂的话，用“点头”来回应；第五步，有问题的话，在别人说完的时候提出来，跟他说“刚刚讲的我没听懂，你可不可以换一种方式再说给我听听？也许我能多懂一些”；第六步，别人的话要听到最后。

我们还将“倾听”的细节指导张贴在教室后面，随时提醒师生要这样做。比如，小组交流时笔者这样听：注视对方的眼睛，用眼神回应“我在听你说”；以微笑或点头，表示感兴趣或赞同；边听边想，思考他（她）的想法哪里和笔者一样，哪里不一样，哪些是笔者没想到的；不打断别人说话，有不同的意见，耐心听完再提出，让说话的人感到安心。

表达能力同样重要，可以这样表达个人的观点："我认为……""我的观点是……"质疑他人的观点时可以这样表达："我不同意……的观点。""我认为……观点中的……是不合理(不对)的。""在……的观点中，我同意他说的……，但是不同意他说的……""真的是这样吗？你能否把你的观点再说一遍？"讨论困惑的问题时，一般是小组讨论后提出集体困惑的问题，可以这样表达："你刚才说的观点是什么意思？能否再解释一下？""对于……的观点，我不太明白。"梳理小组的意见时，可以这样表达："我们小组一共有×种观点，分别是……，下面分别由××和××阐述自己的观点……"

汇报时，学生可以用口头、作业纸、图示来表达小组的观点。

在培养学生汇报能力的过程中，教师有许多技巧可以使用。比如设置桌牌。为了让更多学生有发言的机会，桌牌设计为两种颜色，学生如果发过言，就将自己的桌牌调转过来，让教师清楚地看到谁还没有发言。除了桌牌之外，每个学生还有名牌，可以将自己的名牌贴到自己的观点旁边或自己赞成的观点旁边，可以让学生感受到自己的存在感，学生就愿意表达和交流，这是互相交流、互相借鉴、共同提高的过程。我们描述这种交流叫作"身体柔软，心灵放松"，是自然的交流，不是僵硬、死板的。真正的小组合作学习要做到让学生敢于说"我不会"，这说明环境安全，学生没有自卑感。学习中"听"和"说"一样重要，包括我们的空间布局、环境设置、距离安排，不仅要有利于生生交流，也要有利于师生交流。

自成课堂导学案例

引领学生发展高阶思维

师：同学们，书中说“槐乡的小姑娘变得更俊俏了，她们的衣襟上别着槐花，发辫上带着槐花，她们飘到哪里，哪里就会有一阵清香”。这里的“飘”字是不是用错了？为什么？

（学生小组讨论）

生：“飘”字用得很传神，能够体现出小姑娘那种轻盈的身姿和槐花香气四溢的感觉。

案例分析

自成课堂的导学，体现的是语文新课标中“教师是学习活动的组织者和引导者”这一理念，教师应引导学生掌握语文学习的方法，为学生创设有利于自主、合作、探究学习的环境。导学的时机应该根据学生学习情况而定。上述案例中，教师抛出一个问题，引导学生去关注关键词语的表达效果，同时又让学生以小组讨论的形式来进行，这样不同层次的学生都能够参与到讨论中，发表自己的见解，进而促进讨论向更高层次延伸。所以，当学生体会关键词句有困难时，就要牢牢把握住小组合作的时机，让学生在讨论中得到更全面、更高层次的认识。导学体现的是教师的引导作用，导在关键处，以导促学，有利于学生语文素养的提升。

语文课上，自成课堂的导学重在引领学生深度思维、创新精神与实践能力的培养，教师的指导要点在于以下两个方面。

（1）提高学生发散性思维水平。

自成课堂的导学不同于一般的导学，其重要的一点就是要通过教师的引导，引领学生对所学内容进行深入思考，把教学的层次进行提升，让学生的思维在原有水平上有所提升。

三年级下册的课文《伊索寓言》由三篇小故事组成，分别是《狐狸和葡萄》《牧童和狼》《蝉和狐狸》，学生一读就能明白故事的内容和所阐述的道理，教学时笔者是这样设计和导学的。

师：这三篇故事围绕“骗”有何相同和不同？

生：第一个故事是狐狸吃不到葡萄就说葡萄是酸的。

师：他是在骗谁？

生：骗自己。第二个故事骗的是村民们。

师：不是骗自己，而是骗别人。

生：第三个故事是狐狸骗蝉。

师：他们都是动物，骗的是同伴。三个故事骗的对象不一样。都是怎么骗的？为什么而骗？

生：第一个故事是自己骗自己。

师：这叫“自欺欺人”。

生：另外两个一个是拿村民取乐，一个是设计欺骗，不怀好意。

师：骗的方式不一样，目的也不一样。除了文中讲述的，你还知道哪些关于骗的故事或事例？这些故事和伊索寓言比有何异同？

案例中，我先让学生读书，自由发表自己的见解，然后结合学生的领悟进行导学，从骗的对象、骗的方式、骗的目的等方面进行思考，接着让学生思考还知道哪些关于骗的故事或事例，并讲出这些故事和伊索寓言比有何异同，这样就能让学生更清晰地认识到伊索寓言的文体特点了。

这样的导学，层层深入，引导学生的思维不断发散开来，进而使学生的思维水平不断提高。

(2) 引领学生走向高阶思维。

高阶思维是指发生在较高认知水平层次上的心智活动或认知能力。它在教学目标分类中表现为分析、综合、评价和创造。高阶思维是高阶能力的核心，主要指创新能力、问题求解能力、决策力和批判性思维能力。高阶思维能力集中体现了知识时代对人才素质提出的新要求，是适应知识时代发展的关键能力。

自成课堂的导学着力引领学生走向高阶思维是顺应了时代的要求，符合知识时代培养人的目标的。那么，具体怎样引领学生走向高阶思维呢？语文课堂上就需要教师根据教材内容精心设计环节和问题等。

在教学三年级下册《这不仅仅是个人修养》一课时，笔者是这样引导的。

师：这篇课文与我们以前学过的课文有哪些相同和不同之处呢？

生：这篇课文不是写事的，不是写景的，不是写人的，也不是状物的，而是讲道理的。

师：我们学过《伊索寓言》和《你必须把这条鱼放掉!》，都是讲道理的，一样吗？

生：不一样，《伊索寓言》是通过一个小故事，告诉我们一个大道理；《你必须把这条鱼放掉!》是通过写一件事讲了一个道理，而这篇课文从头到尾都在讲道理。

生：它是围绕“节约”这个词讲道理的。

生：它里面有很多例子。

师：你们很会思考，也很会发现，像这样围绕一个话题，举例子讲道理的文章就是说理文。

以上案例中，笔者在引导学生认识说理文的时候，没有直接告知，而是通过一个问题，让学生自己去对比、体会，自己找寻说理文的特点。他们所说的“从头到尾都在讲道理”“围绕‘节约’这个词讲道理”等回答令笔者刮目相看，这样的表述比教师讲解更通俗易懂，易为学生接受。在引导的过程中，学生要进行合理的分析、综合和创造，这不就体现了高阶思维的特点吗？这样的思维培养更能碰撞出智慧的火花。

高阶思维需要引领学生有创新。语文课堂上创造活动是比较难的，受到教材的约束，不过也可以大胆去尝试。例如，在教学理解“物尽其用”一词时，笔者鼓励学生用多种方法来说说自己的理解。有个学生说：“我有一支钢笔，虽然用了很长时间，都旧了，但是我一定要继续用，直到它完全不能用为止。”这种结合自身，用自己的打算来理解词语的方法就是创新思维，这样的思维将有助于学生的学习。

综上所述，自成课堂的导学要抓住指导要点，给学生搭建质疑、创新的平台，充分张扬学生个性，注重学生发展性思维的指导，引领学生发展高阶思维，培养学生的实践意识和创新精神，使学生学会学习。

情趣课堂　轻松愉悦

提问生趣

每一门课程都需要提问，提问是一门艺术。教师要在备课时潜心研究，提出符合学生特点的问题和能激起学生好奇心的问题，培养其思考能力。当教师设计出自己精心准备的问题，让学生兴趣盎然地回答时，可达到事半功倍的效果。学习《一路花香》一文时，应重在培养学生科学的价值观及人生观，注重学生个性的发展，能够让学生畅所欲言。现截取以下教学片段。

师：大家已初步学习了这篇课文，学完课文有什么感受或收获呢？你对文中的哪一只水罐比较喜欢呢？为什么？（学生自由回答）

生 1：我感觉完好的水罐很骄傲，并且认为自己很了不起，看不起别人，但应认识到"山外有山，人外有人"。从这一点来说，我更喜欢破水罐。

生 2：我知道破水罐每天都在浇灌路边的鲜花，每一天都给从路边经过的人带来花香，它是最伟大的。

生 3：我觉得完好的水罐也很伟大，它每天都将满满的水送到主人家，能够让主人喝上干净的水，它从外表上看也比破水罐好看，我选择完好的水罐。

师：大家都回答得非常好，都说得很有道理。（此时一个学生站起来）

生 4：我觉得挑水工很伟大，因为他是一个伯乐，能够发现两个水罐各自的特点，并且充分利用，才能够使它们都发挥出自己的优势。

师：嗯，这位同学很有见解。（此时班里炸开了锅，纷纷与同桌讨论，到底谁是最伟大的）

生 5：我觉得还是完好的水罐好，因为完整的时候可以装水，破了还可以浇水。

生 6：我觉得破水罐好，因为它没有完好的水罐那么骄傲。

生 7：但破水罐比较自卑，要是没有挑水工，它什么都不是，还是挑水工伟大。

想象引趣

著名哲学家黑格尔认为最杰出的艺术本领就是想象。通过想象不仅能够激发学生的兴趣,而且能够培养创造性思维。小学语文课本所选文本内容中大多富有无限的想象空间,教师要在课堂教学中引导学生想象,抓住文本情趣内容特点,延伸文本情趣,提高思维水平。学习《狐狸和乌鸦》一文时,教师就可这样鼓励学生。

师:学习完课文内容,请大家试想一下,肉掉下来,狐狸再也没有心情听乌鸦唱歌了,狐狸会怎么想、怎么做呢?乌鸦又怎么想、怎么做呢?大家可续编故事,发挥想象。(十分钟思考)

生1:当狐狸将乌鸦的肉叼走之后,心里非常得意。有一天,狐狸路过这一棵树下,发现乌鸦又叼了一块肉,于是狐狸又开始打这块肉的主意,就对乌鸦说:"你上次唱的歌非常好听,今天我是专门来找你的,能不能再给我唱一次呢?"乌鸦转过头去,没有搭理狐狸。这时,狐狸知道上次的方法不管用了,立马又想出另一个方法,说道:"你以为你唱的歌真好听啊,我是骗你的,你长得黑黑的,丑死了。"此时,乌鸦气得瞪起眼来,就说道:"你才长得丑……"乌鸦一张口,肉已经掉下去了,狐狸又叼起肉飞快地走了。

生2:有一天,狐狸在同一个地方又看到乌鸦嘴里叼着一块肉,心想要是用上一次的方法肯定骗不了乌鸦。于是,狐狸又想出一个方法,说道:"你嘴里的那块肉已经馊了,就给我吃吧。"乌鸦把肉放在树杈上,而后说:"好啊,你先把眼睛闭起来,把嘴巴张开,我就给你。"狐狸按照乌鸦说的做,乌鸦立即拉了一泡屎。狐狸说:"怎么这么臭呢?"乌鸦说道:"这是我拉的屎。"狐狸气得慌忙去河沟里漱口。最后,乌鸦趁着狐狸漱口的功夫,一溜烟地飞回了家。

师:大家说得非常好。

总而言之,由于小学生自身具备的特点,教师在语文教学中应积极构建情趣课堂,可从导入、提问及想象几方面着手,充分调动学生的主观能动性,变被动学习为主动学习,让学生在愉悦的氛围中学习知识,提高学习效率。

习作导学

一次，在习作课上，笔者带领学生做“机器人画画”的游戏——一位学生蒙上眼睛扮演“机器人”，一位学生扮演“遥控师”指挥“机器人”在黑板上画画。之后，笔者要求学生将这个活动写成作文，并进行作文讲评活动。下面是“作文讲评”环节的教学片段。

师：我想请两位同学上台，展示一下你的作品。

生1：(读作文)《画画》。我是一个机器人。我的主人，也就是遥控师，突然把我的眼睛蒙上，指挥我画画。主人说：“画一个圆圈。”我按照命令去做，可是我不知道在哪儿停笔，圆圈画出了头。主人又说：“画几根头发在圆圈上面。”可是我又看不见，把它画得翘了起来，像早晨没梳头一样。主人又说：“在头发下面画一对眼睛。”我既不知道头发在哪里也不知道距离，所以我画得有点像斗鸡眼。主人说：“算了算了，鼻子就画一竖吧。”我就胡乱地把鼻子画在左眼下……

师：写完了吗？

生1：还没有写完。

师：那你说一说对这篇文章的感觉好吗？

生1：我觉得还不错。

师：那你看一看我们的要求是什么？

生1：要求就是要写得有条理，有感受。

师：你觉得有条理应该先写什么、后写什么？

生1：先写控制师发命令，然后写我照着命令来做。

师：你想不想听一听其他同学的意见？

生1：想！

师：那你怎么对同学们说呢？

生1：你们对我的作文评价怎么样？认为我的作文写得好不好？

师：你是想支持你的同学们举个手还是鼓掌？

生1：鼓掌！

师：那你应该怎么对同学们说呢？

生1：请同学们支持我！投我一票！

师：请喜欢她作文的同学举手……支持率很高啊！

师：我们来听一听同学们的意见，好不好？

生1：好！

师：那你应该对他们怎么说？

生1：请你们说一说我的作文好在哪里？

师：你想请谁说？

生1：我的好朋友××。

生2：我觉得她在写这篇作文的时候用词很准确，而且开门见山，里面用了一些好词。

师：你觉得她的评价怎么样？

生1：不错，谢谢！

师：再请一位同学来评价，好吗？

生3：我觉得她的眼睛描写得很准确，"斗鸡眼"这个词形象生动。

师：还想听吗？

生1：还想。

师：下课再和同学们交流一下好吗？把这篇文章改好后，老师在课后可以和你交流，好吗？

生1：好！

师：下面我们来看一篇遥控师的作文好不好？请这位男同学上来好不好？大家给他一点掌声。

师：（将学生作文实物投影到屏幕，众生笑）这是你的作文，你知道大家笑你什么吗？

生4：字写得太乱。

师：你很清楚自己的实力，不过没关系，以后慢慢把字写好。请读作文。

生4：老师让我们玩了个游戏。上午老师让两个同学一组玩游戏，一开始老师让其中一个同学用红领巾盖住眼睛当机器人，另一个就当遥控师，让遥控师来指挥机器人来画画。我很幸运当了遥控师，准备好后就开始画画了，我让机器人先画了一个蜗牛的壳，再画一个头，后画眼睛，最后画尾巴，画完后我们就拿给老师看，老师还说我们画得好，我在想：这样的游戏真有趣，以后还要再玩。

师：先自己评价一下这篇文章，好吗？

生4：一般般。

师：一般般是什么样？对照着我们的要求来看一下。

生4：过程写得不是很清楚。

师：不是很清楚吗？

生 4:没有写出机器人的神态,少用了一些比喻句及好词好句。

师:你觉得自己没有用好词好句,我觉得你还是很不错的,你的过程写得非常清楚,先准备再画画,再接着准备,你想听一听同学们的意见吗?

生 4:同学们,你们觉得我的作文写得好吗?认为我写得好的请举手说一说。

生 5:虽然你的过程描写得不是很好,不像刚才那位同学有好词好句,你写得也不错,但是要把过程写清楚,要把内心的感受写出来。

师:对,要把心里想的写出来,文章中还有几个错别字,回去好好修改,好吗?

师:刚才我们看了两篇文章,一篇是“机器人”的,一篇是“遥控师”的,每一种角色都有自己不同的感受,可能机器人责怪遥控师不会指挥,可能遥控师责怪机器人不听命令,你可以把自己的感受具体地写在自己的文章中,课后,同学们可以把自己的文章仔细修改,要有条理、有感受。好不好?

作文评议是作文教学中一个重要的组成部分,《义务教育语文课程标准》要求要引导学生通过自改和互改,取长补短,促进相互了解和合作,共同提高写作水平。

案例中,笔者积极引导学生开展多种形式的评议活动,有自评、他评、师评,这样便形成了立体交叉式的信息传递,有利于学生写作水平的提高。多种评议形式中,笔者尤其注重引导学生开展“自评”,在教师的引导下,学生的“自我认识”不断得到深化,其“轨迹”清晰可见。

评议的对象看似随意抽取,其实是“精心”安排,一篇是“机器人”的作品,一篇是“遥控师”的作品,这两篇习作各有代表性,有利于让学生站在不同的立场,从不同的角度进行评议,“全面”学会写作。

平等对话才能保证评议的有效开展。教师语言亲切,循循善诱,学生的心里才没有负担,学生的思维才不会受到禁锢,师生真诚交流,教学方能充满互动。

“Unit 6 At the snack bar”

本文将结合小学译林版英语“Unit 6 At the snack bar”的教学片段，阐述如何通过各教学环节关注培养学生的发散性思维，提升英语课堂效能。四年级学生具有活泼好动的特点，思维活跃，发言积极，教师如果能做出恰当的引导，可以潜移默化地培养学生良好的发散性思维，包括思维的敏捷性、广阔性、深刻性、创造性等，以此来提高英语课堂的效能。

教学片段一：教授完核心词汇“cake”，出示蛋糕图片，进行快速问答。

T：How is the cake?

S1：The cake is nice.

T：How is the cake?

S2：The cake is sweet.

T：How is the cake?

S3：The cake is yummy.

T：How is the cake?

S4：The cake is red.

T：Yes. The cake is nice, sweet and yummy. So I can say a chant “Cake, cake. Nice, nice. Cake, cake. Sweet, sweet. Cake, cake. Yummy, yummy.” Let's chant together!

片段分析：在这个教学片段中，教师以较快速的方式对学生进行提问，让学生在短时间内积极快速地应答，学生会进行头脑风暴，对蛋糕从视觉、味觉以及颜色上进行描述，这不仅训练了学生思维的敏捷性，也能提高课堂的效率。

教学片段二：教授完核心词汇“pie”，出示苹果派图片，进行组词游戏。

T：Look, I can make an apple pie. What kind of pie can you make? You can say like this: Pie, pie, apple pie.

S1：Pie, pie, orange pie.

S2：Pie, pie, banana pie.

S3：Pie, pie, peach pie.

S4：Pie, pie, pear pie.

S5：Pie，pie，cherry pie.

S6：Pie，pie，lemon pie.

S7：Pie，pie，pineapple pie.

片段分析：这个游戏可以帮助学生积极思考，唤起学生对所学语言的回忆，让学生正确灵活地运用所学语言，使学生的思维变得越来越宽广。学生也因为自己能够将之前所学的水果单词结合到新学的词汇中，显得尤为兴奋，发言的积极性大大提高，不仅思维的灵活性得到提高，更活跃了英语课堂的氛围。

教学片段三：由句型“Would you like... ?”转换到新授句型“What would you like? I’d like...”

利用多媒体课件，按下列顺序播放：

Picture 1

Picture 2

Picture 3

T：(Picture 1) Would you like... ?

S1：Yes，please.

T：(Picture 2) Yes，you can say “Yes，please”. Now let’s listen，what does Dad says.

Winnie：What would you like? (Picture 3)

T：What does Helen say?

S1：May I’d like a pie，please?

T：Great! Now let’s be Helen together.

Ss：May I’d like a pie，please?

T：Now let's sing a simple song "May I have". Please listen carefully and try to follow it.

片段分析：在新授句型"May I'd like a ________，please?"前，笔者先让学生回忆已学的句型："May I'd like a ________，please."这是为新句型做铺垫。通过新旧知识的比较，既能帮助学生巩固旧的知识，又能加深对新知识的理解，培养学生的思维深度。同时，学生也会发现在英语课堂上有话可说，层层递进的教学方式让学生更能接受。随后，笔者用简单的英文歌曲"What would you like?"更好地巩固了新授句型的掌握，在后续的句型训练中，学生明显能较流畅地表达运用这个句型，达到了这一课时中对这个句型的教学目标。

教学片段四：复习巩固后，教师下发作业单，让学生进行课后巩固。

T：Look，this is a nice pizza. Let's make a pizza song by ourselves. 今天回家后我们一起来模仿"Apple tree"的格式，创编一首属于自己的比萨之歌吧！

Pizza ____________，

Pizza ____________，

Pizza ____________，

Pizza ____________，

Pizza，pizza，I love you.

Pizza ____________，I love to eat.

片段分析：在本节课的最后环节，笔者下发作业单，布置了"创编儿歌"的作业，让小朋友仿照上一单元的歌曲"Apple tree"的曲调来为 pizza 这个新授核心词汇创编儿歌。经过本堂课的学习加上之前的积累，学生已经掌握了很多可以描述比萨的形容词，比如 nice、sweet、yummy、round、big 等，学生可以自由组合发挥，创编一首属于自己的儿歌。这不仅能够更好地巩固本节课的知识，也让学生在第二课时进行成果展示时，氛围活跃异常。此次作业不仅培养了学生思维的创造性，提高了他们学习英语的兴趣，提升了他们的口语表达能力，对于学生语言运用能力的提高也有所帮助。由此可见，如果教师能够精心设计作业，可以让学生在完成作业的过程中，逐渐培养学生的思维能力，提升他们的思维品质，提高课堂的效能。

【案例分析】

一、快速问答，培养学生思维的敏捷性

思维的敏捷性是指思维活动的速度，它反映了智力的敏锐程度。学生的思维敏捷，在处理问题和解决问题的过程中，能够适应变化的情况来积极地思维、周密地考虑、正确地判断和迅速地得出结论。在英语课堂中，快速问答能够创造一种紧张的氛围，让学生积极思考，提高了思维活动的速度。在快速问答过程中，学生好胜心强，反应迅速，能够有效地训练学生思维的敏捷性。中国教育科学研究院研究员龚亚夫认为，语言学习可以影响人的思维方式与行为，并形成习惯，习惯进而渐变为品格。当语言的输入系统培养学生的品格与思维认知能力时，语言的输出则体现出学生的品格和思维方式。因此，教师可以在课堂上，通过运用抢答、快速问答、连锁问答的方式，让学生在进行语言输出时，提升学生思维的敏捷性，提高课堂的效率。

二、举一反三，培养学生思维的灵活性

灵活性是指思维活动的灵活程度，反映了智慧能力的“迁移”。举一反三是学生灵活地进行思维迁移、运用规律的能力。案例中，老师说出“Pie, pie, apple pie”后，学生能立马举一反三，明白“Pie, pie, ____________ pie”的回答规律，将上个单元的水果词汇迁移到这个句子中，摆脱了教材中对“pie”的单一阐释，呈现了丰富多彩、各式各样的水果派。当学生发现了这个句子的特点后，会去回忆搜索之前学过的相关水果单词，学生的思维更活跃，发言踊跃，敢于说、乐于说，即使是学习能力较弱的学生也有话可说，学生的课堂参与意识以及学习热情大大提高，课堂效率也在逐步优化。

三、推陈出新，培养学生思维的深刻性

新旧知识间有着内在的逻辑联系，旧知识是学习新知识的基础，新知识是旧知识的发展。通过旧知识引出新知识，既能巩固旧知识，又能加深对新知识的理解。思维的深刻性表现为能深刻理解概念，分析问题周密，善于抓住事物的本质和规律，因此教师可以通过推陈出新的方式，逐渐培养学生思维的深刻性。在案例中，教师通过旧知识点“Would you like...”引出新知识点“May I'd like a...”，让学生进行比较，之后又通过一首儿歌进行巩固，这样不至于让学生感到思维混乱，会使学生加深对新句型的记忆，这对于学生转换思维、巩固教学难点也有一定帮助。

四、发散思维，培养学生思维的创造性

思维的创造性是在一般思维的基础上发展起来的，它是后天培养与训练的结果。卓别林说过一句耐人寻味的话：和拉提琴或弹钢琴相似，思考也是需要每天练习的。因此，小学英语教师可以在各个教学环节中，有意识地对学生进行发散性思维的训练，开阔学生的思路，培养学生学习的独立性，保持学生对知识的好奇心，对学生创造性的想法要进行鼓励与支持，逐渐培养学生思维的创造性。正如案例中创编儿歌的作业，每个学生需要独立完成，并体验创作与成功的喜悦，不仅巩固新知、复习旧知，对思维的创造性也得到了一定的训练。思维的创造性训练贵在创新，在小学英语教学中要善于引导学生敢于对旧知识进行重组，敢于标新立异，这对培养学生的创新思维大有裨益。

正如《义务教育英语课程标准》所强调的，语言既是交流的工具，也是思维的工具，英语课程的学习，不仅是语言学习的过程，更是培养学生思维能力、提升学生思维品质的过程。在新的教育形势下，小学英语教师必须建立与之相适应的英语教学观，通过对学生进行快速问答，让学生灵活综合地运用语言，通过新旧结合的方式等，发散学生的思维，以此培养学生思维的敏捷性、灵活性、深刻性和创造性，挖掘学生思维的内在潜能，培养学生良好的思维品质，提高教学质量。

食物中的营养

本课包括“食物中含有哪些营养成分”“在一天的食物中我们获得哪些营养”“辨别食物中的营养”三个主题，内容比较多，教学中如果面面俱到，难免会让探究过程如蜻蜓点水，学生的经历和体验也有可能只达到“水过地皮湿”的程度。如果有效采用自成课堂的模式，可以让教学达到事半功倍的效果。

自成课堂注重落实学生的主体地位，以自主学、引导学、合作学、质疑学的学习方式，边学边讲，达成学习、强化所学知识和发展学生自身综合素质的目标。为此，笔者结合教学目标和学情，根据自成课堂重组教学环节，遵循“自主先学、小组讨论、交流展示、质疑拓展、检测反馈、小结反思”的教学思路，精心设计问题，充分调动学生学习的积极性，使本节课的教学效果最终达到“水到渠成”。

教学目标

(1) 知道食物中的营养成分包括蛋白质、糖类、脂肪、维生素、矿物质等。

(2) 能了解各种营养成分的作用和检验方法，认识到没有任何一种食物会含有所有的营养成分，所以我们要吃各种不同的食物。

(3) 能在食物营养成分的认识中，感受各种营养与支撑人体生命活动的关系，激发学生继续探究的兴趣。

教学准备

教师准备：多媒体课件，油和水的痕迹比较演示实验材料，棉签，碘酒。

学生准备：完成导学单(一)、填写好的“一天的食物”记录卡、每组一个塑料盘(内含：食用油，肥肉，棉签，白纸，淀粉，水，碘酒，滴管，小碗，含有淀粉的食物如馒头、米饭等)。

教学过程

一、课外自主先学，学做一名出色的“小记者”

(1) 指导学生围绕导学单(一)，课前进行自主先学，提示学生可以收集各种相关图片、视频资料，可以通过实验操作来证明自己的想法。

(2) 课堂学习中将举办调查结果“新闻发布会”。

(3) 导学单(一)设计如下。

“食物中的营养”新闻发布会资料调查表

我知道食物中的营养成分有哪些	这些营养储藏在什么食物中	吃了不同的营养成分对我的身体有什么作用	我还了解哪些关于这种营养的更多知识

(4) 说明。

① 本节课的自主先学安排在课外，是基于科学课的学习特点，它有时候需要调查、收集资料、操作验证，只有在更广阔的环境中，学生才能创造性地利用身边的条件，通过不同途径获取所需资料。

② 设计和发放导学单，可以让学生带着任务去阅读教材。学生年龄小，自学意识薄弱，需要在教师指导下才能进行有效自学，有了这份提示性的表格，就有了明确的目的和任务，就知道要做什么，在任务的引导下就会想办法去做。导学单既可以引导学生自学，也可以看作是一种督促方式，即通过检查导学单督促学生自学。

③ 让学生以“小记者”的身份进行课前自主学习，课堂上准备食物营养成分的“新闻发布会”，有效地激发了学生对抽象的科学知识的学习兴趣。

二、小组合作，互学互讲

(一) 食物中含有哪些营养成分

(1) 教师出示导学单(一)，并提问：各位小记者，你们的任务完成了吗？4人一组，在小组内交流一下你们的调查成果。讨论交流时要注意这样几点：一是听从小组长安排，一个人说话其他人要认真听；二是质疑、提问和补充时要用文明语言；三是小组汇总的资料要求每个组员都能向其他人介绍。

(2) 4人一组按表格交流，查找相同和不同的地方，互相补充，互相学习。教师参与小组讨论，指导小组合作方法，但不干预讨论结果。

(3) 成果展示，每组选一个“新闻发言人”汇报小组所有成员的收集成果(新闻发言人由其他组随机选)，本组成员可以补充，其他组可以质疑或者补充。教师对学生汇报中出现的科学知识上的错误要及时指出并纠正，每项内容汇报后进行小结。

（4）说明。

① 学生以“新闻发言人”的身份进行汇报，可以从角色中体会到作为记者的成就感和责任感，同时能够有效提高学生学习的积极性。

② 小组合作学习是自成课堂中的重要环节，组织不好就会沦为一种形式。

小组合作学习中要警惕产生“责任分散效应”，教师要及时发现小组合作中存在的问题，并给予帮助和指导。

③ 采用“新闻发言人”由其他组随机选这种方式，效果明显比本组推荐要好，因为本组推荐的基本上是学习好、表达能力较强的学生，其他组员自然可以偷懒，甚至在小组合作时也不积极，而由其他组随机选，为了得到好评，每个组员都会积极理解和记住讨论成果，以备其他组发问。

（二）在一天的食物中我们获得哪些营养

（1）教师提问：我们一天要吃很多食物，这些食物中都含有哪些营养呢？请大家拿出自己上节课的食物记录卡分析一下。

（2）学生分析自己一天中吃下的营养成分。

（3）交流汇报，教师根据学生回答及时板书为下面的讨论做铺垫。

（4）教师提问：大家看看我们吃的食物中有没有一种食物含有所有的营养成分？有没有一种食物含有多种营养成分？这个发现说明什么呢？

说明：这一环节把学生刚掌握的新知识运用到分析自己吃的食物中，通过梳理自己一日三餐吃下的营养成分，既巩固了新的知识又认识到了生活中不可偏食的原因，能理解食物多样性的道理，也为后续的学习做铺垫。

（三）辨别食物中的营养

（1）教师进行过渡提问：我们在吃食物的时候怎么能知道自己吃下去什么营养呢？

（2）教师提问：我们能不能用实验的方法来亲自验证下食物中含有什么样的营养呢？阅读书上第46页的内容，看看有什么发现？

（3）指导学生探究。

① 说说验证营养成分的方法。

a. 检验淀粉的方法——滴碘酒。

教师强调两点：第一，先观察碘酒是什么颜色的？第二，棉签只能用一次（原因等实验后，请学生来回答）。

b. 检验脂肪的方法——挤压。

师演示：在一张白纸上滴一滴油，让学生观察留下什么痕迹？再在油迹旁边滴一滴水，让学生比较有什么不同？吹吹抖抖让水迹变干，油迹也能变干吗？

② 每个学生根据实验方法选择自己所需要的材料进行实验并填写导学单（二）。

“食物中的营养”检验记录表

食物名称	实验方法（用哪种方法就在哪种方法下面标记）		看到的现象
	挤压	滴碘酒	

为了让每个学生都有动手参与的机会，每组准备一个托盘，其中放上多种材料，供学生自主选择。

③ 实验完毕，收拾材料，填写实验记录表。

④ 小组成员汇总记录表。

⑤ 全班交流。要求：发言尽量不重复，不足的地方大家补充。

（总结时强调糖类中只有淀粉遇到碘酒才变黑，让学生解释为什么蘸碘酒的牙签只能用一次）

（4）教师提问：其他的营养成分无法用实验的方法来检验，还有没有办法呢？请阅读书上第46页下面的内容（看标签或相关资料可以知道食物中是否含有蛋白质、维生素和矿物质）。

说明：学生说得出来，不一定能做得好，要给他们充足的材料，在实际操作中完善思维，进一步用具体的现象来代替抽象的科学名词，学生惊诧于颜色变化的同时，也就对这一科学知识有了深刻的印象。

三、检测反馈，拓展延伸

（1）根据以下提示，在小组内总结自己的收获。

我知道食物中含有的营养成分有________________，它们分别在________________。这些营养成分对我的生长生活起到的作用有________________。通过研究我知道没有一种食物中含有所有的营养，所以我们不能偏食，要做到营养均衡。

（2）帮妈妈设计一份科学实际的三餐食谱，说说设计的理由。

说明：以上两点，一是总结本课掌握的内容；二是为了下一节课的研究做准备，可以分析比较各种营养成分在一天的饮食中是否均衡。

四、小结反思

师生共同回顾本节课的学习内容和学习方法。

【教学反思】

设计探究方案是学生自主探究的重要环节，是自成课堂的必要环节，是开展研究性学习的主要内容。在教学过程中提高学生设计探究方案的能力，既能开发学生的思维，激活学生的已有知识、经验，又有助于学生良好科学素养的形成。因此，在自成课堂的实施中笔者从以下几个方面尝试引导学生自主地设计探究方案。

（一）营造宽松环境，诱发创造心理

教育心理学研究表明：学生在没有精神压力、没有心理负担、心情舒畅、情绪饱满的状况下，大脑皮层容易形成兴奋中心，创造性思维容易被激活，创造精神更能得到培养，学生也更容易设计出更恰当、更合理的探究方案。因此，营造一个宽松的实验环境，让学生有自由发挥、充分动脑动手的机会，有无拘无束的思维空间，对引导学生自主设计探究方案来说，是一个必要的前提。

比如“吹气球”一课，上课伊始，笔者出示一个布包，然后慢慢把布包吹大，学生的注意力一下子被吸引住了，很快就猜测出包里有气球。接着让学生自由玩儿气球，学生在玩儿中放松了心情，又进一步激发了对吹气球的兴趣，在下面的探究中好办法接二连三地涌出。试想，如果老师过多地叮咛、指导，学生缩手缩脚，又怎么会有创造性思维的萌发，又怎么会设计出好的方案呢？

（二）问题启发，激活已有生活经验

长期以来，我们只注重让学生做课本中的实验、观察教材中实验的现象，以此来解释并获得结论，学生在生活中的感知被搁在一边，没有被激活，从而使学生出现对生活中及自然事物中的神奇现象抱有无所谓的态度。对此，笔者采用的方法是提出问题，调动学生的思维，把学生在生活中的感知引入课堂。

如学习“弹性”一课，在研究橡皮筋的弹力大小时，笔者采用问题启发：“橡皮筋所产生的弹力大小与什么有关？结合你玩过的弹弓想一个方法来验证自己的猜想。”学生们以自己熟悉的方式，有的把橡皮筋拉到不同的长度使它弹回去，测出橡皮筋弹射的长度；有的把橡皮当作子弹，测出拉力不同情况下弹射出多远；有的把橡皮筋靠近墙壁，测出它撞墙后反弹的距离；还有的干脆把橡皮筋弹向空中，计算它落地需要多长时间。大家根据不同条件、从不同角度、用不同方法和思路去尝试解决同一个问题。毋庸置疑，这些具有开放性的探究方案，其价值是不可估量的，因为每个孩子都在挖空心思地想办法，而且都是选择自己喜欢又熟悉的方法来展示自己的聪明才智。

（三）利用演示实验，引导学生设计探究方案

在涉及探索实验本质规律的实验操作规程中，如何控制变量？实验应按什么程序操作？应观察了解哪些项目？笔者采用以简单的演示实验来引导学生探求实验操作的规程。例如，在“摆的秘密”一课教学中，笔者先演示摆，让学生通过分析找出摆由哪些因素构成，哪些因素会影响摆的速度，如何改变这些因素。学生在分析中就理清了怎样有目的地去控制变量，验证假设，既有的放矢，又能事半功倍，避免无目的地瞎忙。

再如，在“怎样加快溶解”一课中，学生首次接触到对比实验，自主设计探究方案是有难度的，教师可故意设置一个有“问题”的演示实验：在两个杯子中分别放入一块不同温度、不一样大小的冰糖，然后一杯搅拌，一杯不搅拌，让学生比较，很快就有学生指出这样做不公平。怎样才能算公平呢？学生们立刻七嘴八舌地议论起来，应该让水的多少、温度、冰糖大小、放入时间都相同，只有一个搅拌一个不搅拌才公平。这样的“反面”演示实验既活跃了学生的思维，也激发了学生的兴趣，让学生体验到了想出“好点子”的成就感。

（四）利用材料启发，设计探究方案

在探究活动中，教师为学生提供合适的有结构的材料，同样也可以激发学生的思维活动。学生在选择材料的时候，会分析材料的各种用途及材料之间的配套关系，并有意识地给各种材料分类，选择与自己的问题相关的材料，思考如何操作它。在此过程中，探究方案便会逐渐明朗起来。

例如，在“摩擦力”一课的教学中，当提出如何减小摩擦力和如何增大摩擦力这两个问题时，笔者把准备好的材料展示给学生，有测力计、木块、钩码、玻璃板、木板、毛巾、润滑油、小轮子、铅笔、砂纸等，让学生根据自己选择的问题小组讨论一下准备选择什么材料。当他们确定选择某种材料的时候，就已经明白了如何使用这种材料、如何进行对比实验。探究的方案在头脑中已经形成。

（五）手脑并用，完成探究方案

在探究活动中，许多学生对动手做实验表现得迫不及待，而对制订探究计划却不感兴趣，这种情况并不仅仅是由于学生没有良好的学习习惯，大多时候是因为实验难度太低，学生对如何做一目了然，不愿浪费时间制订方案。相反，当实验程序太复杂，操作太难或面对从未见过的材料时，学生也会无从下手，单靠逻辑推理解决不了问题，笔者就会让学生试探着边摸索边做实验，甚至先做实验后补实验计划。

例如，在“虹吸管”一课中，笔者给学生一根塑料管，让他们给金鱼缸换水。用嘴吸的方法，大多数同学都会，但不用嘴吸怎么办呢？仅靠想是无法想出来的。于是学生纷纷试探，有的用注射器抽气，有的用手挤管中的气，有的用管子

一点一点装水再倒出来……学生们的想法虽然有些幼稚，但当终于把管子装满水、出水口低于水面、水自动流出来时，那份由衷的喜悦是无法言表的。这种情况下，我们还有必要苛求学生先制订计划再动手吗？所以，有时候允许学生靠实践、靠切身经验去寻求方法解决问题也是可行的。

自成课堂会学案例

在迁移运用中提升学生语文素养

随着时代的发展，学生学会学习比掌握学习内容显得更加珍贵。迁移就是指导和培养学生学会学习的有效方法。迁移是语文教学中的一个重要环节，通过迁移能让学生的思维向纵深发展，让学生热爱阅读，提升阅读水平和写作能力。

叶圣陶先生曾说，语文教材无非是个例子，凭这个例子要使学生能够举一反三，练成阅读和作文的熟练技能。这告诉我们要抓住教材的特点进行迁移，让学生在迁移中提高阅读和写作的水平，从而提升语文素养。

我们的语文教材就像一座百花园，每一篇文章都有其独特的魅力，有的篇章结构严谨，有的语言典雅优美，有的内容扣人心弦……我们要认真分析教材的特点和其特点设计迁移环节，从而使学生借助文本，习得语文能力。

笔者根据自己的教学实践和一些比较典型的教材特点，认为在语文教学中有如下几种迁移方式，可以帮助学生"练成阅读和作文的熟练技能"。

一、推荐阅读

《义务教育语文课程标准》关于课外阅读的建议指出，语文教学应该培养学生广泛的阅读兴趣，扩大阅读面，增加阅读量，提高阅读品位，并提倡少做题，多读书，好读书，读好书，读整本的书。为了让学生热爱阅读，沐浴经典，拓宽视野，由所学的课文向相关主题的文章或整本书推荐阅读是迁移的一个常用的方法。比如，在学习萧红的《我和祖父的园子》一文后，就可以像以下这样设计推荐阅读：

课文给我们展现了一个自由快乐的园子，一个自由快乐的作者，阅读本文，我们的身心都荡漾在童年的欢乐之中，然而，茅盾先生却评价《呼兰河传》说："它是一篇叙事诗，一幅多彩的风土画，一串凄婉的歌谣。"为什么说它是"一串凄婉的歌谣"？请同学们阅读《呼兰河传》一书，寻找答案。

这种生发一个矛盾去激发学生阅读，就实现了从单篇阅读到整本书的阅读，拓宽了学生阅读的天地，让学生沉浸在阅读的世界中，吸收语言特色，发展语言能力，在欣赏故事中培养想象力和思维力。

二、写作实践

贾志敏老师认为,语言的魅力在语言文字。吴忠豪教授认为,语文课有其特定的责任,即语言文字教学,写作方法教学,听说读写技能培养,语文课重点在学习语言文字。语文课一定要重视语言实践,学生的语文能力不是老师讲会的,而是学生在实践中获得的。贾老师和吴教授的话都紧紧地把握了语文课程的性质。《义务教育语文课程标准》指出,语文是一门学习语言文字运用的课程,语文是一门实践课程。

语文教学的目标不是让学生学习课文的内容,而是让学生借助文本的学习来学习语言文字的运用,学习写作技能。我们的教材中,每篇课文都有其特点,或语言独特优美,如《二泉映月》,用优美的语言来描写音乐的起伏跌宕;或细节描写生动感人,如《爱如茉莉》,通过人物语言、动作等描写与环境描写来表达人物的内心世界和感情;或结构精巧,如《北大荒的秋天》第四自然段用总分结构描写了原野热闹非凡的特点等。我们要充分挖掘教材中这些有特色、有价值的地方,让学生进行语言实践,让他们通过语言实践来提升语言运用能力和语文学习能力,从而实现语文教学的华丽转身,而这一点也是课堂是否高效的关键因素。

比如,《滴水穿石的启示》是一篇说理文,说理文的目的是以理服人,所以列举事例时语言比较概括、简练。在学习该文时,笔者设计了这样的写作实践:请模仿文章的表达方法,结合说理文的语言特点,为文章再添一个50字左右的事例。这个写作实践就是让学生借助这一篇说理文,明白其语言特色,并学习、巩固说理文的语言特色。

再比如,《北大荒的秋天》是一篇写景散文,课文第四自然段不仅语言优美,而且结构精巧。在学习第四然段时,为了训练学生对先概括、后具体的构段方式的运用,笔者设计了让学生学习第四自然段先概括、后具体的构段方式,描写熟悉的一处景象的写作实践。这个写作实践深化了学生对“总分”写作方法的运用能力,让学生在今后的作文中能较好地谋篇布局。

写作实践的方式丰富多彩,每一篇文章都有属于自己的特色,比如修辞使用生动、想象丰富、细节描写细腻等。我们需要从教材中去发现写作的秘密,引导迁移运用到实际的写作之中,这样才算是充分发挥了教材的作用,就像叶圣陶先生所说的那样,教材无非是个例子,要借助它去练成阅读和作文的熟练技能。

三、内容复述

内容复述是语文学习的一个重要内容,复述有助于学生理解课文,积累语言,并让学生在讲述课文内容中锻炼其语言的表达力。因此,在学习语文时,我们要根据教材的特点指导学生学会复述课文。一般的叙事性文章都可以指导学生复述内容，如《三打白骨精》《牛郎织女》《彭德怀和他的大黑骡子》等。在指导学生复述时，我们可以通过插图或提纲等给学生提示，便于学生轻松地完成学习任务。比如，学生在复述《嫦娥奔月》前，笔者给学生提供了复述提纲：按照后羿射日、嫦娥奔月、想念嫦娥三部分有序复述。后羿射日、想念嫦娥应简单复述，重点复述嫦娥奔月，尤其是五、六两个自然段，第五自然段抓动作，第六自然段抓画面美。同时，笔者出示了三幅插图以作提示，第一幅是后羿射日，第二幅是语文书上的嫦娥奔月，第三幅是人们在月下摆上东西思念嫦娥。经过这样的提示和指导，学生在复述课文内容时既做到了全面，又做到了详略得当，而且能进入情境，运用课文中的词语。如果长期坚持对学生进行叙事文的复述内容指导，相信学生的语言表达水平和语文能力都会有长足的进步。

四、想象情景

随着新课标的推进，语文课不再单单是让学生接受基本的语文知识，也不再是运用陈旧的教学方式让学生接受基础的知识。想象情景已经渐渐地融进了语文教学，尤其是散文、诗歌等体裁的文章。想象情景，不仅能让学生进入情境，提高感受能力和发散思维能力，而且可以促进学生对文章的理解。我们发现，教材中每一篇古诗词的课后习题都会设置一个想象情景的题目，这个习题打破了传统的古诗词教学方法，让教师不再教条地一句句翻译古诗词的意思、打破古诗词整体的美感，也不再让学生辛苦地一句句背诵古诗词的意思、使学生畏惧学习古诗词，而是让学生在自由地发挥想象，用语言表达诗词情景。学生在想象文章情景时，教师要给予提示，让学生的想象更合理生动。笔者在指导学生想象《如梦令·常记溪亭日暮》情景时，提供了两点提示：第一，运用视觉、听觉、嗅觉，把景色描写生动；第二，通过语言、动作、神态等把人物活动描写细腻，并出示了一篇自己想象情景的“下水文”，学生有路可寻，情景想象合理而生动。学生在想象情景中，提升了感知力、思维力、理解力和语言表达力。

五、比较阅读

《义务教育语文课程标准》指出，让学生在阅读实践中逐步学会独立思考，学会读书。

在我们的教材中，有许多文章可以进行比较阅读，我们要善于引导学生进行比较阅读，寻找相同点，分析相异处，从而提高学生的观察、分析、思维、概括等能力。

《我和祖父的园子》出自回忆性长篇小说《呼兰河传》。作者回忆了自己童年时在祖父的爱护下在园中自由自在地快乐生活，诗化的语言、亲情依依的温馨画面一直打动着读者。这样的经典文章还有许多，林海音的《冬阳·童年·骆驼队》就是一个优秀的范例。在和学生学习完《我和祖父的园子》一课后，笔者向学生迁移了《冬阳·童年·骆驼队》片段的阅读，让学生比较两篇文章的相同之处和不同之处。学生在对比阅读中，发现两篇文章都描写了一个天真可爱的作者和一个和蔼慈爱的长辈，都表达了作者对童年生活的眷恋和对亲人的深深怀念之情。同时，笔者设计了两道习题，考查学生对《冬阳·童年·骆驼队》内容、主题、人物形象的理解：

(1) 骆驼咀嚼的样子不好看，林海音却看呆了，原因可能是____________。

(2) 骆驼为什么系铃铛？爸爸说是为了____________，林海音说是为了____________。我欣赏____________的想法，因为____________。

学生在感受萧红童年时的天真可爱、充满好奇心的特点后，对于英子的形象也已经非常清晰了，所以在回答这两个题目时周全到位。

语文学习的天地是广阔的，我们要将课堂上的学习发散开来，让学生接触到更多的优秀作品，既可以比较阅读同一作者的不同风格、不同时期的作品，比如学习李清照的《如梦令·常记溪亭日暮》后，可以将其与她的另一首《如梦令》放在一起比较阅读；或与她的《夏日绝句》放在一起阅读，比较其不同的风格；或与她的《声声慢》放在一起，比较她前后期作品的不同。除了比较同一作者的作品，还可以比较同一内容的作品，比如学习完苏轼的《六月二十七日望湖楼醉书》，可以让学生阅读同是写雨的其他作品，如写春雨的《春夜喜雨》《早春呈水部张十八员外》，以及写秋雨的《山居秋暝》，感受不同诗人眼中不同季节的雨。

比较阅读既让学生阅读了更多的经典作品，还提高了学生的观察、辨析能力。

在新课程改革如火如荼的今天，语文不再局限于课堂，不再局限于基础知识的传授。我们需要教学生学会阅读，学会表达，学会思考……因此，在教学中我们要善于发现教材的特点，有效进行迁移运用，对学生进行阅读、写作、思维、概括、辨析等方面能力的培养，让学生在每一次的言语实践中熟练运用阅读、写作等技能，从而提升整体的语文素养。

提高语文课堂有效性的思考

新课程改革实施以来，自主学习已从单纯的教学理论逐步走向了教学实践，并已成为广大中小学教师广泛使用的一种教学方式。自主学习提倡学生主动、积极地建构知识，改变传统教学中被动机械的学习方式。在实践教学中，教师的有效指导是实施自主学习的关键所在。运用课堂观察和访谈的方法来展示教师的课堂教学，进而审视和剖析影响教师成功实施自主学习的因素，通过分析得出，主体因素包括学生和教师两方面，有学生的兴趣、学习能力，以及教师的角色、知识及能力、教学方法；客体因素包括教学内容、教学目标、学校环境。通过教师课堂教学实施现状及影响因素分析，我们得到启示：学校必须要转变人才培养目标。

在教学一线工作已十几年，笔者发现一个现象，尽管相当一部分教师特别尽职、教得很辛苦，学生也学得特别认真，可就是达不到理想的教学效果。高效的课堂教学效果是教育教学的目标，也是广大一线教师的共同追求。那么，什么是有效的课堂教学呢？全国优秀教师余文森教授从专业的角度回答了这一问题，他认为课堂教学的有效性是指通过课堂教学使学生获得发展。而对于课堂教学的有效性有哪些标准、是否有公认的标准，余教授认为，课堂教学的有效性特征（或表现）可以列举很多，但最核心的一点是，看学生是否愿意学、主动学以及怎么学、会不会学。

下面，笔者依据自己的经验谈谈如何提高语文课堂教学的有效性。

一、吃透教材，了解学生是提高课堂教学有效性的必要条件

人们常说，医生的功夫在临床，教师的功夫在课堂。一堂好的课堂教学能让学生在课堂内掌握一定的知识与技能，并能触类旁通，举一反三。吃透教材、了解学生是搞好教学的基础，教师只有深入钻研教材、明确教学目标、掌握课文重点、把握教学难点，才能取得良好的教学效果。课堂教学目标明确，就可以有效地克服教学中的随意性和盲目性，加强教学的针对性。明确教学的重点是什么，就可以避免“眉毛胡子一把抓”，当详则详，当略则略，主次分明。抓住课文的难点来设计教学的形式，问题的处理方式才不会单一，课堂教学才会生动有趣、富

有感染力。

学生是课堂真正的主人，教师备好的课能否为学生所接受，是一个需要在实践中检验的问题，因此，教师在吃透教材的同时必须了解学生。学生的知识水平及接受能力的差异是我们必须接受的现实，处理好课堂上以学生为主体这个问题，是课堂教学成功的关键所在。如著名特级教师于永正在教学《我的伯父鲁迅先生》这篇课文让学生理解“饱经风霜”这个词时，他只是让学生想一想，那位拉车的饱经风霜的脸是一张什么样的脸，让学生用几句话写出来，并给学生开了头：那位拉车的才三十多岁……几分钟后，学生写出来的话便有饱经风霜的意思了。短短一则案例便可知，教师对于教材的把握、对学生的了解，真正体现了学生是学习的主人，学生确确实实学到了知识，既高效又简洁，学生不喜欢才怪！

二、激发兴趣，让学生主动参与学习是提高课堂教学有效性的根本保证

苏联教育家赞可夫曾说，教学一旦触及学生的情感和意志领域，触及学生的精神需要，便能发挥高度有效的作用。学生永远是课堂的主体，只有让他们活动起来、参与进来，这样的课堂才能算是成功的课堂。但一节课 40 分钟，对于年幼的学生来说，要自始至终保持高度注意和积极思维是很困难的，这是由小学生的年龄特点所决定的。因此，教师要善于创设情境，激发学生兴趣，吸引他们主动参与学习。

美国哈佛大学心理学家詹姆士曾用实验证明，通过激发兴趣，人的积极性可以增加 3～4 倍。捷克教育家夸美纽斯曾说，一切知识都是从感官开始的。列宁认为，没有人的情感，就从来没有也不可能有人对于真理的追求。因此，调动情感、激发兴趣，是让学生积极主动学习的根本保证。情感是智力发展的翅膀，积极的情感是人认识活动的内驱力，而良好的情境才能激发人的情感。

教师要在课之始创设情趣氛围，使求知成为一种动因。在新课教学之前，要重视新课导入语的设计，让学生尽快进入特定的情境。

教师要在课中创设情境，使学生主动参与学习。在课中，教师除了使用激情的语言外，还应积极采用电教、插图、简笔画等教学手段来创设情境，激发学生的学习兴趣。如在教学《沙漠之舟》等较为枯燥的说明文时，可用简笔画适时画出骆驼的样子。这样便会使学生的精神为之一振，从而达到学生主动学习、理解课文内容的目的。

教师要在课后创设情境，使学生自觉地学习、主动地探求未知。下课前，如能留下故事的悬念、设计让人寻味的问题，定能激起学生强烈的求知欲望。成年人尚且常被“欲知后事如何，请看下回分解”所吸引，更何况好奇心极强的少年儿童？不“打破砂锅问到底”才怪呢！如一位老师在教学课外读物《美猴王》时，曾设计这样的结束语："学习了课文，孙悟空给我们留下了深刻的印象。那么《西游记》这部书中，吴承恩还刻画了孙悟空的什么形象呢？请大家课后读一读中国四大名著之一——《西游记》。"这样，教师就达到引导学生积极主动阅读课外书的目的。

三、加强训练是提高课堂教学有效性的基本途径

在课堂中，教师主要是通过听、说、读、写四个方面对学生进行语文知识与技能的训练，达到提高学生的语文素养的目的。设计并运用好听、说、读、写训练，既能提高学生的语言表达能力，又能激发学生学习的积极性、主动性。

先说说听的训练。课堂教学中，教师可以通过让学生听配乐朗读、听录音朗读、听教师范读等，来激发情感、培养兴趣。如笔者和学生一起学习《彭德怀和他的大黑骡子》一课时，配乐朗读给学生听，这样便将学生带入课文的意境，使学生与作者产生心灵上的共鸣，从而更深地理解课文内容，"彭德怀爱大黑骡子，更爱战士"这一感人至深的主题也得到深化。

再谈谈说的训练。教师可根据实际情境设计主导性的问题，让学生在阅读的基础上思考，让同桌、小组讨论，或是全班集体汇报，或是让学生质疑、释疑解难，使学生多动脑筋、多动口。这样做，第一，可以培养学生思考、分析和解决问题的能力，以及口头表达能力、团结协作能力；第二，通过教学信息互通交流与反馈，教师能及时发现学生在学习上存在的问题与困难，再进行有的放矢的"导"，以促进学生认知的良性循环。说的训练形式多样，可采用看课题、说题旨的方式，培养学生的思辨能力；采用看插图、说图意的方式，培养学生观察事物和口头表达能力；采用学词语、说句子的方式，培养学生的语言运用能力；采用读语句、说内容的方式，培养学生的分析能力；采用品段落、说段意的方式，培养学生的概括能力；采用抓中心、说体会的方式，培养学生的语言传情能力。

接着说说读的训练。《义务教育语文课程标准》非常重视读，总目标、阶段目标都着重指出读的重要性。书读百遍，其义自见。阅读教学，实质就是导读过程。读的形式也很多，教师可根据教材内容、教学目标和略讲、精讲的需要等，选择读的时机和形式，而不能为读而读，流于形式。

最后谈谈写的训练。只要我们随手翻开语文课本，就可以发现课后有许多练习都与写有关。如读读写写、听写、默写、造句、小练笔等。教师切不可简单地以讲来代替，应让"写"进入课堂，在课堂上让学生动手写，写自己所见、写自己所闻、写自己所感，包括画画、写写、批批、改改。应充分利用写来加强语言文字的积累与运用，并巩固记忆。

就语文教学而言，有效的课堂教学就是通过有效的教学手段使学生在知识、技能、过程、方法、情感态度和价值观等方面获得进步与发展，使学生的语文素养得到提升，并亲历学习过程和掌握学习方法。简单地说，教学有效性就是在教学活动中，教师采用正确的方式和手段，在规定时间内，取得最佳教学效果、实现特定的教学目标、满足社会和个人的教育价值需求而组织实施的活动，从而在教学中让学生在自学、互学、导学、会学的自成课堂上快速地成长起来，让课堂变得有效，让学生得到提高，让能力得到发展，让知识转化为能力，真正达到课标要求。

借“用件”之例 学“推介”之法

在“学讲行动”理念的指引下，新沂市城关小学语文教师重新审视、探索自己的课堂。结合自成课堂教学模式实践研究构想，笔者侧重于文本言语规律的探究，期待在语文课堂教学中，引导学生一课一得，会学而明法。

《一本男孩子必读的书》为苏教版小学语文第十一册第十一课课文。是立于感受人物形象，还是立于言语表达？教师研课视角不同，学生习得也不同。

《一本男孩子必读的书》这篇课文和《小草与大树》《轮椅上的霍金》共在一个单元。基于单元主题，这三篇课文分别呈现了鲁滨逊、夏洛蒂·勃朗特和霍金三个主人公。不难发现，每个人物都彰显着不屈不挠、顽强抗争的精神品质。在“一课三上”的研课过程中，一位教师把教学目标定位在了“走进鲁滨逊的内心世界，感受他不屈不挠、顽强生活的优秀品质”。随后的教学观察中，我们发现学生的情感的确受到了强烈的冲击，他们对人物的认识不断深化，对人物的情感不断升华，但笔者总感觉语文教师抢了思想品德教师的工作。其后辩课中，几位语文教师提出应该走出单一情感教学的误区，确定了“依托文本，得言语之力”的研课主题。于是，大家把目光聚焦在了课后问题上。其一，害怕危险的心理比危险本身还要可怕一万倍，这是丹尼尔·笛福的名言，富有思维含量。其二，一本男孩子必读的书，女孩子要不要读？同样可以作为学生思维训练的一个“拐杖”。笛福为什么会说出这句名言？有什么依据吗？女孩子要不要读？问题的抛出的确引起了学生的高阶思维，把学生引向了对文本内容的深入阅读，学生纷纷以文本中的语言来支撑自己的看法。学生的主体意识和情绪在很大程度上被调动起来，言语表达在思辨中得以充分锻炼，学生对鲁滨逊的形象感知、对名言的感悟也自然水到渠成。但笔者依然有着偏之一隅的感觉。

就在大家认为这是一节很成功的教学案例时，笔者提出了问题：作者杨红樱写这篇文章究竟要告诉我们什么？若是为了让学生懂得“学会生存”，自可以让学生去读《鲁滨逊漂流记》，岂不更好？向学生推介《鲁滨逊漂流记》这本书才应该是杨红樱的本意。《一本男孩子必读的书》这篇文章应该是一篇文体特殊的文章，不是写人的，不是写事的，而是一篇向学生推介课外读物的好文章，应属于王荣生先生所说的“用件类”的课文——在这种类型里，学生其实不是去学文，而主要是用这一篇文章里的内容，或者借选文中所讲的内容，或者由选文所讲的内容触发，去从事一些与该选文或多或少有些相关的语文学习活动。教学时，我们的教学设计不必在内容上转圈圈，而要充分发挥文体例子的最大价值，引领学生在读文中交流，并在思维的碰撞中感悟出向他人推介一本课外读物的方法，然后结合自己的阅读实际，也学写一篇向他人推介读物的文章。教学这一课，我们该教给学生的应是“借用件之例，学推介之法”。

师：在杨红樱的心中，这是一本——《一本男孩子必读的书》，大家不妨猜猜杨红樱写这篇文章主要目的是什么？

生：可能是向我们推荐这本书吧。

师：是的，一个“金牌推销者”可以让人对商品心动，一位“好书推介者”同样需要让读者心动，让我们来看看作家杨红樱的推介法宝是什么？

生：老师，这篇文章的题目就让我好奇了。

师：不简单！这就是杨红樱的厉害之处，推介——首先要抓住读者的好奇心。她的推介之法还有更厉害的呢！

“为发现而教”，针对本课“用件类”文章的特点，笔者单刀直入，重在引导学生去发现杨红樱的推介之法。学生对课文的内容了解不难，难在学生是否能够发现为什么自己阅读的渴望越来越强烈？

师：“三代相传”传递给你怎样的信息？

生：这绝对是大家特喜欢的好书，不然怎会珍藏那么久，还三代相传呢？

师：这本书如此珍贵，要不要读？

生：要读！

从阅读兴趣的角度，笔者重点引导学生关注“三代相传”，提出“要不要读”，从而在兴趣的角度让学生直接感知到这本书能为他人祖辈相传，产生“这究竟是怎样的书？我也要读读看”的阅读渴望。从推介的方法上，笔者引导学生可以通过写一个“爱不释手”的阅读故事来调动他人的阅读兴趣，以达到推介的目的。

师：《鲁滨逊漂流记》一书，中文翻译字数长达 20 万字，推介可以对全文详细介绍吗？作者怎么办的？

生：老师，我知道是简介。

师：读了简介，你感觉这本书怎么样呢？

生：内容不但丰富，而且有趣。

师：这本书可不可读？

生：可读！

师：大家阅读的渴望更加强烈了！可惜作者只为大家的欣赏闪开了一丝缝

隙，大家有什么感觉？

生(笑)：心里有点急呢！有点吊人胃口呢！

一本好书的情节是否吸引人，往往是学生阅读所关注的。课文的第二部分呈现的是对《鲁滨逊漂流记》一书内容的简介，这个简介不是一般性的概述，作者用最少的文字呈现了最多的内容，而且提炼了书中精彩、精华的内容。透过简介，学生怎能不被书中内容的丰富、情节的有趣所吸引？这个简介又是点到为止，适时卖关子，自然会让学生产生好多急于要探求的问题，而问题的产生正是阅读的渴望，教师适时点拨，学生就会意会原来“写个简介”也是成功向他人推介好书的方法。

师：阅读完《鲁滨逊漂流记》，杨红樱感由心生。她抓住了哪几点来谈感受？

生：笛福的名言，人物的形象，把这本书再传。

师：面对作者的感触，你又会感慨什么呢？

生：这真是一本＿＿＿＿＿＿＿＿＿＿＿＿＿的书。这真是一本可以教会我们＿＿＿＿＿＿＿＿＿的书。

师：这本书对我们的成长如此有启发、如此有帮助，值不值得读？

生：值得读！

师：那女孩子要不要读呢？

师：猜猜这一招是什么推介之法？你还有什么高招呢？

生：用好题目来吸引，畅销量，作者的名气……

一本好书的推介，不仅在故事的情节上，还有这本书能给孩子的成长带来的启迪性的帮助，杨红樱的推介引用了笛福的名言，并通过自己也想成为一个像鲁滨逊那样懂得生存的人的想法，向学生传递着这本书值得一读的信息。一本好书的价值所在是推介好书的核心，学生在探究这部分内容的同时，不仅阅读渴望会更强烈，推介之法的习得也自然水到渠成。当然，撰写推介好书的方法不是唯一的，学生也可以交流出其他的调动他人阅读兴趣的方法。

师：你有迫切阅读《鲁滨逊漂流记》的渴望了吗？有，那就代表杨红樱推荐成功了。

师：你懂得推介好书的办法了吗？学会了，那就代表老师这节课成功了！

师：你有推介好书的冲动吗？你的文笔如果能激起别人的阅读兴趣的话，那你就成功了！

学写推介前的三句话中有三个“成功”，一是对杨红樱推介文字的认同；二是对学生发现学习的认同；三是激起学生强烈的阅读渴望后，再次调动学生学文学法并参与仿写实践的渴望。无论是生活，还是学习活动，学生的成长均需要积极的情感体验，渴望“成功”也助推了学生练写交流的积极性！

站在语文的角度，用语文的方式学习，不做教材的俘虏，以文本为例，为写而读，方能引领学生获得语文能力的提升。一篇课文承载着很多教学价值，只有识得文本真面目，我们的学生才会寻得“会学”到“学会”的最佳路径。

质疑问学，提炼小学语文阅读教学主问题

《义务教育语文课程标准》指出，学生是学习的主体。语文课程必须根据学生身心发展和语文学习的特点，爱护学生的好奇心、求知欲，鼓励自主阅读、自由表达，充分激发他们的问题意识和进取精神……由此，质疑问学也就自然成为教师教学的关注点，以及学生自主、探究学习的生成点、发展点。

质疑问学，顾名思义，就是通过质疑提出问题，依据问题展开学习活动。在常态教学中，甚至公开课教学中，好多教师都会步入误区——教师发问满堂跑，学生质疑满天飞。限定的短暂的四十分钟下来，教师忙得焦头烂额，学生学得不知所以然。这样的质疑问学显然是高耗低效的，又怎能达成对学生问题意识的培养？

中国画讲究章法布局——密不透风，疏可跑马。中国画讲究围绕一个意境，达成疏与密、聚与散、动与静、明与暗种种对比。一节好课，类如中国画，同样需要于重难点处"密不透风"，于简要处"疏可跑马"。这不仅需要教师在教学中树立主问题意识，也需要教师去培养学生质疑问学的主问题意识。

一、寻"领"而疑，归结主问题

鼓励学生质疑问学，课题的质疑是第一步，是归结主问题，培养学生灵性之不可忽视的环节。提领而顿，百毛皆顺。题为文眼，是"心灵的窗户"，是整篇文本的领口，题眼是领口上的领尖。

以事为题，寻"事"而疑。如：课文《三打白骨精》就是以事为题，读题即可知道文章所述何事。对于这一类的课题，教师可以给学生明晰："谁在什么情况下做了什么事，结果怎样？"如再深入探究，那就需要再关注文题"领中领"——"三打"，归结出主问题——"三打"各有怎样的不同，从而一线串起对全文的探究。

以人为题，必以事表现人，质疑的重点应该是写了人物的什么事，以及反映了人物怎样的精神品质。

又或如写景类散文《黄山奇松》，学生读题而知文章描述的是黄山松，欲让学生寻领提炼主问题，同样需要引导学生关注题中字眼"奇"，也就不难提出该课的主问题："黄山松奇在哪里？"

二、加“标”而疑，生发主问题

如教学《云雀的心愿》一文，引导学生质疑问学时，笔者设计了以下教学板块。

师：这节课我们来换个读题法——加标点读题法，请同学们留意。

教师在课题《云雀的心愿》后面加上一个问号。

师：这样该怎么读？

学生读题，疑问的语气自然表露，疑惑的表情自然呈现。

生：老师，还可以在前面加个语气词来读——咦，云雀的心愿？

师：会读出疑惑，还需要表达出你的疑惑。

生：云雀的心愿是什么？它为什么会有这样的心愿？

加个问号，润物无声地引发了学生的问题意识，提出主问题自然也会水到渠成。

又如教学《我不是最弱小的》一课，笔者的设计如下。

教师在课题上加上一个感叹号——“我不是最弱小的！”

师：注意叹号的味道，大家读读看。

学生自由地试着读题。

师：大家这样读，心里一定会有想说的话。

生：谁说我是最弱小的！

师：看，这个同学生气了，也用上了叹号。

生：我要证明我不是最弱小的。

生：老师，我特别想知道萨沙为什么要证明自己不是最弱小的。

从学习语言表达的角度出发，学生们在加叹号读题中自然悟出了学习该课的重点，主问题也就自然生发了。

三、扣“句”而疑，发现主问题

文本中，我们常见中心句，有开篇引入的总起，有能够概括全文的总结，也有巧妙串起全文的过渡，还有反复出现的关键。为发现而教，我们的教学需要引导学生以敏锐的眼光去发现，并由此提出探究性学习的主问题。如教学《秦兵马俑》一文片段。

师：如果让你选择文中的一句话概括全文，你会选哪一句？

生：秦兵马俑不仅规模宏大，而且类型众多，个性鲜明。

师：这是一个过渡句。单独成段也叫过渡段，起到了承上启下的作用。大家猜猜这节课我们应该先后各研究什么？

生：先研究秦兵马俑究竟是怎样的规模宏大，再研究它是怎样的类型众多、个性鲜明。

师：你看，小小的过渡句，不仅总括了全文，藏着作者的写作思路、写作顺序，还能够让同学们一下子抓住了最主要的问题。

教学永远没有句号，只有省略号。质疑问难的过程也是如此。当我们在一节课的教学中，学生能够提出有价值的问题，那就是进步；能善于发现主问题，那就是成功。

在赏读文本时，我们还可以指导学生从文本的命题、结构安排、修辞运用等方面去发现问题，避免质疑问学不着边际。例如《陶校长的演讲》《滴水穿石》等文章在谋篇上总一分一总的结构非常明晰，中心句非常明确，教师可以轻松引导学生扣住中心话题提出探究的主问题。对于众多的诗歌而言，文章多用反复的修辞手法，这些反复出现的中心句正是我们落实朗读的重点，教师可以让学生对中心句质疑，可以把他们的思维引向主问题、引向学习的深层次。

四、设“难”而疑，提炼主问题

培养学生的问题意识，引导学生质疑问学，有时还需要教师故意“使绊子”，给学生创设认知上的冲突，引发学生的思辨，从而提炼出教学主问题。

如教学《少年王冕》一课，可做如下板块设计。

师：这篇课文是个小说，小说要有人物、要有事件。说说这篇课文写了谁？(再读课题，突出“少年”)主要写了他什么事？

生：辍学放牛和学画荷花。

师：课文 980 个字，却写了王冕 7 到 18 岁相距 12 年的生活经历，有一个办法，那就是平均每年用 80 个字来写。可以吗？

生：不可以！

师：既然不可以，那该怎么办？

生：有详有略。

师：迅速浏览课文，看看课文详写了王冕的几岁，略写了几岁，省略了几岁？

师：为何详写这些，略写这些，或者不写那些呢？

生：因为 10 岁的辍学放牛和 14 岁的学画荷花最能反映人物的特点和精神。

师：对了，我们研读的重点问题出来了，那是——

生：围绕作者详写的两件事，抓住关键词、重点句来品读王冕是一个怎样的人。

又如，《伊索寓言》一文，故事语言浅近，寓意一读而知，教学如浮于表面，机械地把三则寓言拆分教学，学生即使提出问题，也毫无研读价值，更会让学生错失对文本的探究发现与自主感悟的机会。这就需要教师深入研读文本，对教学整体灵活建构，提炼出可以贯穿全文教学、引发学生深度思考的主问题。

师：上节课大家读了伊索的哪些故事呢？故事中主人公的话特有代表性，流传至今，读读课文，很容易发现。

生："这些葡萄肯定是酸的，不好吃。"

生："狼来了！狼来了！"

生："您的歌声多么美妙！您真是个天才的歌唱家！"

师：这三句话为不同角色所说，但也有共同点。这个发现稍微有点难度，看谁有智慧的双眼？

生：老师，他们说的都是违心的假话。

生：他们说的都是骗人的话。

生：这三句都是角色人物的谎话。

师：一个"谎"字串起了这三则寓言，编者把它们放在一起原来是有目的的，同学们可以提出怎样有价值的问题呢？

生：他们为什么说谎？

生：他们的谎言告诉了我们什么？

一个"谎"字不仅扣住教学的中心点，更让学生在兴趣盎然中激起了下一步的问题意识。一个点，一条线，串起一个整体。教与学在存异求同的探究发现中相得益彰。

爱因斯坦曾说，提出一个问题往往比解决一个问题更为重要。因为解决问题也许仅是一个数学上或实验上的技能而已，而提出新的问题却需要有创造性的想象力。学贵有疑。我们不仅要鼓励学生敢问、乐问，更要积极引导学生会问，问出有价值的问题，问出走向学习深处的主问题。

思维导图在小学英语教学中的应用

图形作为一种信息表现方式，在现实生活中可以说是无处不在。美国图论学者哈拉里曾说，一图值千金。图形以其丰富的内容含量和直观的表现形式受到了人们的青睐，不论是配合文字还是单独出现，人们对图形的辨识和记忆远远超出了文字或口头语言的表述。图形比纯文字更有感召力，更有利于创造性思维活动的产生和记忆能力的提高。

思维导图由英国心理学家东尼·博赞于20世纪60年代提出，它是放射性思维的有效图形工具，通过一幅幅形象的“图”可直观呈现人类大脑的放射性思维过程，使大脑的思维可视化。

思维导图被广泛应用于日常教学中，在我们的英语教学中可用于各个板块，如词汇教学、语篇教学、写作教学，可以起到事半功倍的作用。

一、思维导图在小学英语词汇教学中的应用

在英语教学中，词汇学习是一个重要的组成部分，拥有一定的词汇量对于学生的英语学习是极有帮助的。但是在当下的教材中，词汇排序大多采用字母或者是单元排序，这样虽然极大地方便了学生查询单词，但是在一定程度上影响了学生的记忆效果。单元或字母排序无法照顾到单词的相关性，让每一个单词孤立地存在。学生在背单词的时候不会归类，导致其英语思维很难系统化。而将思维导图运用到英语单词记忆中，再借助科学的词汇教学方法，不仅能降低单词遗忘率，还能帮助学生创建词汇网络，培养学生的发散性思维。例如，教授单词food时，笔者使用了思维导图，学生兴趣高涨，争先恐后地说出他们学过的单词，不但学习了新知，还回顾了旧知，起到了以旧带新、滚动学习的效果。总结如图1。

单词教学中，思维导图的运用是孩子们最喜欢的环节，可操作性强，无论从词性、类别，还是从单词的发音甚至是字母组合，都可以运用思维导图。在形式上可以全班集体参与，也可以小组合作，还可以单人PK。在英语教学中我们又把这种方式称为“头脑风暴”，它可以使本来枯燥乏味的单词教学变得生动有趣，大大提高了学习效率。

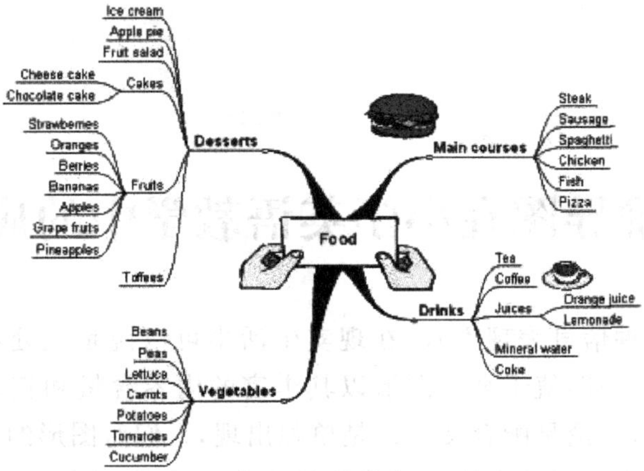

图 1 “Food”思维导图

二、思维导图在小学英语语篇教学中的应用

传统的小学英语课堂教学更加注重对词句的教授，忽略了对语言本身含义的解释，这也让学生感觉“完全是为考试而学”，无法真正理解语言内涵和掌握学好英语的有效策略。译林版新教材对于这一现象做了大胆的改变，课本内容中注入了更多的趣味性，换用了大量的交际用语，语篇的难度有所增加。但是，通过思维导图的构建，教师能够循序渐进地对学生进行引导，逐渐提高学生的学习效率，激发学生的学习兴趣，提高学生的语言运用能力。语篇教学中，思维导图能更好地帮助学生梳理文章的脉络，利用图片能更好地帮助学生更快地掌握整个语篇。如图 2。

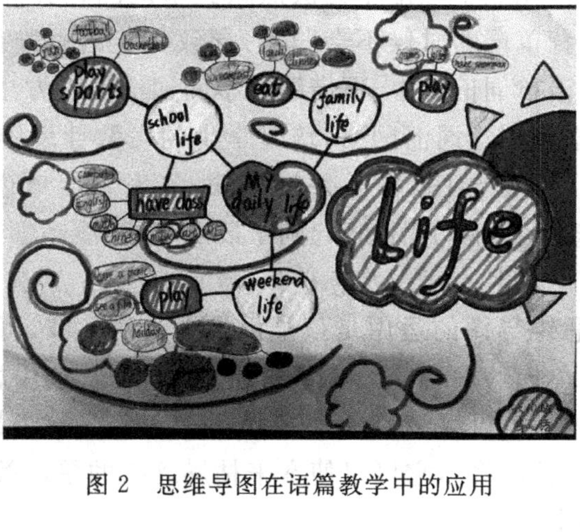

图 2 思维导图在语篇教学中的应用

学生在小组中合作制作思维导图，不仅能够很快抓住整篇文章的脉络，还有助于小组成员之间的互动学习。

三、思维导图在小学英语写作教学中的应用

在当下的小学英语教学中，许多教师认为写话训练耗时费力，而且对于成绩的提高不能立竿见影，所以对于学生写话能力的训练不够重视。再加上小学生的词汇量不够，写话能力就更无法得到提升。而思维导图的运用，能够帮助学生构建起语言框架，帮助学生进行词汇的积累与词句的分析掌握，从而提升写话能力。

学生在写作中制作思维导图，老师可提供一些 keywords，让学生有点可抓，有迹可循，降低写作的难度。随着大量的思维导图的制作，学生在英语写作方面的能力会大大提高。小学生集中注意力的能力较差，如果课堂不够有趣，很难吸引他们的注意力，从而导致教学难以达到预期效果。因此，教师只有在课堂中设计让学生感兴趣的教学方式，才能够最大限度地延长学生集中注意力的时间。利用思维导图来架构课堂教学，将图像、线条、音频等运用到课堂活动中，是符合学生心理需求的，能够引导学生的思维跟着老师走。同时，运用思维导图建立起来的知识网络，更有利于学生对知识点的记忆与掌握，从而提高学生的学习效率。如图 3。

图 3　思维导图在写作教学中的应用

思维导图可以利用画图的形式将新旧知识进行联系，从而搭建起新旧知识之间的桥梁。联想式的记忆远比死记硬背快速并且牢固。在日常教学中，教师很难保证讲解内容的有效性，导致输入远大于有效输出，思维导图能够促进知识的有效记忆，从而熟练掌握好所学知识。

小学高年级英语阅读课的有效策略及案例分析

在阅读课教学中，部分教师还存在着教学方法单一、把阅读课当作新单词和句型教授课、一字一句地进行讲解和翻译的问题。填鸭式的教学模式，缺乏对阅读策略和技巧的培养，忽略了学生的接受能力和消化能力。随着学年段的升高，特别是到了高年级时，学生的阅读技能要求逐渐提高。学习难度陡然加大，会导致部分学生越学越吃力，并逐渐丧失阅读的兴趣。因此，如何改进小学高年级英语阅读课的教学策略，成为教师当前研究的重点。

以下将以译林版小学英语五年级下册的“Unit 7 Chinese Festivals”为例，讲一讲笔者的阅读课教学过程。主要内容为：The Spring Festival is in January or February. People also call it Chinese New Year. At this festival ，people get together with their families. Some people eat dumplings. The Dragon Boat Festival is in May or June. There are dragon boat races in some places. People eat rice dumplings at this festival. The Mid-Autumn Festival is in September or October. People look at the moon and eat moon cakes and fruit. The Double Ninth Festival is October or November. It is a festival for old people. People visit their parents and grandparents. They also climb mountains and eat rice cakes at this festival.

一、研读课标，确定阅读教学目标

《义务教育英语课程标准》要求小学毕业时学生阅读水平要达到二级标准。具体目标是：① 能认读所学词语；② 能根据拼读的规律，读出简单的单词；③ 能读懂教材中简短的要求或指令；④ 能看懂贺卡等所表达的简单信息；⑤ 能借助图片读懂简单的故事或短文，并养成按意群阅读的习惯；⑥ 能正确朗读所学故事或短文。同时，小学英语学习策略二级目标中也对阅读策略提出了要求：尝试阅读英语故事及其他英语课外读物。根据课标要求，并结合本课的内容，笔者将阅读教学目标定为以下几点：① 能通过略读文本回答问题，并会用横线在文中标出答案；② 能通过精读掌握大意，并提取文本中的关键信息，如 where、when、who、what、how 等；③ 能运用略读和精读的阅读策略，尝试阅读其他英文小故事。

二、阅读教学阶段

（一）阅读前的准备活动（pre-reading）

在本节课阅读前的教学环节设计中，笔者以一首改编歌曲作为导入，辅以动作和图片，通过情景创设加深学生对歌曲内容的理解，并引导学生提取歌曲中的几个关键信息，如 what、when、what actives、what food 等，巧妙地以旧引新、自然有序地导入新的阅读内容。

（二）阅读过程的活动设计（while-reading）

1. 带着任务，略读文本

在阅读的开始阶段，可布置一些较简单且大部分学生都能回答的任务，让学生在略读文本的过程中体验阅读的乐趣，找到满足感，增加学习自信心。本课的略读任务设置为：让学生快速阅读课文；找出文中生词和出现的动词过去式，并引导学生标出来；培养学生的阅读习惯和阅读技巧。

2. 带着问题，精读文本

在快速阅读课文后，学生对文本有了初步的认识。接下来，教师可以让学生带着几个问题，对文本进行精细的阅读，掌握详细的重点信息。活动的形式可以是个人阅读并回答问题，也可以是小组合作共同讨论问题，在讨论的过程中可以加深对阅读文本的理解。问题的形式可以是简单的问与答、判断对错、选择答案，也可以是填表格、给图片或句子排顺序、给图片与句子配对、填空等。本课例中，笔者设计了三个问题：① When's the Spring Festival? ② What do people do at this festival? ③ What do people eat at this festival? 学生可以以个人自主阅读的形式，在文本中直接找到答案（① It's in January or February；② People get together with their families；③ Some people eat dumplings）。这三个问题涉及了三个关键的信息（when、what、what），学生在阅读的过程中如果能准确把握文本的关键信息，就达到了提高阅读能力的目的。

3. 拓展运用，综合提高

在经过以上有梯度的阅读过程后，在教学过程的拓展部分，教师可根据学生的实际阅读情况，设计拓展活动。如让学生根据阅读提取的主要信息，对文本进行复述；让学生根据阅读提取的几个要素信息（where、what、when、who、how）进行简单的写作；也可以由教师给出一篇新的阅读材料，让学生运用掌握的阅读策略进行拓展阅读等。本课例中，笔者提供的拓展材料是一篇关于“Lanterns' Day”的文章，让学生小组合作进行阅读。

三、提高阅读教学有效性的策略

（一）培养正确的阅读习惯

在小学英语学习过程中，学生可能会形成各种各样的阅读习惯，如用手指指着单词一个词一个词地读（低年级段可以这样做，但是高年级段不建议用这种方式）。不良的阅读习惯不仅会影响阅读速度，也会影响对阅读材料的整体把握和有效理解。因此，要想提高阅读教学的有效性，就应该培养学生正确的阅读习惯，纠正逐词阅读或者逐词逐句进行翻译的习惯。正确的阅读习惯包括养成通过视觉器官直接感知文字符号的能力、按意群阅读、不译读等。

（二）加强阅读技巧的训练

教师可以利用多种阅读方法，如略读、精读等，加强学生阅读技能的训练，提高学生的阅读理解能力。教师应鼓励学生养成按意群阅读的习惯，在略读和精读的过程中，遇到不懂的单词时，不用太过于纠结，鼓励能看懂大意就行，以增加学生的成就感和自信心。这也是在高年级阶段让学生保持学习自信心的方法之一。

小学英语高年级阅读课的有效教学是一线英语教师的研究重点，只要我们紧跟课标，明确阅读课的教学目标，注意培养学生的阅读习惯、阅读兴趣，加以设计有效的阅读模式，便能提高学生的阅读技能，也能充分挖掘学生的阅读潜能，大大提高学生的语言运用能力。

巧妙设计,为课堂巩固教学着色

《义务教育英语课程标准》要求小学阶段的英语教学要使学生掌握一定的英语基础知识和听、说、读、写技能,形成一定的语言运用能力。小学英语课堂中巩固拓展环节,是小学英语教学环节中重要的组成部分,也是一节课的最后一个环节。巩固拓展教学主要着重于“运用”两个字,主要是加强学生对课堂新知识的操练、掌握以及熟练运用,它有利于学生对新知识的进一步理解和加工,有利于学生操练和运用所学的语言知识,更有利于学生及时将所学的知识转化为语用能力。通过巩固练习,我们可以培养学生的自我表达能力、合作交流能力、探究能力和创新能力。同时,在教学中,教师要根据学生的认知特点和学习风格,对教材内容进行不同的设计,避免教学单一、枯燥无味,让学生学会学习、快乐学习,在不知不觉中培养学生自主学习的能力和良好的人文素养。因此,学生要想学得好,课堂巩固少不了。

一、复述课文,重在培养自信,化被动为主动

复述课文是小学英语教学中的一种综合训练,是富有创造性的训练形式,是培养学生说的能力的有效手段。课文复述是学生对语言教材吸收、存储、内化、整理和表达的过程。学生要想把课文复述好,就要熟练掌握课文内容,在对文中单词、短语、句型的理解基础之上,把新旧知识进行整合,运用正确的语法知识,重新构思课文,对所学的语言加以改造。这是学生用自己的语言对课文内容进行重新整合的一个创新的过程。这一过程有利于培养学生说话、阅读等各方面的能力,提高学生的口语表达能力,从而达到会学的目的。小学生都有比较强的表现欲,课堂就是让学生有展示自我、挑战自我的机会。复述可大大满足学生的这一心理,激发学生的学习兴趣,增强学生的自信心,让学生主动参与到活动中去,有助于提高学生的语言运用能力,从而把语言知识转化为言语接触,巩固所学知识。

在教学中,板书的设计对复述课文有很大的帮助。上个学期,在一节公开课学习中,学生精彩的复述让笔者记忆深刻,学生们复述时,语言流利、语法正确。笔者认为,学生复述得好,教师的板书设计功不可没。教师板书的是一个思维导图，巧妙地把课文内容的分析过程用一个鱼骨图框架体现出来。公开课的教学内容是六年级上册“Unit 3 Holiday Fun”的第一课时。这节课以与假期相关的歌曲“Tell me about your holiday”导入课题，通过谈论国庆节假期做什么来学习新句型，并通过让学生们猜一猜刘涛和麦克的假期过得怎么样进入课文。在讲解课文时，教师通过逐一提出包含四个关键词 who、where、what、how 的相关问题，层层递进，分析课文，教师每讲解一个关键词之后就写板书，最后让学生根据板书复述课文。经过两分钟的准备后，学生基本上能轻松地掌握该节课的内容。板书设计是这样的：在鱼骨主干上体现第三单元课题以及 who、where、what、how 四个关键词，与关键词对应的鱼刺上写出相应的小知识点。整个板书清晰明了，直观生动、概括力强，对于学生把握课堂内容有着极其重要的作用。

教师把这节课比较枯燥乏味的知识点通过思维导图表现出来，知识点顿时变得形象生动起来，激发了学生的兴趣，使学生积极主动地参与学习，很快就能复述课文，提高了教学效率。同时，板书的设计让学生对信息进行了自我加工，学生通过每个信息的内在关联，把学习的新旧知识进行重组，有助于他们发散思维的发展，并很好地锻炼了口语表达能力。在今后的教学中，作为教师的我们要多动脑筋上课，让学生更容易接受新知，让课堂变得灵动起来。

二、情境对话，培养交际能力和团结合作的精神

《义务教育英语课程标准》指出，小学英语教学主要目的是使学生获得为交际初步运用英语的能力。拓展的内容需贴近学生的生活，从学生的日常学习与生活的实际出发，寻找切入点和内容，培养孩子们的交际能力，提高会话技巧。为了让学生更好地运用新知，英语教师们脑洞大开创设了各种各样的情境、游戏、调查等环节。

《义务教育英语课程标准》指出，要培养学生的语言运用能力。因此，教师要通过创设接近现实生活的各种语境，根据学生的认知水平和生活经验，让学生在语言实践活动中能够理解和掌握语言目标。语言的学习不仅仅是知识的学习，还要逐步实现语言知识的内化、提升语言运用的能力，也要培养学生自主学习的能力和良好的人文素养。作为一名小学英语教师，应当加强对小学英语课堂巩固环节的研究，新授课之后，通过趣味化、多样化的巩固活动，帮助学生理解和运用所学的语言知识，突破一节课的重难点，达到巩固新知、学会新知的目的。

学生们是乐于表演的，是天生的表演家。情景对话教学的实质是交往互动。英语课堂常采用个体活动、双人活动、小组活动等组织形式，有效地组织对话，使英语课堂充满活力，促使更多的学生参与到活动中，激活学生的语言表达欲望。同时，在活动中，参与成员互相帮助、团结合作，可以充分体现集体的智慧和团结的力量。

如在学习四年级上册“Unit 6 At the snack bar”新授课之后，为了让学生能够更好地运用所学知识，教师可以创设一个买东西的场景。

A：Good morning ，what would you like?

B：I’d like...

A：Anything else?

B：... please/No，thanks.

A：Here you are.

B：Thank you.

教师可以让学生分成小组，给学生发一份菜单，让学生运用以上新知识对话，进行简单的拓展和创新。买卖东西是学生非常感兴趣的话题，也比较贴近现实生活，因此学生的表现欲望特别强烈，教学气氛活泼，学生对于句型的运用也能基本掌握。

菜单

三、模仿续编，在创新中展开，培养发散思维能力

《义务教育英语课程标准》指出，英语教学不仅要教给学生语言知识，发展学生的语言技能，还要注重学生想象力、思维能力和创新力等素质的综合发展。教学活动不能只限于课堂之中，教师在巩固环节应重视学生的思维发展，使学生在个体和合作的实践过程中发展语言与思维能力，从而有效开发学生的想象力和创造力。

如在学习六年级上册“Unit 1 The king’s new clothes”的新授课之后，教师可以让学生思考并在组内讨论如何用1～2句话续编故事。“The king's new clothes”是个家喻户晓的故事，教材中图文并茂，形象生动，给学生留有很大的想象空间。故事情节的虚构性，可以让学生展开想象的翅膀，充分发挥发散思维和想象能力。学生的续编虽然充满了各种搞怪的想法，但他们都从这个故事中认识到生活中的美和丑、真和假、善和恶。

四、日常教学，无时无刻不渗透着德育因素

小学英语教材涉及的题材较广，大都与我们的生活息息相关，如：家庭、学校、就医、节日等，这些知识的背后无一不渗透着德育因素。教师应努力挖掘这些德育因素，以知识为载体，适时适度地在教学中渗透人际关系、思想品质、爱国主义等方面的教育，让学生在学习英语的过程中，在思想高度上得到提升，鼓励学生建立自信，克服困难。小学英语教学是小学教育的重要组成部分，其德育因素贯穿在课堂教学的各个环节。如在学习六年级上册“Unit 1 The king's new clothes”的新授课时，教师让学生续编课文之后可以给孩子渗透德育内容“Be honest, Be yourself”（做诚实的你，做真实的你），并告诉学生们诚实是一种良好的品质，我们要做诚实的人。

五、文化意识，拓宽学生视野，丰富生活经历

语言与文化是密切相关的。学习语言是为了更好地融入该门语言的文化氛围，了解外国文化有益于对英语的理解和使用，为语言的交流做准备。在小学英语初学阶段，许多教学内容具有丰富的文化底蕴和内涵。因此，教师在进行语言教学的同时，也要挖掘和渗透文化教学，让学生了解中外文化的差异，有利于学生理解外国文化，提高学生学习英语的兴趣，进而拓宽学生的文化视野，在语言实践中形成初步的跨文化交际能力，增强爱国主义精神，发展创新能力，形成良好的品格和正确的人生观与价值观。

如在教授六年级下册“Unit 6 An interesting country”时，文中从city、animal、sport三个方面介绍澳大利亚，学生能读懂课文大意，初步了解澳大利亚的特色。因此，在新授课之后，教师应进行适当的拓展，让学生更多地了解澳大利亚的国情，拓宽学生的文化视野。教师可通过出示地图让学生了解澳大利亚位于地球的南部——大洋洲，可以给学生出示一小篇英文阅读材料，如：Australia is the 6th big country in the world. It's smaller than China. It is in the south of the earth. You'll find nice weather here. It's usually warm and sunny. You'll find beautiful and clean cities, like Sydney, Melbourne（墨尔本）and Canberra（堪培拉）. Canberra is the capital city of Australia. You'll find

516 parks for plants and animals. You'll enjoy the seas and beaches in Australia, like Gclden Coast(黄金海岸). Welcome to Australia! 阅读之后，教师可以让学生分成四人或五人一组，合作介绍澳大利亚的动物、城市、天气等知识。最后，教师可以放映一些富有澳大利亚国家鲜明特色的图片激发学生的兴趣，帮助学生更好地了解澳大利亚的文化。

六、写作活动，重在情感体验，延伸文本理解

小学英语写作是在学生掌握了一定的语言基础之上进行创作的过程，从单词拼写到语法结构，从遣词造句到整篇布局，无一不反映了学生的英语水平。小学阶段，英文写作要求学生用书面语言表达意思，基本连贯地表述与表达事实、观点、情感，形成基本的写作能力。在教师的指导下，学生应能用自己的语言把各自的想法用五六句话写出来，使学生的情感体验得到升华。

写作有助于词汇、语法、句型、课文等语言知识的学习，并能够促进听、说、读和思维能力的潜在性发展，有利于考查学生的构思能力、信息组织能力和语言表达能力。教师在阅读教学的过程中，要善于捕捉机会，适时地引导学生进行有效的课堂练笔，在提高学生习作能力、培养学生创造性思维的过程中，让阅读课堂教学得到有效的延伸。例如，在五年级上册“Unit 4 Hobbies”的新授课之后，教师可以结合文本内容给学生布置了这样一个小练笔。

小练笔形式

教师可以要求学生用四到五句话描述自己或朋友的兴趣爱好，这样可以考查学生在图片和语句的提示下、写出简短语句的能力。写作之前，教师可以通过 Free talk 与学生进行问答，通过对话激发学生的兴趣，激活相关的写作信息，降低写作难度，为接下来的写作打好基础。例如：

T：Do you like swimming?

S1：Yes，I do. I like swimming.

T：Do you like dancing?

S2：No，I don't. I like reading stories.

T：Who is your friend? Does she like reading stories?

S2：Yes，She does. She likes reading stories too.

...

学生可根据自己真实的感受和经验进行写作。这样的教学设计具有一定的挑战性和开放性，既延续了文本的人文内涵，又结合情境训练了读写，在学生情感体验得到升华的同时，有利于激发学生的写作兴趣，学生的写作能力也得到了锻炼。这个小练笔其实就是要求学生仿写课文，仿写的目的是模仿作者的表达方法，在仿写的过程中，学生进一步体会课文内容，促进学生从读到写能力的转化，达到进一步掌握文本的效果。从学生的作业反馈情况可以看出，大部分的学生写得还是不错的。

《义务教育英语课程标准》中指出培养学生的语言运用能力，也就是培养学生用英语做事情的能力。语言的学习不仅仅是对知识的学习，还要逐步实现语言知识的内化，提升实际语言运用的能力。作为一名小学英语老师，应当加强对小学英语课堂巩固环节的研究，通过多样化、趣味化的巩固活动帮助学生理解和运用所学的语言知识，达到让学生学会新知的目的。

自成课堂践行实效

《天火之谜》(第一课时)教学实录与评析

【课时目标】

(1) 正确、流利地朗读课文,把握课文主要内容,理清课文顺序。

(2) 聚焦重点:品读课文第四自然段,初步感受富兰克林勇于探索、敢于实验的精神,学习课文表达方法。

【教学重难点】

(1) 联系语境理解词语的意思。

(2) 抓内容、理顺序。

(3) 抓住关键词句品读第四自然段,感受富兰克林的可贵精神。

【教学准备】

课件。

【教学过程】

【板块一】 激发情趣,扣题导入。

师:今天我们共同学习第19课《天火之谜》,请和老师一起板书课题。注意"谜"是"言字旁",谁来扩词?

生:谜底。

生:谜团。

(齐读课题)

师:读了课题,你头脑中冒出了哪些问号?

生:天火是什么?

生:天火之谜是个什么样的谜?

生:这个谜是怎样解开的?

生:是谁解开了这个谜?

……

师:学问学问,会学一定要多问。问学是很好的学习习惯。你们提出不少问题,老师梳理归纳如下。

(课件出示:天火是什么东西?天火之谜到底是怎样的谜?这个谜又是怎样解开的?)

（生齐读课件内容）

师：下面我们就带着这些问题走进课文，相信一定会有所收获。

（专家评议：老师紧扣课题，先抓住关键字“谜”进行理解，再引发学生据题提出问题并梳理出有价值的问题。扣题导入，激发了学生学习的兴趣，引起了学生的阅读兴趣）

【板块二】 自学课文，整体感知。

师：请看大屏幕，谁来读读自主学习单？

（出示课件）

学习活动一
1. 正确朗读课文：读准字音，读顺句子，做到“五不”。 2. 初步感知课文内容：天火是什么东西？天火之谜到底是怎样的谜呢？这个谜又是怎样解开的？ 注意：先自己学，再小组互助学。

（教师指名读自主学习单）

师：你知道是哪“五不”吗？

（学生摇头）

师：“五不”指的是不丢字、不添字、不错字、不重复、不读破句。友情提醒：可以先读读课后生字表，遇到长句子、难读的句子可以多读几遍。

（学生继续读自主学习单）

师：这可是你们自己刚才提出的问题。

师：学习活动开始吧！

（学生放开声音朗读课文，教师巡视指导）

师：同学们学得投入，读得认真，来汇报一下你们的学习成果吧！

（出示课件）

钥匙	颠簸	拴住	纤维

师：谁来读好词语，不仅要读正确、读响亮，还要读出词语的味道。注意：这个词虽然不是生字，也很容易读错（课件点红“纤维”），谁来？

（教师指名读）

（出示课件）

冷嘲热讽	怒发冲冠	安然无恙	欣喜若狂

师：这组成语，谁来？

（教师指名学生读，课件点红“冠”）

师：“冠”是个多音字，它还有另外一个读音，谁来说一说？你能给它再组个词吗？

生1：guàn，冠军。

生2：冠名。

师："冠"在这个词里是什么意思？

生：帽子。

师：让我们一起来读，注意读出词语的味道。

（学生齐读词语）

师：生字词会读了，课文能读好吗？二至五自然段比较难读，谁来挑战？请四个同学来，其余同学注意倾听：他们做到正确读了吗？做好记号，读后评价。

（教师指名分别朗读二至五自然段，注意正音、顺句）

师：谁来评价一下？

生：……

师：这一部分还有不理解的词语吗？

生："无稽之谈"是什么意思？

师：理解词语，我们首先需要理解关键字的意思，看看"无稽之谈"中哪个字最关键？

生：稽。

师："稽"在字典里的解释有以下几种。

（出示课件）

"稽"在字典里的解释有：① 查考；② 计较；③ 停留，拖延。 "无稽之谈"中的"稽"指的是________。

生：查考。

师：那"无稽之谈"的意思是什么？

生：毫无根据的说法。

师：在课文中，毫无根据的说法指的是什么？

生："雷暴是上帝的怒火"是毫无根据的说法。

师：理解词语不仅要查字典，还要联系上下文，这样才能准确把握词语的意思。这一部分主要写了什么事？快速浏览课文，准备准备，可以用文中的语句来概括，也可以用自己的语言简要概括。

生1：科学家富兰克林揭开天火之谜。

生2：科学家富兰克林为了揭开雷暴的秘密，在雷电交加的天气里进行风筝实验。

师：能不能提炼短语来概括，进行实验、揭开雷暴之谜其实也就是——

生：探究雷暴。

师：你们会写这个词吗？请一位同学把它板书在黑板上。

（教师点名学生板书）

师：课文第一自然段写了什么？

生：长期以来，雷暴在人们的心目中一直是种可怕的东西。

师：请继续提炼概括。

生：雷暴可怕。

师：请一位同学也把它板书在黑板上。

（教师点名学生板书）

师：最后一个自然段写了什么？

生：后来，富兰克林根据放电的原理，发明了避雷针。

师：也就是人们——

生1：避开雷暴。

生2：征服雷暴。

师：好，请你们也把这个词板书在黑板上。其他同学注意看，有什么发现？

（学生们发现有一个同学写得过于拥挤，指出写字不仅要正确，还要美观、工整，请其重新书写一遍）

师：谁来说一说自己的发现？

生：这三个词都是围绕"雷暴"来写的。

生：……

师：我们一起来理一理。课文先写"雷暴可怕"，这是起因；再写"探究雷暴"，这是经过；最后写"征服雷暴"，这是结果。一件完整事情的"三要素"清清楚楚。

师：课文哪一个自然段具体描写了富兰克林做风筝实验的？

生：第四自然段。

师：现在咱们就来聚焦第四自然段，细细品读。

（专家评议：在这一环节的教学中，教师主要引导学生通过自学、互学的方式解决字词读写、读通顺课文、了解课文大意，充分体现了以生为本的理念。在概括事情的起因、经过、结果时，老师引导学生先用简要的语言概括，再抓住关键词进行提炼概括，整个导学过程不着痕迹、水到渠成）

【板块三】 聚焦互学，品读感悟。

师：请看大屏幕，谁来读读自主学习单？

（出示课件）

默读课文第四自然段，哪些地方给你留下最为深刻的印象？
用波浪线画出重点语句，用"△△"标出关键词语，并试着写写自己的读书感受。

（教师点名学生读）

（学生读、思、画，并写体会，教师巡视指导）

（学生在组内交流各自的阅读感受）

师：哪一处最为惊心动魄？你画出了哪些重点语句？从中你感受到了什么？

生：一片乌云掠过风筝上方，富兰克林发现麻绳上的纤维“怒发冲冠”般地竖了起来。这是麻绳带电的信号！突然，一道闪电劈开云层，在天空划了一个“之”字，接着一个炸雷，大雨倾盆而下。

师：你标出了哪些关键词？

生：一片乌云、掠过、带电的信号、突然、一道闪电、劈开云层、一个炸雷、倾盆而下。

师：你从这几句语言描写中感悟到了什么？

生：我感悟到当时实验时气候环境很恶劣。

师：是啊，电闪雷鸣、大雨倾盆，真是险象环生，你能读好吗？

（教师先点名学生读，再齐读）

师：想一想作者为什么这样写？

生：为了衬托富兰克林不怕危险、敢于实验的精神。

师：这种写法我们叫它“烘托”。

（教师板书“烘托”）

师：还有哪一处最为惊心动魄？

生：这时，富兰克林用手指靠近铜钥匙，“啪”的一声，骤然闪现一道蓝色的火花，他的手臂一阵发麻。富兰克林欣喜若狂地喊道：“成功了！成功了！我捉住‘天电’了！”

师：你标出了哪些关键词？

生：靠近、骤然闪现、一阵发麻、欣喜若狂。

师：你读出了什么？

生：富兰克林不怕危险、敢于实验。

师：是啊，明知道麻绳淋湿后就成了能使电流通过的导体，富兰克林还敢用手指靠近，他靠近的仅仅是铜钥匙吗？

生1：他靠近的是危险。

生2：他离危险又近了一步。

师：一个“骤然”说明什么？

生1：说明火花来得急。

生2：来得凶。

生3：来得猛。

师：他的手臂一阵发麻，说明他——

生1：触电了。

生2：很可能有生命危险。

师：但此时此刻的富兰克林害怕了吗？紧张了吗？

生：没有。

师：他是怎样的心情？

生：欣喜若狂。

师：为什么？

生：因为实验成功了。

师：此时此刻的富兰克林一心想的是——

生：实验的成功与否。

师：而没想到的是——

生：自己个人生命的安危。

师：多么可敬啊！谁来读读这段话？

（教师先点名学生读，再齐读）

（教师用课件完整出示这两段话）

师：大家再看这段话，作者用朴实的语言再现实验的情景，突显了富兰克林不怕危险、勇于探索、敢于实验的精神，这就是文字的力量，这就是表达的精妙。

师：有感情地读一读，注意读出情感，读出画面。感受富兰克林的精神品质，学习作者的表达方法。

（练读，教师先点名学生读，再齐读）

师：这段语言文字描写得这么精妙，如果我们能练习讲述出来就更好了。

（小组内练习，教师点名学生讲述）

（专家评议：自主先学、小组互学、汇报交流，教师坚持学为中心、顺学而导，在学生个性化阅读的基础上给予适当的指导点拨。引领学生抓住关键词句，朗读品味语言、感悟人物形象、学习表达方法。步步深入、环环递进，层次清晰）

【板块四】 会学迁移。

师：其实当时富兰克林做这个风筝实验的时候不光有生命危险，还有来自四面八方的冷嘲热讽。下节课我们继续探究，但我们要牢牢记住这个伟大的科学家——

生：富兰克林。

（板书：富兰克林）

师：请同学们熟读课文，准备下节课复述课文。

（专家评议：这节课结束了，但语文学习没有结束。教师提前布置下节课的

学习任务，让学生做到心中有数，为下节课的教学做好铺垫）

【板书设计】

天火之谜（富兰克林）

雷暴可怕　　探究雷暴　　征服雷暴

（烘托）

教学反思

《天火之谜》讲述的是美国科学家富兰克林为了揭开雷暴的秘密，在雷电交加的天气里冒着生命危险进行风筝试验的故事，赞扬了富兰克林勇于探索、敢于实验的科学态度，说明只有通过精确、细致的观察，才能揭开大自然的奥秘。笔者执教的是第一课时，教学的目标首先是正确、流利地朗读课文，把握课文主要内容，理清课文顺序；其次是聚焦重点，品读课文第四自然段，初步感受富兰克林勇于探索、敢于实验的精神，学习课文的表达方法。为了达成这个教学目标，笔者把本堂课的教学设计分为四个板块来完成。

第一板块是激发情趣，扣题导入。首先让学生给"谜"扩词，这样既让学生理解了"谜"这个字的意思，又促进了词语的积累。然后让学生们扣题发问："读了课题，你头脑中冒出了哪些问号？"在学生们争先恐后、踊跃提出自己的疑问之后，笔者相机梳理归纳，这样既能概括本文主要内容又有助于理清关于作者思路的三个关键问题，即："天火是什么？天火之谜是个怎样的谜？这个谜是怎样解开的？"这样层层递进式的教学设计，既激发了学生的学习兴趣，又给学生文后的初读课文指明了方向。让学生带着自己的疑问去读书，相信会有很多的收获。

第二板块是自学课文，整体感知。这一板块的教学重点是落实第一个教学目标，即正确、流利地朗读课文，把握课文主要内容，理清课文顺序。为此，笔者首先利用课件出示自学课文的明确要求，然后给学生充足的时间去朗读课文、学习字词，再让学生在小组内互相检查，使每个学生的初读课文在自学、互学的过程中都变得扎实有效。随后，笔者再以学定教，选取几个重点词语来指导学生正确读，选取课文的重点部分来检查学生的朗读情况，并相机引导理解个别重难点词语，教给学生理解词语的多种方法。最后，笔者借助课文中的相关语句来提炼课文的主要内容，理清课文顺序。为了培养学生的概括能力，笔者特意训练学生以小标题的形式来呈现课文的主要内容。这样的教学由易到难，层层深入，让每个学生都在扎扎实实的语言实践过程中得到训练。

第三板块是聚焦互学，品读感悟。这一板块的教学笔者同样是先让学生围绕主问题深入自学，然后在组内交流自己的阅读感悟，在此基础上再引导学生抓住关键词句来深入评析作者精妙的语言，体会人物的精神风貌。在集体交流部分，笔者努力做到以学定教，在品词析句的过程中，让学生感受富兰克林为科学研究不顾自己的生命和发现奥秘后欣喜若狂的心情。教学逐层深入，环环相扣，既让学生了解了风筝实验的经过和结果，又感受到了富兰克林善于观察、敢于尝试、勇于为科学研究奉献一切的精神。

第四板块是会学迁移。笔者告诉学生其实当时富兰克林做风筝实验的时候不光有生命危险，还有来自四面八方的冷嘲热讽，并告诉学生下节课我们继续探究。这样做的目的是让课已尽而意无穷，为下节课的学习营造了积极探究的氛围。

整堂课的教学设计，笔者都努力落实自学、互学、导学、会学的四个步骤，让每个学生都在扎实有效的语言实践过程中得到训练，从而达成本课时的教学目标。

教师评价

教师1：本节课教师的教学目标简单、明确，注意突出重点、突破难点，力求一课一得。比如在引导学生初读课文时教师的要求有两点：① 正确朗读课文：读准字音，读顺句子，做到“五不”。② 初步感知课文内容：天火是什么？天火之谜到底是什么样的谜？这个谜又是怎样解开的？这样的要求既简练又指向明确，便于学生操作。整堂课的教学设计都凸显学生的主体地位，把大量的课堂时间归还给学生，让他们做学习的主人。比如在聚焦第四自然段的学习时，教师提出的学习要求是：默读课文第四自然段，思考哪些地方留下的印象最深，并让学生用波浪线画出重点语句，用“△”标出关键词语，试着写写读书感受。这充分体现了课标精神。

教师2：读书是本节课的教学亮点，同时课标也指出，阅读是学生个性化的行为，要引导学生钻研文本，在积极主动的思维和情感活动中加深理解和体验，有所感悟和思考。在整堂课中，教师能充分运用多种朗读方式，合理组织学生自主学习、合作探究，对学生的即时评价具有发展性和激励性。比如在第四自然段的教学中，教师先是提出要求让学生自主先学，体现先学后教、多学少教的理念；然后指导学生汇报交流，在充分交流的基础上，引导学生抓住关键词句，品味语言，学习表达；最后指导学生有感情地朗读，通过多种形式阅读，让文中精美的语言和惊心动魄的情景深深烙在学生的心里，使学生受到熏陶感染，形成语文素养。

教师3：执教教师在这堂课中关注了语言文字的运用，即语用教学。语用教学，是语文教学的核心和根本目的。语文教学有三层含义：一是最基本的语义教学，即内容的理解；二是语形教学，即方法的习得；三是语用教学，即语言文字的运用，也就是言语的实践。《义务教育语文课程标准》指出，要引导学生运用祖国的语言文字。课堂上，教师从内容的理解到方法的指导，从语言的积累再到言语的表达，教学层层深入。课堂教学是艺术，老师以智启智、以情冶情，润泽生命。好课不厌百回听，作为听众，真切地感受到授课教师是在“教语文”而不是“教课文”。

学生评价

生 1：今天，老师给我们上了一节看似平常的公开课，但是一节课下来我们收获很多。说它平常是因为我们老师最擅长的就是启迪我们积极思考，带着满满的问题去潜心阅读，让我们每次读过都对文章有不同程度的理解。这节课同样是这样，老师让我们扣题发问后再稍做梳理，一下子就让我们抓住了课文内容，理清了作者的写作顺序。所以，上我们老师的课想不动脑都是很困难的。

生 2：老师在整堂课中大胆放手，让我们带着自己心中的疑惑去潜心阅读，使我们真正成为学习的主人。当老师发现我们已能把词语和课文读正确时，才引领我们借助各种方法来理解词语的意思，提炼课文的主要内容。最后，老师让我们潜心阅读第四自然段，来感悟人物的精神风貌。这样不仅让我们学到了知识，还提高了我们的阅读兴趣和阅读能力。

家长评价

一堂课听下来，可以用三个词语来形容老师的课堂教学，那就是“朴实”“扎实”“高效”。老师没有过多的教学环节变换，也没有过度使用一些华而不实的课件来吸引学生的眼球，只是扎扎实实地带着孩子去读书，去学词、学句。在此过程中，老师不仅关注孩子是否正确掌握了知识，还注重方法的指导，让每个孩子都能做到不仅知其然还知其所以然。最后品读第四自然段时，老师注意用自己的激情和妙语来创设情境，引领孩子不由自主地进入那个惊心动魄的实验情境中，去感受富兰克林的可贵品质，真的让我很佩服。

专家评价

语文课的第一课时教学常常令老师们头疼，觉得就是读读生字词、读读课文、说说课文大意。教师教得乏味，学生学得无趣，而这节课的执教教师为我们展现了一节精致的第一课时教学。

执教教师的目标很清楚，就是让学生能够掌握生字、生词，初步理解课文中词语的意思，能正确、通顺地朗读课文，能了解课文大意，能概括事情的起因、经过和结果，并学习课文第四自然段。

整堂课，执教教师都本着以生为本的理念，把课堂还给学生，让学生在自主、合作、探究中学会学习。“自学、互学、导学、会学”四个环节清晰明了。在“自学”“互学”环节，执教教师给学生定了明确的学习目标，让学生有明确的学习方向。执教教师的“导学”是这节课最亮眼所在。一节课学生学得如何，关键看教师如何进行引导。课堂上，执教教师以学生个性化阅读为基础顺学而导、适时点拨，语言简洁明了。例如：引导学生读准“冠”字和“纤维”一词；结合字典和上下文理解“无稽之谈”；先用简要的语言概括事情的起因、经过、结果，再抓住关键词提炼概括；抓住关键词句朗读品味语言、感悟人物形象、学习表达方法。导学过程步步深入、层层递进、不着痕迹。在执教教师有效的引导下，学生也学得轻松、学得快乐、学得扎实。

《夹竹桃》(第二课时)教学实录与评析

【课时目标】

(1) 通过学习,引导学生感受夹竹桃花期长、韧性可贵的特点,启发想象,理解月光下的夹竹桃叶影参差、花影迷离的现象,从而体会作者喜爱夹竹桃的原因,并培养学生的审美情趣。

(2) 有感情地朗读课文。

(3) 初步感受文章托物言志的表达方法。

【教学重难点】

体会夹竹桃的韧性,品读花之影,感悟奇妙幻想,感受季羡林先生散文"质朴而不失典雅,率真而不乏睿智的"特点。

【教学过程】

【板块一】 复习导入,激活思维。

(教师板书课题)

师:这节课我们将继续走进著名语言学家、散文家季羡林先生笔下那蓬蓬勃勃的夹竹桃的世界。

(学生齐读课题)

师:通过上一节课的学习,请同学们说一说作者围绕夹竹桃写了哪些内容。

生:作者围绕夹竹桃依次写了夹竹桃的花色、花期和花影。

(教师板书:花色、韧性、花影)

师:我们发现这些内容好像也没什么特别的,一般人也会这么写,对吧?

(学生点头表示同意)

师:如果真的没有什么特别的,这篇文章还会这么广受好评吗?所以我们不能自以为是,要用心品读,细细感悟,体会季老语言文字的魅力。

(专家评议:授课教师上课伊始,破题导入,引出作家季羡林和他的夹竹桃。然后回忆课文主要内容,从整体上把握课文,理清课文写作思路。接着老师话语一转:"我们发现这些内容好像也没什么特别的,一般人也会这么写,对吧?"这的确是个欲扬先抑的巧妙设计,妙在先让学生感觉平常,然后再进行一次提升,由此实现课堂导入的完美定位就是要通过读书体会季老语言的魅力)

【板块二】 互学：精读感悟，品味语言。

学习活动一
默读课文第二、四、五自然段，用波浪线画出你最喜欢的描写夹竹桃的相关语句，并用“△△”标出关键词，想一想自己喜欢的理由，用简练的词句写出自己的感受。

（学生默读标画，写感受。教师巡视指导）

师：请同学们在小组内交流自己的阅读感受。

师：注意在交流时要先读句子，再说自己标出的关键词，然后谈自己的阅读感受。

（小组交流）

师：哪个小组的同学先来说说自己的阅读感悟？咱们先从花色部分开始谈起好不好？

生：我喜欢“我们家的大门内也有两盆夹竹桃，一盆红色的，一盆白色的……十分有趣”这句话，我标画的词语是“红色”“白色”“火”“雪”“融洽”“奇妙”“有趣”，这句话运用比喻的形式写出了花的颜色之美。

师：本小组的其他同学还有补充吗？

生：我觉得这句话运用了丰富的联想，不仅写出了花的颜色之美，还写出了两种花的和谐之美。

师：是啊，红、白是两种普通的花色，但是作者加入了丰富的联想，就让这普通的花色变得奇妙、有趣。

师：读一读，看看能否读出你的感受。

（教师先让学生个别读，再齐读）

师：描写夹竹桃的花期的部分有你喜欢的句子吗？哪个小组来说一说？

生：我喜欢“然而，在一墙之隔的大门内，夹竹桃却在……又长出一嘟噜”这一句，我圈画的词语有“悄悄地”“一声不响”“又”“一嘟噜”，我体会出夹竹桃的生命力旺盛。

师：还有补充吗？

生：我还读出了夹竹桃的默默无闻。

师：你们特别强调夹竹桃“败了，又开；黄了，又长”。花一般都是先开再败，先长再黄，这是自然规律。正常应该这样写。

（教师出示课件：然而，在一墙之隔的大门内，夹竹桃却在那里悄悄地一声不响，一朵花开了，又败了一朵，长出一嘟噜花，又黄了一嘟噜）

师：与原文比一比。季羡林先生却反其道而行之，为什么要这么写呢？

生：我想这可能与“屡战屡败”和“屡败屡战”一样，更能突出夹竹桃生命力的旺盛。

师：屡败屡开，生生不息，同样的词语，顺序一颠倒，含义和情感就截然不同。这就是汉语表达的一个秘密！

师：来，我们共同读一读，体会体会。

（学生齐读语句）

师：一嘟噜，这个词多有味道！它是什么意思？

生1：一嘟噜就是一串。

生2：就是一簇。

师：那为何不用“串”或者“簇”？读一读，有什么区别？

生1：一嘟噜更能体现夹竹桃的活力，而用一簇感觉很死板。

生2：用一簇我也感觉比较严肃，而用一嘟噜感觉更接地气，语言更加生动。

师：一个平平常常的口头用语，只要运用得当，恰到好处，就趣味盎然。再读读这句话，感受一下季老语言的魅力。

（教师先点名学生读，再齐读）

师：你还喜欢哪些描写夹竹桃花期的语句？

生1：“在和煦的春风里，在盛夏的暴雨里，在深秋的清冷里，看不出有什么特别茂盛的时候，也看不出有什么特别衰败的时候，无日不迎风吐艳。”我画的词语有“和煦的春风”“盛夏的暴雨”“深秋的清冷”“特别茂盛”“特别衰败”“无日不”，我读出了夹竹桃可贵的韧性。

生2：“从春天一直到秋天，从迎春花一直到玉簪花和菊花，无不奉陪。”我画的词语有“一直”“无不奉陪”，这句话也写出了夹竹桃花期之长和可贵的韧性。

（教师出示两句话）

师：两句话都是写夹竹桃一年三季常开不败，比较一下，这两句话有什么异同？

生1：我发现两句话都用了双重否定，一句用“无日不迎风吐艳”，另一句用“无不奉陪”，强调花期长。

生2：春天、夏天、秋天，不管遇到什么困难，夹竹桃都挺了下来。无日不迎风吐艳，无所畏惧的。

生3：不管经历什么困难，每天都是花落又花开。

生4：我发现夹竹桃的韧性比其他花都强。像迎春花、玉簪花那些花开了就谢了，只开一季，而夹竹桃一直开三季，谢了也能再开。

师：你看前一句，“在……里”“在……里”“在……里”，说的是时间的转换；后一句“从……到……”“从……到……”，说的是时间的延续。不管季节如何转换，也不管时间如何漫长，夹竹桃始终都在那里开花。这就把“韧性”给具体化了，而且赋予了夹竹桃人的品质，人格化了！

师：来，我们用心读一读，感受一下。

（学生有感情地齐读）

师：到底是怎样的奉陪？一年三季夹竹桃究竟奉陪了哪些花？我们来把第三、四自然段对比起来读一读，体会体会。

（女生依次读第三自然段中描写春夏秋百花盛开的句子，男生读“然而，在一墙之隔的大门内，……又长出一嘟噜”）

（教师依次出示课件展示院子里一年三季花开花落的情景）

师：大家看，庭院里的花虽然开得热闹、开得绚烂，但是只有夹竹桃从开始一直开到了最后，它仿佛凌驾于所有花之上，静听花开花落，坐看云卷云舒。这是一种何等可贵的韧性！

师：所以说第三节，一百多个字，十四种花，虽然字字都与夹竹桃无关，其实是——

生 1：为了衬托夹竹桃的韧性可贵。

生 2：为了衬托夹竹桃的花期之长。

师：这是对比反衬的写法，目的是衬托夹竹桃的韧性。

（教师板书：对比反衬）

师：季老仅仅是写夹竹桃吗？

（课件出示季羡林的生平介绍：留德十年，钻研梵（fàn）文，坚持一生。遭受折磨，不丢信仰。学术大成，三辞桂冠（guān），宠辱不惊）

（课件出示季羡林的话：我非常平凡，没什么了不起的。如果我有优点的话，我只讲勤奋。一个人干什么事都要有一点坚韧不拔，锲而不舍……）

师：联系季老的经历，再来看看夹竹桃，你有什么发现？

生 1：季老在写夹竹桃，其实也在写自己。

生 2：季老也像夹竹桃一样宠辱不惊、坚忍不拔。

师：在夹竹桃身上寄托着自己的情怀，这种写法我们叫托物言志。

（教师板书：托物言志）

师：再读本段话，相信大家一定会有更深刻的体会。

（学生齐读本段）

师：季老不仅有夹竹桃一样可贵的韧性，还有一种浪漫的情怀。你喜欢哪些描写花影的句子？

生：我喜欢“我幻想它是地图，它居然就是地图了……这一幅画竟变成活画了”。我圈画的词语有“居然”“远渡重洋”“真的”“展现”“真看到”“微风乍起”“叶影吹动”。这几句运用排比的写法写出夹竹桃的花影引起“我”的幻想之妙。

师：这情景怎一个妙字了得呀。作者先想成——

生：地图。

师：再想成——

生：荇澡。

师：最后想成——

生：墨竹。

师：妙的不仅如此呀，大家看大屏幕。

（教师出示描写三个幻想的句子，并把动态描写的语句点红）

师：对比每一个幻想中的黑红文字，你有什么发现？

生1：这几个句子中都有静态描写和动态描写。

生2：每种幻想的描写都是先写静态，再写动态的。

师：这样写有什么妙处？

生：动静结合，让每个画面都活起来了。

师：你再看——透过“爬过”“飞过”“乍起”这三个动词，你有什么发现？

生1：动也动得不一样。

生2：同样是动，但时间不一样，速度也不一样，有的慢，有的快。

师：妙的还不仅如此，你再看——注意红色的文字。

（教师把课件中“居然就是”“真的展现出”“真看到”这几个词点红）

师：你又有什么发现？

生：这几个词意思差不多，但表达方式不一样。

师：季老是著名的文学大师、语言学家，他的练字功夫怎一个妙字能概括，简直是字字珠玑。

生1：季老非常喜欢夹竹桃，他们的关系十分亲密。

生2：仿佛心有灵犀一样。

师：我想它是什么，就是什么，花好像知道我，了解我一样，我与花儿是如此亲密。

师：多奇妙的幻想啊！

（教师板书：奇妙）

请大家用自己的朗读来展现一下吧。

（教师播放背景音乐）

（教师先点名学生读，再齐读）

（专家评议：这个环节是本节课的重点，占用了大量时间，授课教师从花色、花期、花影三方面引领学生走进文本，通过标画关键词、写读书感悟、交流朗读等实现语言文字的训练。“花色”方面关注了“红色”“白色”“火”“雪”“融洽”“奇妙”

“有趣”等词语，关注了“一嘟噜”这个词的味道品析。“花期”方面关注了“在……里”“在……里”“在……里”，说的是时间的转换；后一句“从……到……”“从……到……”，说的是时间的延续。不管季节如何转换，也不管时间如何漫长，夹竹桃始终都在那里开花。这就把“韧性”给具体化了，而且赋予了其人的品质，人格化了！然后，镜头转换，作者仅仅是写夹竹桃吗？帮助学生建立了“托物言志”写作概念。最后在“花影”方面关注词语“居然”“远渡重洋”“真的”“展现”“真看到”“微风乍起”“叶影吹动”，这几句运用排比的写法写出夹竹桃的花影引起作者的幻想之妙。环节紧凑，一环套一环，环环相扣，一气呵成）

【板块三】 会学：放飞想象，迁移仿写。

师：这参差的叶影、迷离的花影、袭人的花香，引发了你们怎样的幻想呢？看大屏幕，请你们静思默想。

（教师出示课件）

学习活动二：展开想象，完成填空
叶影参差、花影迷离、花香袭人，我幻想它是________，它________。

（学生展开想象，练习仿写，教师巡视指导）

师：谁先来和同学们分享一下自己奇妙的幻想？

生：我幻想它是浩瀚的星空，它就真的变成一片无际的星空。一阵微风吹过，那飘落的树叶就是划过夜空的一颗流星。

师：真好。谁再来？

生：我幻想它是沙滩，它就真的变成一片海滩。这一片空白是沙滩，那一堆叶影是大海，上面零星的叶影便是游人。微风乍起，叶影吹动，海浪似乎就在拍打堤岸。

师：此处应该有掌声。

（学生的掌声响起来）

……

师：多么奇妙的幻想啊！所以作者在文章最后这样写道——

（学生齐读最后一段）

（专家评议：阅读教学中把写的训练融入课堂中，这是符合课标要求的，在教师的视线中，学生的思维会得到充分发掘，远比放在课后让学生写来得好。学生写的虽然是一段话，但是经过不断练习，学生的写作水平和写作能力会有切实地提高）

【板块四】 总结拓展，推荐阅读。

师：今天这堂课，我们在朗读中感悟了夹竹桃可贵的韧性，也体会到了由夹竹桃引发的奇妙幻想。这节课让我们爱上了夹竹桃，同时也让我们爱上了像夹竹桃一样的季羡林大师。

（教师板书：季羡林）

师：同学们，国学大师季羡林虽然已经离开了我们，可是他的为人、他的文章，依然让我们感觉那样近！

（教师出示课件）

《二月兰》封面图片 **推荐阅读** 课后请读读他的散文集《二月兰》，继续从字里行间去感受他那“质朴而不失典雅，率真而不乏睿智”的散文风格。

师：课后请读读他的散文集《二月兰》，继续从字里行间去感受他那“质朴而不失典雅，率真而不乏睿智”的散文风格。

（专家评议：拓展阅读是对文本内容的延伸，读季老的文字，可以帮助学生建立比较完整的阅读体验，从一文得多文，感受季老“质朴而不失典雅，率真而不乏睿智”的散文风格！对学生的精神成长也能起到很大的促进作用）

【板书设计】

花色	有趣	对比衬托
韧性	可贵	托物言志（季羡林）
花影	奇妙	

教学反思

《夹竹桃》是一篇文质兼美的散文。主要教学任务是通过学习引导学生感受夹竹桃花期长、韧性可贵的特点，启发想象，理解月光下的夹竹桃叶影参差、花影迷离的现象，从而体会作者喜爱夹竹桃的原因，并培养学生的审美情趣。同时，还要感受季老散文“质朴而不失典雅，率真而不乏睿智”的特点，并初步感受文章托物言志的表达方法。为此，笔者把本节课的教学分为四个环节来完成。

第一个环节是复习导入。先引导学生理清作者是从哪几个方面来写夹竹桃的，然后故意质疑：这样的描写没有什么特别之处？在学生同意之时，笔者特别强调：这篇文章还会这么广受好评吗？借机宣布本节课的学习任务，让学生好好品读，感悟季老独特的语言魅力。这样的教学设计很好地激活了学生的阅读期待，为自学自悟文本创设出一种良好的学习情境。

第二个环节是精读感悟。让学生带着主问题去潜心阅读、圈画写批注。在这个环节中，每个学生都能静下心与文本对话。在此基础上，通过小组合作交流激活学生思维，集思广益，学生加深了对文本的理解，然后集体交流展示。笔者注意以学定教，在学生理解课文内容的基础上通过各种方式引导学生体会季老语言的魅力，并适时进行拓展，用课件出示季羡林的生平，让孩子们思考季老仅仅是在写夹竹桃吗？使他们顿时感悟：写夹竹桃其实就是写季羡林，正所谓花品如人品，人品亦即花品。这是季老在托物言志！这样的教学设计就把自成课堂的四个步骤落到实处。

第三个环节是迁移应用环节。在探究月光下夹竹桃引起作者幻想一段时，给予学生充裕的阅读和思考的时间，留下足够的空间为学生张扬个性、激扬灵性。让学生模仿月光下的夹竹桃给作者带来幻想这种由眼前景产生联想的写作方法，展开幻想，仿照句式说话："我幻想它是……"很多学生写得很棒。这样的训练不仅有利于调动学生参与学习的积极性，也更好地促进学生对课文的阅读、领悟和积累，感受语文在生活中的作用和魅力。这也体现了语文教学读写合一的原则，由读向写迁移，对学生进行了潜移默化的写作指导。读写练笔，也为月光下的夹竹桃蒙上了一层神秘的面纱。孩子们也同季老一样爱上了夹竹桃，同时也爱上了像夹竹桃一样宠辱不惊的季老。

第四个环节是总结拓展，推荐阅读。为了让课内与课外有机结合，做到课已尽而学生的意无穷，激发他们的阅读兴趣，笔者深情地说："同学们，国学大师季羡林虽然已经离开了我们，可是他的为人、他的文章，依然让我们感觉那样近！课后请读读他的散文集《二月兰》，继续从字里行间去感受他那'质朴而不失典雅，率真而不乏睿智'的散文风格。"相信喜爱读书的孩子们一定会收获颇丰。

教师评价

教师1：授课教师能够抓住教学的重难点，让学生从文本的字里行间去揣摩作者对夹竹桃韧性的赞美，以及感受作者构思的奇妙，想象的贴切、新奇，从而体会作者对夹竹桃的喜爱之情。授课教师采用了以读代讲的形式，通过朗读、默读、浏览、速读等多种形式，让学生自读自悟，加深理解和体验，感悟夹竹桃可贵的韧性及花影迷离的特点，培养了学生的审美情趣，发展了学生的自主学习能力、主动探究能力，读、说、析、品、评贯穿教学始终。整堂课授课教师尊重学生的学习需求，体现学生的主体地位，教学效率高、效果好。

教师2：季羡林是散文大家，朴实寻常的文字背后往往蕴藏着丰富而真挚的情感，非用心不能体察。学生阅读这样的散文，对文字表面意思的理解并不困难，因此常常自以为读懂了。这样的阅读所得就极其有限，学生缺少的是一双会阅读"美文"的眼睛。教师的责任正在于此，教给学生在"寻常处"看到"不寻常"的风景。最简单的办法便是"无中生有"，在这些"寻常处"提出"不寻常"的问题来：① "败了……开出……黄了……长出"不是违背花开花落的自然秩序吗？这么一问，就把汉语用"语序"表达"语义"的秘密破解了。② 同样写"一年三季"，两个语句的写法有什么异同？这么一问，学生才会去细细琢磨语句中含有的双重否定，才会看到前一句重在“时间的转换”，而后一句重在“时间的延续”，语言的微妙之处便显露出来了。可见，授课教师的巧妙设问犹如在寻常处打开了一个窗口，让学生看到了语言的运用之妙，领会到了语言的运用之道。而这样的问，更是从怎么写的视角，揣摩到了作者所要表达的深层含义和情感：对夹竹桃韧性的赞美！没有授课教师如此犀利地提问，学生就难以有阅读时的惊喜发现与深刻感悟，很容易就从语言的表面滑过去。“问”就是嵌入文本“寻常处”的楔子，问得深、问得准，学生的阅读思维就扎得深、看得准。

教师3：听完授课教师的课，我感受最深的是拓展延伸及时恰当。例如，在学完夹竹桃的韧性可贵特性后，授课教师问：“这仅仅是在写夹竹桃吗？”然后出示季羡林先生的生平。学生结合资料感受到这段文字是作者在暗示自己，学生找出花与人的共同之处，体会季老先生苦难时坚忍不拔、顺境时宠辱不惊的品性，这是作者托物言志、寄寓自己的情怀。也正是由于季老那夹竹桃一样的品行，才能被称为“夹竹桃知己”。这样不仅再一次让学生明确了夹竹桃的特性，而且更好地升华了文章主题，学生再去读课文就情真意切、水到渠成了。

学生评价

生1：通过本节课的学习，我感觉老师讲得很生动、很有趣。我们老师的上课方式很有特点，构思巧妙，不仅将要学的知识点教给了我们，还让我们感受到了学习的快乐。尤其是让我们练习仿写花影引起奇妙幻想的教学片段，让我们张开了想象的翅膀，仿佛真的看到了月光下那叶影参差、花影迷离的夹竹桃。

生2：老师在这堂课上带领我们走进了“学界泰斗”季羡林笔下那蓬蓬勃勃的夹竹桃世界。通过学习，我们了解了“侧面描写”的奇妙作用。学习结束之后，我不仅爱上了夹竹桃，更佩服具有夹竹桃一样品行的季老。

家长评价

听授课教师的课真是一种享受，别说是孩子们被深深吸引了，连我这个外行人都听得津津有味，仿佛自己也成了学生，不由自主地随着老师去思索、跟着孩子们去朗读。

第一，授课教师的语言、教态都非常亲切，让人听了觉得非常舒服，“亲其师，信其道”，只有具备这种亲和力的教师才能让孩子们学得愉悦，自然而然接受新知；第二，授课教师的语言简明扼要，不仅富有启发性，还有明确的指导性，使得每个孩子都不由自主地跟着教师的点拨去用心阅读，积极思索，静心书写，大胆发言；第三，教师的课件制作非常精美，为整堂课的紧张有序进行创设了完备的条件。另外，我发现这个班的孩子不仅书读得好、回答问题积极踊跃，想象能力和习作水平也很高，我想这与授课教师平时的训练有素、悉心指导是分不开的。总之，听完课后，收获很多，非常开心我的孩子能跟着这样一位优秀的教师来学习语文。

专家评价

这节课的教学精彩纷呈，主要有以下几方面特点。

一是教学内容的选择充分尊重学生的学习需求。本课教学变化最大的是：学生在课堂上开始积极学习、主动参与，思维活了起来，自由表达多了起来。这都是源于更好地尊重了学情，“学生是语文学习的主体”的意识在授课教师的课堂上得到了体现。抓住“花色”“花期”“花影”三个方面的内容来组织教学活动，精读感悟，品味语言特色。

二是教学环节的设计有利于学生主体性的发挥。在这节课的主要教学环节中，授课教师都充分注意到发挥学生的主体性，通过主题活动“画出你最喜欢的描写夹竹桃的相关语句，标关键词，写出自己感受”，学生进入小组学习，教师重点抓住词语“红色”“白色”“火”“雪”，写出了夹竹桃花的颜色之美。通过抓“一嘟噜”进行品味，并比较其与“串”或“簇”的区别，从而体会出夹竹桃的生长活力；通过比较描写花期长的两个句子体会夹竹桃的韧劲可贵；通过品味“居然”“远渡重洋”“真的”“展现”“真看到”“微风乍起”“叶影吹动”等词语，感悟夹竹桃的花影引起我的幻想之妙。这些环节的设计都体现了授课教师尊重学生的学习需求，突出了学生自己的语言实践活动。

三是由学生参与度看学生主体性发挥。学生在这节课上的参与度很高，首先是学生在小组内的全员交流，然后是指定交流，最后是班级交流，有效地发挥了学生的主体作用。

四是由合作学习等策略运用看学生主体性发挥。通过主题活动，学生采用“自主、合作、协商交流”的学习策略进行学习。老师给予了学生充分的自主合作的权利，从个人质疑到小组合作梳理，到全班交流协商，共同筛选确定问题，充分挖掘了学生的学习潜能。学生人人参与，学会了质疑、筛选、解疑的方法，学会了求知，学会了学习。

五是发挥教师的主导作用，引导学生学会学习。授课教师特别关注了方法的指导：根据学生理解“作者喜欢夹竹桃的原因”，教师相机总结出以下方法：抓关键词句体会、抓中心句体会、自主概括等。此外，授课教师对语言表达方法的指导，对双重否定句中“无不”的指导，以及背诵的方法的指导，也都十分有效。授课教师在本课的教学中，真正体现了学生是学习主体，教师是组织者和引导者的理念。

六是有效落实教学目标构建生本高效课堂。

一节课在讨论发挥学生主体作用时，还得看看教学目标是不是达成了。下面就来说说学生学习目标的达成情况。

(1) 通过学习引导学生感受夹竹桃花期长、韧性可贵的特点，启发学生的想象，让学生理解月光下的夹竹桃叶影参差、花影迷离的现象，以及体会作者喜爱夹竹桃的原因，并培养了学生的审美情趣。通过自学、互学及教师的导学，学生多数能够找到相应的关键词并加以品味，达到了预期的效果。

(2) 有感情地朗读课文。在学生交流中，朗读贯穿其中，学生通过品味关键词，能够很好地运用感情朗读了。

(3) 初步感受文章托物言志的表达方法。作者季羡林之所以写夹竹桃，更多的是在自喻，授课教师通过补充季老的资料来说明季老写夹竹桃实际是写自己，让学生明白了写法是托物言志。

本节课教学层次清晰，条理清楚，重点突出，凸显教师对文本的解读能力、课堂驾驭能力及适时导学能力。总之，在授课教师的精彩演绎中，既带领学生感受到了季老“质朴而不失典雅，率真而不乏睿智”的散文风格，也让听课者感受到授课教师同样的“质朴而不失典雅，率真而不乏睿智”的教学风格！

“Unit 4 Hobbies”教学实录与评析

【教学目标】

Help the students to learn the following words: dance, draw, play the piano, read, sing, watch films.

Pupils will learn the sentence patterns: I/We like... He /She likes...

【教学重难点】

Pupils can listen, speak, read the words: dance, draw, play the piano, read, sing, watch films.

Pupils can use the sentence patterns in real situations.

【课前准备】

Pictures and tape.

【教学步骤】

Part 1 Free talk(导学激趣)

T: (Show the pictures and encourage students to say) Look, boys and girls.

T: What can he do?

S: He can swim.

T: What can they do?

S: They can play basketball.

Ask students to look at the pictures and do teamwork.

(评析:本环节是导学激趣,笔者展示一些图片让学生讨论,对四年级已经学过的动词进行复习,为将要开展的动名词的学习打下坚实的基础。笔者提问学生回答,两组完成后,进行学生间的交流和会话,让学生动起来,完成了对于单词的复习也就完成了知识的再现)

Part 2 Presentation(自学生疑)

T: (Dance) Look. I can do this. I can dance. Can you dance?

S: Yes, I can.

T: She/He can dance. What about you?

S：No，I can't.

T：She/He can't dance. Can you dance?

S：Yes，I can. /No，I can't.

T：Look，I can draw. Can you draw?

S：Yes，I can.

T：Can you draw well?

S：Yes，I can draw very well.

T：She/He can draw very well.

（评析：由"I can..."的句型出发，引导学生进行对话交际，在这个过程中渗透"动词＋副词"知识结构的使用，例如：draw well、skate well、swim well 等。鼓励学生进行更深层次的对话和交流，为将要开展的新句型学习打下坚实的基础）

T：I can dance. I dance every evening. I'm happy. I like dancing.

S：I like dancing.

T：Do you like dancing?

S：Yes，I do. I like dancing.

T：He/She likes dancing.

S：He/She likes dancing.

T：What about you? Do you like dancing?

S：No，I don't.

T：Oh，he/she doesn't like dancing.

S：He/She doesn't like dancing.

（评析：本环节以舞蹈为例展开新句型学习，在刚开始的语境下，孩子们可以体会"I like dancing"的含义，但是没有关注词形式的变化，教师实施呈现出单词的变化形式，提醒学生把关注点放在这里。然后迁移到其他人称的变化，在这个过程中人称变化了，谓语动词由原来的 like 变成了 likes。在此基础上，教师进行了疑问句的教学，这样从简单到复杂、由陈述句到疑问句的过渡很自然，符合学生思维能力发展的规律）

T：I can draw. I can draw very well. I'm happy. I like drawing. What about you?

S：I like drawing too.

Part 3 Look and say(互学深研)

T：Finish the exercise on P44 Checkout time (Look and say)，and practice the sentence pattern：I like...

（评析：在掌握新句型的基础上，孩子们进行小组活动可以带入新单词的使用，在这个前提下进行变式和运用。课本 44 页的练习是关于运动的图片，孩子们看图片信息进行对话练习。在这个过程中，学习效果并不佳的同学可以在小组内进行积极互学活动，而基础较好的同学可以发现句子的特点，有助于他们深化对句子的掌握。这项活动旨在让小组内的成员都行动起来，进行深入研究和思考，达到互学深研的目的）

Show the pictures, and invite students to describe the characters' hobbies.

S1：Mike likes playing basketball.

S2：Liu Tao likes playing table tennis.

S3：Yang Ling likes reading.

S4：Su Hai and Su Yang like swimming.

T：Read the text and finish the table.

T：Match and say：

a. dancing　b. drawing　c. reading　d. swimming

e. playing the piano　f. singing　g. watching films

h. playing basketball　i. playing football　j. playing table tennis

Name	Likes
Mike	b h i
Tim	b
Liu Tao	i j
Yang Ling	c e
Su Hai	a d g
Su Yang	d g

S1：Mike likes playing basketball and football. He likes drawing too.

S2：Tim likes drawing.

S3：Liu Tao likes playing football and table tennis.

（评析：这个环节是对文本信息进行筛选的关键。因为文本给的信息较多，所以根据每个人有着不同的喜好这样一条主线进行梳理比较科学合理。先鼓励孩子们找出文本中的人物，然后分别选出每个人的爱好特长。活动中孩子们特别踊跃参与学习活动，在寻找文本的时候他们能够利用跳读的方式进行快速浏

览文本中的相关信息，完成填表任务）

T：Divide the students into two groups and read the sentences on P39. One group asks and the other group answers.

G1：What do you like doing?

G2：I like playing basketball.

G1：What do you like doing?

G2：We like watching films.

G1：What do they like doing?

G2：They like drawing.

Practice the keywords.

What do you like doing?　We like swimming.

What does she like doing?　She likes drawing.

What does he like doing?　He likes playing football.

Learn the "-ing" form of the verbs.

read—reading　　dance—dancing　　swim—swimming

play—playing　　skate—skating　　run—running

Part 4　Consolidation（会学拓展）

Divide the students into several groups and introduce their families' hobbies.

S1：My mother likes cooking and shopping. My father likes taking photos and travelling. What do your parents like doing?

He also likes playing table tennis.

Practice "like doing".

S1：I like reading.

S2：He/She likes reading. I like drawing.

S3：He/She likes drawing. I like swimming.

（评析：学习英语知识的最终目的是表达，所以在本节课上的巩固拓展环节，笔者利用小报告的方式来鼓励孩子们对周围人的爱好进行介绍。利用...like/likes...的句型来介绍家人和朋友的爱好和特长，孩子们很喜欢这项活动，能灵

活运用句型来完成报告，达到练习巩固的目的）

Part 5 Homework(家庭作业)

T：Copy the new words three times.

T：Talk about your friends' hobbies.

【板书设计】

Unit 4 Hobbies I/We like *v*-ing... He/She likes *v*-ing...

教学反思

五年级孩子的英语知识储备较多，本课是孩子们比较感兴趣的“爱好”这个话题。本堂课的教学重点突出，笔者运用了学生最喜欢的活动方式进行教学活动，教学过程中还给学生提供了大量开口说英语的机会，应该说是达到了突破学生掌握单词和句型的目的。设计的活动能根据需要进行层层递进和深入，努力做到照顾全体学生。笔者在操作时还根据课堂和学生的具体情况细细斟酌，设计出适合自己的教学方法。

这一课的主要内容是学习用句型“What do you/they like doing?”“What does he/she like doing?”及其答语“I/We/You/They like...”“He/She likes...”谈论自己和别人爱好的知识，这些知识在我们的日常生活中非常常见。因此在学习时，让学生通过谈论自己和朋友的爱好来进行学习会让学生更容易地掌握所学知识。本课的新课呈现环节以及谈话内容就是让学生在充分熟悉新句型的情况下谈论自己及朋友们的爱好，这种方式很适合小学生的心理，让他们在浓厚的兴趣中对本课的知识学以致用。

本课的对话练习是重点和亮点，笔者在对话教学中围绕对话中的语言点，尽可能创设真实的交际情景，或者给一些提示语，增强语言实践的真实感，充分体现“以学生为中心”的教学理念。设计有效的课堂教学活动，采用“先听说后读写，先整体后局部”的方法，引导学生进行发散思维，最大限度发挥学生的主体作用。在训练学生听说技能的同时，注重培养学生灵活掌握知识、自然真实地进行交际的能力。

在读说教学的过程中，学生的积极性较高。学生会对课文中出现的一些词或句子比较陌生，教师可以借助课件、图片、肢体语言等引导学生理解和记忆。在学习的过程中，教师不断提出能激发学生阅读兴趣和思维的问题，促进学生以更加积极的状态进入对课文的学习。同时，在听、读、理解等基础上，帮助学生理解对话，再让学生表演对话，有效地提高了学生的语言表达能力及语言运用能力。

话题性是译林版牛津小学英语教材的特点，每个单元都会以一个特别鲜明的话题为突破口，代入一定的专项语法句型。在本课教学中，笔者精心设计语境，鼓励学生进行参与表达，学生在学习后能用所学习的句子进行拓展表达，学习的输出路径被打开，学生乐于开口表达，学习的效果很好。

教师评价

教师1：英语课的趣味性是小学英语教学不能忽视的一个重要点，授课教师将这节课的趣味性把握得比较好。若一节课死气沉沉，孩子们是不愿意加入学习队伍的，所以英语课上教师要想方设法吸引孩子们的注意力，让他们积极行动起来参与英语学习。五年级的孩子正处于活泼好动的时期，教师课上设计的动作和语言联系的教学法能让学生真正地动起来。在完成动作后，学生加强了对于英语中一些常见的动词的记忆，生生之间的交流也变得充满趣味。

教师2：本节课的话题贴近孩子们的实际生活，这为孩子们的张口表达提供了可能。授课教师很用心地设计课堂，利用表格的方式鼓励孩子们进行文本信息的筛选和处理。文本信息变成表格，可以更清晰地展示文中人物的爱好，表格中的信息也可以作为孩子们进行课文复述的助手，孩子们看表格可以对文本信息进行再现。这个环节也可以尝试放手让孩子们绘画自己的思维导图，看思维导图也可进行很好的复述。

教师3：小报告的形式进行汇报周围人和自己的爱好特长是本课拓展环节的活动形式，我观察到同学们在进行总结的时候都能想方设法地进行丰富表达，有的同学写了自己和同伴，有的同学写的是家人，还有同学写到了书本上人物的喜好。每个人的喜好都有所不同，我们应该尊重他人的喜好，不打扰他人。不同的爱好可以让我们得到不一样的人生体验，所以教师应鼓励孩子们在课余时间多培养自己的爱好和特长。

学生评价

学生1：开始学习的时候，我觉得动词变成 ing 的形式难以理解，后来觉得它很有趣。就像我们老师说的，它像是一条尾巴加在动词的后面，当动词放在 like 的后面表示喜好的时候就要加上这条尾巴，在表达我们爱好的时候需要的是名词，所以要把动词加尾巴变成名词，我们叫它动名词。今天我收获很多。

学生2：以前只会表达自己喜欢吃什么喝什么，还有自己喜欢的学科，今天学会了谈自己和他人的喜好。当我完成小报告的时候特别有成就感，老师让我展示了我的小报告，看到有很多同学向我投来羡慕的目光，我感觉自己真的很棒。英语学习很有趣，我将好好学习英语，长大了要成为翻译家！

专家评价

在本节课教学中，教师能够全面考虑，教学任务完成得很好，学生积极进行知识探讨，小组活动也很充分有效。

首先，授课教师在导入环节进行复习旧知，给下面的新句型和新的动词学习打下了坚实的基础。学生以往学习的动词储备在这个环节中发挥了很大的作用，授课教师让学生以 can 的句型进行动词练习，待新句型学习后，又让学生完成新句型迁移，由 I can... 到 I like...，归纳出放在 can 和 like 后的动词形式的变化。其次，授课教师对于重点语法的点拨很到位，能根据具体的语境让学生明白 I like + *v*-ing 的含义，并在练习时把这种认识不断深化。再次，学生的学习状态很好，学生活动尤其是小组活动时，学生们的表现特别好，都能张嘴说，这点很重要，参与度是评价一节课成功与否的重要指标。最后，本节课的课堂目标达成得较好，学生把自己的课堂所学应用于日常表达。能在需要的时候进行正确的表达和输出，这是英语的工具性的体现。所以，这是一节高效的、操作性很强的课。

"Unit 4 Road safety"教学实录与评析

【教学内容】

Story time.

【教学目标】

(1) 能正确地听、说、读单词：a pavement, a road, a zebra crossing, green man, red man, traffic lights。

(2) 初步感知运用日常交际用语：You must/mustn't... You can/can't...

(3) 初步掌握文中出现的交通规则：You must first look for a zebra crossing and then look at the traffic lights. We must first look left, then right and then look left again. We mustn't run or play on the road.

(4) 理解、掌握课文内容，用正确的语音、语调朗读课文。

【教具准备】

挂图，头饰，多媒体演示文件、录音机、食物金字塔图片。

【教学过程】

Step 1 Warm up & Lead in(导学激趣)

(1) Greetings.

T: Good morning, boys and girls.

S: Good morning, Poppy. (Poppy 是执教者的英文名，上课前已告诉学生)

(Very nice to give you an English lesson)

T: I'm your new teacher today. I like singing. Do you like singing? Sing a song"The wheels on the bus".

(评析：导入是教师在一项新的教学内容和活动开始前引导学生进入学习的行为方式。英语课堂教学的关键就是如何引导学生进入语言学习的状态中，这需要教师不断提高新课导入的水平。本单元以道路安全为探讨话题，所以以歌曲《公交车上的轮子》导入，这首歌是学生以往学过的，所以学生歌唱起来比较简单，可以顺利唱出，学生在轻松愉悦的气氛中进入英语学习)

(2) Free talk.

T: How do you come to school?

Ss：I come to school by bus... car... bike... on foot，etc.

T：I see. You use different traffic tools to come to school. I think road safety is the most important thing for us.（Learn the topic "Road safety"）

S：Yes.

T：Let's learn "Unit 4 Road safety".

（评析：五年级的时候学生曾涉及关于交通方式的表达，通过以旧知带新知的方式引起学生的思考，让学生围绕这个话题联想与之相关的边缘知识，这样可以减少学生对新知识产生突兀的感觉，有利于学生学习新知识）

Step 2　Presentation

（1）Learn the new words.

通过微课展示新单词的学习，鼓励学生跟随微课进行生单词的自我学习。

T：Boys and girls，what can you see on the road?

Ss：I can see...（交通灯，斑马线，green man，red man...）

（Show the pictures about them and learn the new words：pavement，road，zebra crossing，green man，red man，traffic lights）

T：Learn the words in groups and help each other to learn the words.（自学生疑）

（Have a chant.

Traffic lights，red，yellow，green.

Red light，red light，stop，stop，stop.

Yellow light，yellow light，wait，wait，wait.

Green light，green light，go，go，go.）（边说边做相应的动作）

T：Who wants to be a little teacher?

S：I want to try. Please read follow me.（带读单词）

T：Are there any volunteers?

S：I want to try. Follow me，my friends.

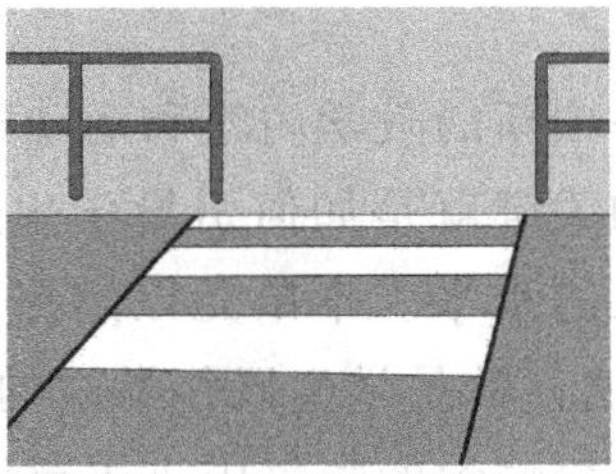

（评析：本环节打破传统的教师教读方式，采用微课的方式激励学生进行学习新单词和短语，学生对自己认为有难度的单词和短语给予格外关注。在检查

环节，通过韵律说唱的方式检验学生对于新单词的掌握，动作可以帮助学生更好地记忆单词和短语。利用小老师带读方式来激励学生进行生生互学，鼓励学生间的交流互动，增强学生的交流合作意识)

(2) Learn the traffic rules.

T: Now you are a student in Grade 6. Do you know any traffic rules?

[Read the rules and judge.

We must walk on the pavements. (   )

We can cross the road with other people. (   )

The traffic lights have two colours. (   )

We mustn't run and play on the road. (   )

Before crossing the road, we must look left and right. ( )

We must run quickly on the road. (   )]

T: Well down. You know many traffic rules. What can you find from the sentences?

(评析：六年级的学生对于交通安全知识并不是一无所知，所以本环节根据学生已有的生活经验和英语知识积累，先通过思考和朗读帮助学生进行知识建构，为下面学习课文和语言输出做铺垫。在阅读的时候，有意识地鼓励学生运用适当的语气进行阅读，比较语气的变化，让学生在读的过程中感知 can 和 must 的语气变化)

(展示语言点：must 的语气强一些，表示"一定，必须"。它的否定形式是 mustn't. can 的语气相对弱些，表示"可以，能够")

T: 孩子们，你们可以用 can 和 must 进行会话练习吗？(互学深研)

学生在小组内进行思考和交流，并记下交流的结果。

S1: We mustn't eat in class.

S2: We must study hard.

S3: You can find a library on your left.

S4: He can't leave here now.

(3) Text teaching.

① Watch the cartoon and put the sentences in right order.

A. Sometimes，you can't find a zebra crossing，you can wait on the pavement and look out for cars and bikes.

B. First，you must look for a zebra crossing.

C. You can cross the road with other people. Because the driver can see you easily.

D. Then，you must look at the traffic lights and wait for the green man.

E. Before crossing the road，you must first look left，then right and then left again.

Work in groups.（B—D—A—E—C）

Check the answer.

（评析：本环节是对文本的初步感知，所以，将阅读的任务设计成排序的方式，旨在让学生在首次听课文的时候，对整体的文本有一个比较概括的把握，并不要求掌握比较细致的内容，只要按照文本的构架进行排序即可。这样的任务形式很简单，对于大部分学生来说没有什么难度，有益于绝大部分学生进入文本学习状态）

② Listen and repeat.

T：Read in groups and help each other to read the text.

（评析：在开始上课时解决了文本中的单词和短语，在听读的环节解决了整体框架，学生的阅读障碍基本被清理干净。小组内的第一次阅读，以学生间的互学形式展开，学优生带动学困生进行学习和阅读）

③ Then complete "Think and write". Complete the notes below.

Check in groups.

The teacher checks.

Students read it together.

④ Look and act.

T：Look at the pictures，suppose you are a policeman，what should you say?

T：Shows the pictures on P36-37.

S1：It is a red man. You mustn't cross the road now.

S2：It is a green man. You can cross the road now.

S3：You must wait on the pavement and look out for cars and bikes.

S4：You can wait with other people. The drivers can see you easily.

S5：You mustn't play on the road.

（评析：出示课文图片，创设当警察的情境，让学生用所学的语言进行有目的的操练，增强学习的实用性意识，鼓励学生将所学知识用于生活实践，强调学习的使用性原则。这个环节也是学生知识的生成过程，学生通过本环节的活动可以把文本中学习的知识进行灵活运用，达成了语言素养的提升这个学习目标）

⑤ Look and say.

Show the picture on P38.

Students work in groups.

What must you do to cross the road safely?

We must...

What must you not do on the road?

We mustn't...

Write them on the books.

Step 3　Consolidation(会学拓展)

(1) Finish P38 Think and write.

(2) 把教室的过道布置成一个街道，让学生自己过马路，边走边说出安全过马路的步骤和注意事项。

Show in groups.

Then show in front of the class.

（评析：新标准下的小学英语课堂应该是灵动的教学课堂。语言学习必须强调语言的环境创设，好的语言场景可以很好地帮助学生理解语言，更有益于学生对语言知识的掌握。这个环节的语境设置具体，让学生在表演的过程中体会语言的用途。学生参与度较高，教师启动活动后，师生互动较好，学生充分发挥了主动性作用）

Step 4 Homework

(1) Read the story correctly and freely.

(2) Write some traffic rules.

(3) Make a play: On the road. Act next class.

Unit 4 Road safety
How can you cross the roads safely?
We must look for a zebra crossing.
We must't play or read on the road.

【板书设计】

教学反思

本节课围绕道路交通安全这个话题展开学习,在课堂上孩子们能有效地进行话题探讨。在教学中,笔者努力创设轻松愉悦的自主学习情境,鼓励学生学习了和主题相关的新单词和短语,接触了情态动词 must 和 mustn't 的使用方法,并和以往所学的 can 和 should 进行比较,让孩子们感受语气的变化。在学习中,孩子们不光学习了英语知识,也关注到了道路安全。学生很喜欢这个话题的学习,能够根据具体的语境进入学习,顺利完成巩固和练习,生成语言习得,并运用于实践。

(1) 音乐导入,话题引领。音乐导入能够成功地引起孩子们的注意,有效地帮助孩子们在轻松愉悦的氛围里进入英语学习状态。歌曲的选择也很重要,笔者经过再三思考后选择了"The wheels on the bus"这首英文歌。首先,这首歌是孩子们以往接触过的歌曲,孩子们能流利地进行演唱;其次,这首歌的内容和本课的学习内容相关,属于本课的边缘化知识;再次,这首歌曲能够很好地引出本课的学习内容。除了歌曲外,笔者还利用话题讨论的方式和孩子们一起讨论了交通方式,这个话题是他们在五年级学习的旧知识,通过讨论 How do you come to school? /I come to school by bus/by car/by bike/on foot,很自然地引出交通规则的话题,让学生在话题的驱动下关注交通规则,并产生用英语来表述的学习愿望。学习动力的产生为这节课打下良好的学习基础,当有了学习动力和学习意愿,孩子们会在学习的过程中进行积极的探索和学习。

(2) 微课领学,导学激趣。微课是近年来流行的一种高效的教学和学习形式。和一节完整的课相比,微课具有容量小、目的性强、可反复观看的特点,因而被很多一线教师运用于自己的实际教学。微课的容量小,这是符合小学生的身心发展特点的,小学阶段的孩子注意力集中时间较短,一节微课输出的知识量较少,能让孩子在保持集中注意力的情况下完成某个具体知识点的学习。微课的目的性强,微课在设计的时候往往切口很小,目的也相当明确,针对一个知识点来进行阐述,不会让孩子觉得疲惫,只要完成这个小知识点的学习就好。微课是教师提前录制好的课程,教师在制作的过程中千锤百炼保证了微课的质量,反复打磨后的微课可以反复播放给学生观看,能针对不同接受能力的学生进行教学,直到他们学会为止。所以,和传统的学习形式相比,微课的这些优点都不容小觑。

在本节课的教学中,笔者把新单词和短语板块作为微课教学的内容,在微课的设计上,努力做到精美,让学生赏心悦目,利用一些妙趣横生的例句带入生词和短语,并把单词中的字母和字母组合的发音挑出来进行有针对性的教学。微课制作好后,笔者提前展示给学生,让他们在家预习时多次反复地进行学习,所以在课上的微课展示环节实际上是对学生记忆的再现过程。通过预习,学生在课堂展示的环节已经可以流利地读出这些生词和短语,学生带读和小组展示也就很容易实现了。

(3) 小组交流,互学深研。学生小组活动是英语课经常用到的一种学习形式,它可以让学生相互交流和合作,增强孩子们的合作精神。在本节课的教学中,笔者设计了三次小组交流活动。第一次小组活动是判断一些行为是否符合交通法规,因为学生原有生活经验对交通法规是有所涉猎的,所以笔者设计小组活动让学生在小组内交流讨论后进行判断,有益于学生开口讲英语,用英语去交流。第二次小组活动是初识文本时进行的,学习任务是对文本阐述的交通法规进行排序,旨在让学生根据排序来了解文本的展开顺序和写作的思路。第三次小组活动出现在会学拓展环节,笔者让学生根据所学进行 must 和 mustn't 的会话练习。每次的小组活动时,学生们都能在组长的带领下进行深入的思考和研究,学生间互学充分,交流学习的效果很好。

(4) 情境铺设,会学拓展。英语是一门语言学习学科,语言既是学习的对象,也是学习的工具。语言的习得离不开具体的环境,所以在英语学习的过程中语境的创设是不能缺少的环节。在本课学习中,笔者在新知识呈现后的巩固环节运用创设语境的方法,把教室设计成马路,让学生来当“小交警”,把所学的交通道路安全注意事项表演出来。这是一种体验式的活动,学生在表演的过程中,不光练习了用英语解决问题的能力,更能够唤醒学生关注交通安全,是知识与实践的统一。学生在表演中都很认真,能够准确运用所学句型进行交通法规知识的宣传,这是对文本所学的升华和运用,拓展了学习知识的使用途径,突显了英语教学的实用性特点。

教师评价

教师1:微课融入课堂教学是授课教师这节课的一大亮点,微课教学能够切实帮助学生进行自学。微课很实用也方便操作,是英语教学中解决重要知识点的一个很好的方法。利用微课导入能牢牢抓住孩子们的注意力,能够在课程一开始就提高孩子们的学习积极性,使孩子们快速进入英语学习状态。这给我很大的启发,以后在比较难的知识点学习时,比如语法知识的讲解时可以制作微课,给接受能力较弱的学生反复学习提供可能性,也能够大大节约上课时间,提高教学效率。

教师2:孩子们进行的三次小组交流学习是这节课的重要学习环节。我注意到在小组活动的时候,小组内的所有孩子都能活动起来。我特别去关注了小组内基础较弱的学生,他们会在其他同学的帮助下积极参与活动。在排序的小组活动中,小组内的成员能有序自发地逐一汇报自己的排序情况。在用 must 和 mustn't 来拓展造句时,孩子们群策群力完成报告任务,活动开展得很到位,学生参与度较高。

教师3:我的关注点是在这节课的“读”上。这节课的文本阅读特别充分,读的形式比较多样化,能让孩子们根据自己的喜好进行阅读和展示。在“小交警”体验这个场景设置好后,孩子们争先恐后地要参与展示活动,他们对于这样的活动很感兴趣。趣味性可以让孩子保持持续学习,所以也给我们传达出一个信息,我们的英语课要好玩,角色扮演、场景设置等方面我们要向授课教师学习,努力做到精心设计,让孩子们的英语课既高效又快乐!

学生评价

学生1:这节课我们学习了如何用英语来表述交通安全的知识。我很喜欢微课,在本课预习的时候老师就把微课作为学习材料发给我们,我们通过自己看、自己学了单词和短语。能够通过自己的努力学会一些知识对我来说特别有成就感,周围也有很多同学说使用微课视频学习很自由,即使暂时掌握不好也可以通过反复学习直到掌握为止,不会觉得不好意思。

学生2:很喜欢“小交警”的活动,当戴上警帽,用英语去介绍安全知识的时候,感觉自己就是一名交通警察了,特别有成就感。老师曾经说过英语在实际生活中应用广泛,我们第一次感受到英语在日常生活中的运用,这让我们对于英语学习更加感兴趣。希望自己能学习更多的英语知识,长大了可以用英语做更多的事情。

专家评价

这是一节很好的自学自成展示课，教师的导学激趣、自学生疑、互学深研、会学拓展四个环节设计得很用心，各个环节联系密切，过渡很自然。授课教师对文本的阅读和文本信息的筛选和再加工做得很充分；学生活动设计巧妙，能调动学生参与活动的积极性。

首先，导学激趣环节的歌曲导入的效果很好。齐唱的时候，每一个同学都能张开嘴去唱，脸上洋溢着快乐，表情愉悦，这才是激趣导入真正该有的状态。我们的激趣导入要做到真正抓住孩子们的兴趣点所在，能吸引孩子们的眼球和注意力才行。

其次，在自学生疑环节，老师的退一步给学生的自学提供了可能，学生的自学环境很好，教师没有过多干涉孩子的自学活动。授课教师温柔的态度是孩子们敢于且勇于发问的保证，声色俱厉的老师往往让孩子们没有提问的机会。这节课中学生自学和发问很真实，在问题出现的时候，其他同学正好有解决的方法，这时开展的生生之间的互学活动才是有效的。在英语课上，老师不要一直冲在前面，学生本身有学习的能力，尤其是六年级的孩子，他们对于英语学习是有一定基础的，甚至有些孩子有自己的学习方法。教师的退一步能留给孩子思考的空间，孩子的积极思考对于孩子的成长很关键。在自学过程中，孩子在不断体验，对于以后的学习大有裨益。

再次，授课教师对于学生间的互学深研做得也很好。生生之间的互动比较多，对于一些学习有困难的孩子来说这样做很有必要，他们往往在有疑问的时候不敢问老师，而在互学的环节设计上，组长能够兼顾到学习有困难的同学，在展示环节也不忘把所有的同学都带入活动，这是难能可贵的。

最后，在“小交警”体验活动中，孩子们的表演很好，表演违反交通法规的同学也很投入，表情和动作都很认真到位。体验式教学环节是大家常用的教学手法，教师要做的是给予学生充分的信任和鼓励，要相信他们的能力。学生自成需要一个过程，作为教师要慢下来等一等，不要让急躁打乱孩子的成长节奏、破坏孩子的成长规律。顺势而为，顺应教育的规律和孩子们的身心发展规律，才能够更好地达到教育教学目的。

"Unit 8 Our dreams"教学实录与评析

【教学内容】

Story time.

【教学目标】

(1) 知识目标。

学生能正确理解、朗读并表演(Story time)。能听懂、会说、会读词汇:care about, astronaut, spaceship, football player, World cup, dancer, pianist, come true, brave, paint。

能听说读写词汇及句型:dream, future, tooth, take care of, scientist, artist. What do you want to be in the future? I want to (be)...

(2) 技能目标。

学生能谈谈自己的理想。

(3) 情感目标。

通过对课文的学习,引导学生树立正确的价值观,心怀梦想并为实现自己的理想而奋斗。

【教学重点、难点】

(1) 能理解、朗读并复述故事。

(2) 掌握重点句型和词汇,并能准确运用。

【教具、学具准备】

单词卡片,多媒体演示文件。

【教学过程】

Step 1 Warm-up(导学激趣)

(1) Greetings.

T: Good morning, boys and girls.

S: Good morning, Miss...

T: How are you going today?

S: Fine. / Not bad. /...

T: ...

（评析：通过亲切的相互问候，拉近了师生间的距离，建立轻松的课堂氛围，激发学习的兴趣）

T：Do you like songs? Now let's enjoy a song.

(2) Sing a song："I'm a little teacher".

(PPT shows the song)

T：In this song，what does the boy do? Is he a student?

S：He is a teacher.

（评析：歌曲的播放既能调动起学生的情绪，又为下一步的学习打下基础，起着承上启下的作用）

(3) Free talk.

PPT shows some pictures.

T：What are their jobs?

（设计目的：结合五年级上册关于职业的单词，引出新的职业类的单词）

S：They are...

T：What are you going to do?

S：I am going to...

T：What do you want to be when you grow up?

S：I want to be...

T：When you are a little child，your dream was to be a...

（引出单词 dream 的意思及用法）

（评析：通过复习职业类的旧单词，自然地引出更多的职业类新单词。在原有基础上，词句结合，互问互答，水到渠成）

Step 2 Presentation and practice（自学生疑）

(1) PPT shows the pictures of story time.

Q：What can you see in the picture? Who are they? Think it over.

（设计目的：从英语学科特点入手，用电脑呈现课文，学生观察图片，通过思考，提出与教学内容相关的问题，如 Who、What...）

Students talk in groups：

What do they want to be in the future?

New teaching：in the future.

Read：future.

(Teacher also can teach the new jobs while students guess the answers：an astronaut，a dancer，a football player，a pianist)

（设计目的：出示图片，和学生进行问答活动，教学新的词汇）

Teacher could pass the word card and ask students to read one by one. Then choose some difficult words to check groups.

(2) Watch the cartoon and match.

What do they want to be in the future?

An astronaut.

A dentist.

A football player.

A dancer.

A writer.

A pianist.

(学生边读边从文中找出相应词句，再连线)

(3) Open the books, read after the teacher and check the answers together.

Do you know these jobs? Can you read correctly.

(要求孩子能够正确复述这些生词)

Let's check.

What does Liu Tao want to be in the future?

How about Nancy?

Who can report?

结合连线，学生练习说出男孩和女孩的梦想分别是什么？

(4) Why do they want to be a dentist/an astronaut/a football player...?

Read and underline the sentences.

(寻找生词，分组讨论)

(设计目的：引导学生在阅读课文时，通过对主人公及其梦想进行连线，重点学习新词和新句型，针对他们有梦想的原因，进行小组讨论、交流，帮助解决学习难点)

(5) Open the books and read in groups.

a. Together.

b. Read in roles.

6. Act the story in groups.

(评析：在英语教学中，语音的模仿朗读是不可少的，学生反复练习会感觉乏

味，只有在与他人合作的活动中，通过不断的练习、讨论、加工、提炼，才能内化为自己的知识）

Step 3　Consolidation（互学深研）

（1）Fill in the blanks. Miss Li is writing about her students' dreams.

My students' dreams

- Mike wants to be ________. He wants to take care of children's teeth. Su Hai wants to be ________.
- Yang Ling likes ________________. She wants to be ________.
- Nancy is good at writing. She wants to write stories for ________.
- Liu Tao likes sport. He wants to be ________________ and play in the World Cup.
- Wang Bing has a big dream. He wants to be ________ and fly to ________.

Read the sentences correctly.

（2）Whose dream do you like?

Think it over.

（学生对于梦想有了了解，但还没有树立起正确的价值观，所以通过提问，引导学生进一步思考怎样去选择正确的职业）

（3）What do you think of Miss Li?

She wants to see the students' dreams come true.

（设计目的：通过这样问，学生对于老师的期望有了感悟，并会树立起自己的理想和愿望）

（4）Students try to talk about their own dreams in groups.

PPT shows the key words and sentences to help students.

A：What do you want to be in the future?

B：I want to be...

（评析：这一环节主要是巩固所学句型，通过小组比赛，培养合作精神，注重参与，体现自主学习和合作学习的新课程理念）

Step 4　Show time（会学拓展）

（1）Write your dreams on the paper.

Eg：We all have dreams.

I have a great dream.

I want to be a...

To make my dream come true, I will...

(2) Report dialogues.

(评析:请学生进行自编对话进行交际练习,既可拓展发散思维,也可培养动手、动脑能力)

【板书设计】

Unit 8　Our dreams		
A: What do you want to be in the future?		
B: I want to be...		
He/She wants to be...		
Mike	dentist	help children
Wang Bing	astronaut	fly... to...
Liu Tao	football player	play in the World Cup

【作业设计】

(1) Be able to ask and answer your dreams, try to retell the story.

(2) Interview your classmates and write down their dreams.

教学反思

这节课是"Story time"板块,这个板块是一个单元的核心部分,它包括了本单元的重要句型和词汇,对话中隐含着大量语言信息。我们学校推行了自成课堂教学模式,即:导学激趣、自学生疑、互学深研和会学拓展。在这节课中,笔者尝试采用新的教学思路,以导入学,以疑生思,学生之间小组合作,互帮互教,拓展思维,不拘泥于课本,但又立足于课本,让德育思想贯彻课堂。

(1) 以"以导入学",形成自主学习的方法,激发起学生学习的兴趣。

笔者在设计本节课前进行了课前预习检测,从检测中了解学生通过预习对单词、短语和句型的掌握情况。本课的话题是"我的梦想",通过对这个话题的讨论,引导学生树立正确的价值观,心怀梦想并为实现自己的梦想而努力奋斗。在此基础上,笔者确定教学重点和教学方式,让学生自主地形成自我学习的方法。比如在教学单词 dancer 和 player 时,先引导学生观察词形,由 dance 到 dancer,play 到 player,进一步体会单词的构成方式,这样学生就会形成系统的学习单词和记忆单词的方法。

(2) 以"以疑生思",发展学生的语言思维。

本节课的句型和单词都比较简单,大部分学生通过预习都能掌握读音以及中文意思。但对于六年级的学生来说,光达到这样的理解水平是不够的,应该尽量拓展学生的语言思维。比如,笔者在教 dancer 这个单词时,先出示句型"A dancer means who can dance well”，学生根据这个句型说出很多笔者意想不到的句型和词汇，如：A basketball player means... 用英语来解释英语。pianist 这一单词学起来有一定的难度，无论是词形还是读音都不易掌握，对于学生提出的质疑，如何解决是发展学生语言思维的突破口。为此，笔者先引导学生发现与之有关的单词 piano，从这个词进行引申、变化，结合读音、字母的变化，学生较为轻松地掌握了。这一学习方法不仅丰富了学生的词汇量，也拓宽了学生的思维。以这样的思维方式来学习单词，长期下来，学生就会形成自我学习单词的系统方法，促进语言能力的发展。古语云：学而不思则罔，思而不学则殆。在学习新的知识时，一定要深挖细究，形成自己的思维方式。

(3) 以“合作学习为中心”，获取学习文本的能力和策略。

“我的梦想”这一话题主要是以对话形式呈现。整个文本的框架结构都很清晰，主要谈论了女孩们和男孩们的梦想。笔者先带领学生一起学习男孩们的梦想，然后让学生根据板书，理清文本的框架结构，从而以这一框架为支撑点，让学生自学女孩们的梦想。在这一过程中，学生通过小组合作，共同讨论、观察和总结，提高了学习能力、获取了学习策略。通过这样的学习方法，不仅可以提升学生的作文水平，也可以帮助学生提高阅读理解的能力。

学生们通过阅读，理解课文主要的主要内容是小学阶段的学习即将结束，Miss Li 和学生们在一起畅谈梦想。学生们各抒己见，畅所欲言，表达了对美好未来的向往。这篇文章贴近学生的生活实际，男孩和女孩由于各自不同的情况，理想也各不相同。孩子们在阅读中与文章作者产生共鸣，不由得也为自己的将来构思，为自己制定一份人生规划。这样在对文本的挖掘中，渗透的德育思想就起到了实效。

(4) 让思维发散，真正拓展思想。

笔者在处理本节课教学时，也有很多不到位的地方。比如本单元的 Story time 板块，对话看似很简单，但实则含有大量的语言信息量。笔者对 Miss Li 说的“I want to see your dreams come true”，没有进行深入挖掘，事实上这句话给我们提供的信息量很大。可以这样引导学生：Miss Li 为了能看到孩子们实现梦想，将会对每个孩子提出什么样的建议？这样学生就可以联系生活实际和已有的学习经验，给每个孩子一一提出建议，帮助他们实现梦想。这样做，不仅可以帮助学生回忆和复习以前所学的语言知识，也可以进一步促进学生语言思维的发展，真正做到“用英语做事情”。

教师评价

本课的话题是“我的梦想”，通过对这个话题的讨论，授课教师引导学生树立正确的价值观,心怀梦想并为实现自己的梦想而努力奋斗。这篇文章贴近学生的生活实际,而且学生之前已经学了部分常见的职业名称,如 teacher、doctor、policeman、policewoman、cook、farmer、worker、waiter 等。学生对课文的理解难度不大,但是要用英语阐述自己的梦想还有有点难度的。尤其是要用英语谈谈为什么要有这个梦想,以及如何去实现自己的梦想。我建议学生在理解课文的基础上,能正确、流利、有感情地朗读,能模仿课文的句式,简单说说自己的梦想、理由和行动。授课教师充分利用课文配套的图片,让学生看图说话。学生对于单词 dentist、astronaut、pianist、artist、scientist 在朗读上困难较多,所以很多学生在阐述自己的梦想时,还是习惯说说"teacher、doctor、policeman"等。等学生完全掌握这些单词,并学习 Cartoon time 版块后,一定能更好地阐述自己的梦想。建议授课教师继续指导学生活学活用,例如"traveller",可以指导学生把6~8单元的内容整合在一起,如:I want to be a traveller. Because I like travelling. I want to travel around the world. There are many interesting places. For example, London Eye, Towel Bridge, the Great Wall, Uluru and so on. I will study hard and read more books about travelling. I will learn how to take photos well. I hope my dream will come true. 英语学习的最终目的是要能交际,小学生词汇量有限,如能活学活用、现学现用,便是很不错的技能。

专家评价

授课教师注重营造和谐融洽的课堂氛围,突出学校的学讲计划和自成课堂课程理念,有效地在课堂中实践了教学理念。授课教师教态自然、语调亲切,并能不断地鼓励学生,给学生以勇气,以无私的爱心去包容学生,用微笑面对学生,使学生在和谐融洽的课堂氛围中学习,推动了知识的掌握和智力的发展,达到了较好的教学效果。同时,授课教师充分发挥了教师的主导作用,学生的主体性和创造性在本节课中得到较好的体现。

授课教师注重遵循学生的发展认知规律,以旧知引入新知。课堂伊始,授课教师设计了与本课主题梦想有关的歌曲"I'm a little teacher",通过歌曲调动孩子的学习兴趣,缓解紧张情绪,使学生快速进入英语学习。授课教师运用了多媒体教学,使学生感知语言,发展视听能力。通过 Free talk 活用旧知,授课教师把学生带入一定的情景中,对以前学过的职业类单词进行了复习,并过渡到新知。将新旧知识建立联系,符合学生的认知规律,让他们自主地形成自我学习的方法。授课教师通过导学,激发起学生学习英语的兴趣,兴趣是最好的老师。

这篇文章贴近学生的生活实际,孩子们在阅读中与作者产生了共鸣,为自己设计了人生规划。教师在对文本的挖掘中,顺利地渗透了德育思想。

学生反馈

通过调查反馈，检查学生的掌握情况。

(1) 目标基本实现，绝大多数学生对于单词、句型做到了“三会”或“四会”。通过课文语言知识点的学习，理解了课文内容，并能用所学知识点描述自己的梦想，能够自然流利、有感情地朗读。但是，学生的表演还有待提高。

(2) 课堂效果理想，学生学习热情高。通过对课文文本的学习，学生能结合自身经验学习，师生之间配合默契，学生的积极性被充分调动起来，并能与小组成员进行有效交流。

“Unit 1　The king’s new clothes”教学实录与评析

【教学内容】

Story time.

【学习目标】

(1) 能听懂、会读、会说：King clothes was were magic clever foolish walk through people shout beautiful wear point at laugh.

(2) 能听懂、会读、会说：Clever people can see the clothes. Foolish people can’t see them. The king isn’t wearing any clothes.

(3) 能正确地理解并朗读对话内容，在教师的引导和帮助下尝试表演对话。

(4) 让学生体验故事表演的快乐，明白为人要诚实，待人要真诚。

【教学重点】

(1) 单词 clothes、foolish、wear、point、laugh、through、magic、clever 的读音。

(2) 故事中人物语气的朗读。

【教学难点】

(1) 故事中大量形容词的理解和运用。

(2) 学生在了解故事的基础上，复述故事。

【教学准备】

多媒体演示文件、衣服。

【教学过程】

Step 1　Greeting(导学激趣)

(1) Free talk.

T：Good morning，boys and girls.

S：Good morning，teacher.

(2) T：Do you like reading stories?

S：Yes，I do.

T：Me too.

(Show some clothes to the students)

T：Look，what are these?

S：A dress，a coat，trousers，a shirt...

(Review the words about clothes we have learned)

T：Yes，they are clothes.

(教师板书：clothes)

T：I like wearing new clothes. How about you?

T (Points at the clothes and says)：Today we'll learn a story about the new clothes.

(评析：通过谈论衣服，引出将要学习的故事与衣服有关，激发起学生想要了解这个故事的兴趣)

Step 2　Free talk/Revision(自学生疑)

(1) Can you ask some questions about the clothes or story?

S：When? Who? What? Whose clothes?...

(设计意图：通过让学生进行质疑，帮助其从时间、人物、事件几个方面逐步分析文本，从内容的理解入手)

(2) Learn the topic "Unit 1 The king's new clothes".

Read after the teacher three times.

T：Do you know this story? Yes，it's an old story. It happened long long ago.

(教师板书：long long ago，很久以前)

T：Long long ago，there was/were...

(Try to make sentences by using it)

(评析：引出一般过去时这一时态，long long ago 是时间状语，was 是 am、is 的过去式，were 是 are 的过去式)

T：We will talk about the king's clothes.

(3) 简笔画出示故事中的人物：一个单纯可爱的小男孩、两个骗子和一个愚蠢的胖国王。

Work in groups，talk about the people.

How is the boy/king?

How are the two men?

T：What do you think of these people?

S：There is a boy. He is cute and happy.

S：There is a man. He is short and fat.

S：There is a man. He is tall and thin.

S：There is a king. He is old and fat.

（评析：小组合作进行讨论再汇报，引导学生进行观察质疑，既能锻炼学生的胆量，又能提高学生的语言表达能力）

Step 3 Presentation(互学深研)

(1) While reading.

① Watch the cartoon.

② Can you say something about this story?

S：作者是安徒生。

T：Yes,It's written by Anderson. 在我们读过的故事中，哪些是选自《安徒生童话》的？

(PPT shows some pictures：丑小鸭，卖火柴的小女孩……)

(2) Fast reading：read the story quickly and answer.

（设计意图：快速阅读，整体感知故事内容）

① Who liked new clothes?

② Who made new clothes for the king?

S1：The king liked new clothes.

S2：The two men made new clothes.

(3) 听录音，给图片排序。

Listen to the video, and correct the orders.

Check the answer.

（设计意图：在黑板上呈现课文的四幅图片，并打乱顺序。然后播放课文录音，要求学生在听完录音后，按照故事情节的先后顺序对图片进行排序，以检测学生对故事的理解）

(4) Teach the new words：foolish, clever, laugh.

T：What do you think of the king? Does he look foolish? Read：foolish cool-fool English-foolish(Read one by one).

T：We know monkey king is very clever. Bajie is very foolish, he makes us laugh. Read：clever fever-clever laugh half-laugh.

（设计意图：安排两人或多人一组，讨论并猜测这些人物的性格特征和喜好，设置一些问题引导学生思考，以培养学生的思维能力）

(5) Picture 1.

Listen and answer.

Why did the two men visit the king?

What did they say?

Read picture 1 together.

(Pay attention to the words: liked, visited)

教师可适当讲动词过去式的发音,清辅音和浊辅音。

(6) Read picture 2 and fill in the blanks.

According to the two men, the new clothes are ________, because ________

________ can see them, ________ ________ can't see them.

Teach: magic(有魔力的).

(7) Read and act picture 3/picture 4.

(评析:在这一环节的设计中,要求学生表演对话,有助于理解文本,既达到教学目的,通过表演加深学生对对话的理解,也活跃了课堂气氛)

Show the sentence: The king walked through the city in his new clothes.

Read and learn: walk through.

Answer the questions:

What did the people say?

What did the boy say?

What do you think of the people and the boy?

Lead to say: I like the boy. He is honest.

Try to read and act.

(评析:学生们在熟练朗读课文语句的基础上,分析人们和小男孩的不同语调,学会精读课文,从相关词语和句子中挖掘人物特色,有效提高了英语课堂的学习效果)

Step 4 Consolidation(会学拓展)

(1) Watch again and write T or F.

a. The king liked new clothes. ( )

b. The two men showed the king some magic clothes. ( )

c. The king was foolish. ( )

d. People could see the king's new clothes. ( )

e. The boy was foolish because he could not see the king's new clothes. ( )

(设计意图:出示问题,让学生更直观、形象、有目的地观看动画,并简单了解过去式的用法)

(2) Read the story and act the story in groups.

① 自由对话,然后朗读。

② 四人一组,分角色表演,并交流。

③ 试着给故事创编一个结尾,并写出来。

（设计意图：通过这几项活动的开展，难易结合，有针对性地加强对学优生和学困生的指导，达到了因材施教的目的）

Step 5 Homework（家庭作业）

(1) Read the story 5times and recite it.

(2) Copy the new words and phrases.

(3) 回家向家长用英语简单介绍这个有趣的故事，加强亲子关系。

（设计意图：作业分为基本作业和灵活作业两种，抄写和背诵是基本作业，运用所学知识复述故事属于灵活作业，更能体现学生学习的自主性和创造性）

【板书设计】

Unit 1 The king's new clothes
New words and phrases:
magic, point at, foolish, clever, laugh, shout
Past tense
liked, saw, laughed, was, were, shouted

教学反思

本课学习的内容是一篇喜闻乐见的童话故事"The king's new clothes"，对于学生来说，故事本身就具有吸引力，情节有趣，而且极具有现实意义。一个高效的课堂，文本的呈现要有层次性，重点突出。如何设计教学，使学生在自主学习中融入自成课堂，是本节课要解决的问题。

Story time 部分的教学，通过创设情境学习童话故事，引出一般过去时。本课的教学重点是帮助学生初步感知和理解一般过去时，规则动词的过去式的构成是教学难点。

单词的学习是课文教学的重要部分，clothes 一词是本课教学的切入点。如何引出这个单词？笔者结合实物和漂亮的衣服图片，引导复习了学过的服装类词语。通过谈论衣服，引出将要学习的故事与衣服有关，激发起学生想要了解这个故事的兴趣，为下面新课的学习打下了良好的基础。

英语是一门语言，语言是学会的而不是教会的。在英语课堂中，应努力倡导学生积极参与，让学生在学习的过程中不仅能够建构知识、提高语言能力，而且通过感知、体验、实践、参与和合作探究等活动方式，完成学习任务和实现学习目标。

围绕 clothes 一词让学生进行质疑，帮助学生从时间、人物、事件几个方面逐步分析文本，从理解内容入手。由故事发生的时间了解到一般过去时的标志性时间状语 long long ago，继而学习... ago，学生就在这种层层递进中不知不觉地接受了一般过去时。所以，不论是词汇还是语法的学习，都需要创设一定的情境，让学生在具体的环境中通过自己的亲身感受来接受新知识。

学习对话时，以简笔画的形式呈现主人公是一个尝试，目的是引导学生进行观察质疑，讨论文中人物分别有什么样的特点。在小组合作学习中，通过讨论分析，学生们不断地合作学习，互相帮助，教读单词、句型。结合出示问题让学生初步略读对话，使学生大致了解课文的内容，呈现课文的四幅图片，并打乱顺序。然后播放课文录音，要求学生在听完录音后，按照故事情节的先后顺序对图片排序，以检测学生对故事整体的理解。

再让学生通过复述本课的内容并完成填空，针对重点词语 magic、point at、foolish、clever、laugh、shout 进行练习，结合具体的句子来理解这些单词的意思及用法。学生基本上完成得不错，学习能力、总结归纳能力和综合使用语言表达的能力得到了提高。

会学拓展部分，起到内化升华的效果，笔者在教学中设计了以下几步：

(1) 自由对话，并朗读；

(2) 四人一组，分角色表演，并交流；

(3) 试着给故事创编一个结尾，并写出来。

这种训练，需要学生反复认真地练习朗读，理解文章的意义，并在此基础上，选取语言材料，重新组合成自己的语言，进行创编结尾。这样做，可以有效提高学生的英语水平，体现了课堂实效性。

教师评价

通过这节课的学习，学生了解了一般过去式的句型结构和用法。授课教师结合实物和衣服图片，引导学生复习了学过的服装类词语，并引出将要学习的故事与衣服有关，激发了学生想要了解这个故事的兴趣。

Story time 部分，授课教师通过创设情境，让学生轻松学习了动词过去式，并设置问题引导学生思考，培养了学生的阅读兴趣，教会了学生简单的阅读策略。学生通过给图片排序以及填空练习，能用自己的语言表达课文大意，学习能力、总结归纳能力和综合使用语言表达的能力得到提高。

授课教师积极倡导学生参与学习，学生不仅获得了知识、提高了语言能力，而且完成了学习任务和目标。整堂课中，授课教师教授学生阅读方法，注重培养学生的阅读习惯，激活了学生的思维。

学生反馈

通过调查反馈，从教学目标、教学重难点以及达成的效果进行如下分析：

(1) 学生对于单词及句型的掌握情况，具体体现在具体的情境中能够恰当使用，课堂氛围活跃，学生乐于表现，目标基本达成。

(2) 学生能正确地理解、朗读对话内容，并在教师的引导和帮助下尝试表演对话。学生体验到了故事表演的快乐，明白为人要诚实，待人要真诚。

(3) 小组成员之间配合默契，互帮互助。通过学习，自成高效课堂理念得到贯彻落实。学生的英语口语流利，学习氛围高涨，学习效果较好。

“声音的变化”教学实录与评析

【科学概念】

(1) 音量是由物体的振动幅度决定的，振动幅度越大，声音越强；振动幅度越小，声音越弱。

(2) 音高是由物体的振动频率决定的，振动频率越快，声音越高；振动频率越慢，声音越低。

【教学过程与方法】

按照教科书要求使物体发出强弱和高低不同的声音，对听到的不同声音进行描述，对物体在发出不同声音时的振动状态进行描述，把物体的振动状态和发出的不同声音联系起来。

【情感、态度、价值观】

学生养成善于观察，并把事物的特点和性质相联系的习惯。

【教学准备】

为每组准备 1 把钢尺，4 个同样的杯子里面装有不同量的水，1 张“杯子声音高低的实验记录单”，1 块钉有 2 颗钉子的木板，1 根橡皮筋，长短不同的 3 根铁钉，3 根粗细不同的钢管，3 根粗细相同长短不同的铁管，1 把大提琴。

【教学过程】

1. 观察、比较声音强弱的变化

【板块一】 创设情境，引入新课。

(教师播放一场音乐会片段：男、女美声演唱)

师：刚才大家都听得非常入神，现在老师想问问大家，你们听后有什么发现呢？

生 1：有男、女声。

生 2：有人声音高，有人声音低。

生 3：声音大小不同。

师：大家都很棒，听出来了声音的不同变化。今天，我们就一起来研究一下声音的变化。

(教师板书课题：声音的变化)

（设计意图：选择具有代表性的声音导入，让学生意识到声音是有不同变化的，为接下来开展探究活动奠定基础）

【板块二】 自主思考，独立设计。

师（手握钢尺）：在我们每个小组里，都有这样一把钢尺。你有哪些方法让它发出声音呢？

（学生思考让钢尺发出声音的方法，在小组内交流，并进行操作）

（设计意图：给学生充足的思考时间，让学生尽可能想出不同的方法，不要局限于书本上的方法）

师：同学们真聪明，想出了很多种方法，并且都成功让钢尺发出了声音。我发现，大家尺子发出来的声音有强有弱，这是为什么呢？

（学生再次让尺子发出声音，注意听声音强弱变化情况，尝试初步解释）

师（提醒）：我们统一把尺子的一部分按压在桌面上，用手拨动另外一部分。

【板块三】 互学讨论，完善方案。

师：再听听声音变化，有什么发现？

生：声音强弱改变了。

师：为什么声音强弱发生了变化呢？

生：因为每次拨动尺子时用的力大小不同。

师：那么，当我们用不同的力气拨动钢尺时，你有注意到尺子上下划过的范围吗？这与尺子发出不同的声音又有什么联系呢？

（学生在小组内思考研究活动，相互讨论，在组内形成一套共案）

（学生分小组交流研究方案）

（全班形成探究的共案）

我们研究的问题	尺子发出声音的强弱与尺子振动幅度有关
我们的猜测	振动幅度越大，声音就越强；振动幅度越小，声音就越弱
我们需要的材料	1把钢尺，记录单
我们的方法	1. 把一把钢尺伸出桌面大约10厘米。 2. 用一只手压住尺子一端，另外一只手拨动尺子的另一端。 3. 先轻轻拨动钢尺，观察尺子上下振动的幅度有多大，发出的声音有多弱。 4. 再用力拨动尺子，观察尺子上下振动的幅度有多大，发出的声音有多强。

（学生分小组开始探究活动，并记录现象）

（设计意图：在进行探究活动前，引导学生先自主思考，同伴互相交流，然后在小组内讨论。一方面鼓励学生自主思考，另一方面又培养他们相互合作

的能力）

【板块四】 交流汇报，得到结论。

师：大家刚才已经进行了一番探究，现在我们分别请几个小组来说说你们的发现吧。

（学生在小组内整理实验记录，生成实验发现，派代表进行交流汇报）

小组代表1：我们发现轻轻拨动钢尺时，钢尺发出的声音弱；用力拨动钢尺时，钢尺发出的声音强。

小组代表2：我们发现尺子发出声音的强弱与尺子振动幅度有关。振动幅度越大，声音越强；振动幅度越小，声音就越弱。

师：那么，哪个小组能找出拨动钢尺时用的力、尺子振动幅度和发出声音强弱这三者之间的关系呢？

（学生在小组内研讨、汇报：用力拨动钢尺时，振动幅度大，发出的声音强；轻轻拨动钢尺时，振动幅度小，发出的声音弱）

（师生小结：声音的强弱可以用音量来描述。音量是由物体的振动幅度决定的，振动幅度越大，声音就越强；振动幅度越小，声音就越弱）

（设计意图：学生完成探究活动后，重点引导学生对实验现象的描述。让个别学生自己先说，其他同学仔细倾听后提出质疑或者建议。在相互交流中，学生能够反思自己在探究活动中的不足，为今后继续开展探究活动提供宝贵的经验）

2. 观察比较声音高低的变化

【板块一】 对比生疑，自学自悟。

师：我给大家准备了4只一样的杯子，大家用铅笔轻轻敲击玻璃杯的杯口，听听声音有何变化。

（学生敲击空的玻璃杯杯口，发现声音相同）

师：为了便于描述，我们给这4只杯子分别编上号吧。

（学生给杯子进行编号）

师：大家给1号杯子装满水，给2号杯子装大半杯水，给3号杯子装一半水，给4号杯子装少半杯水。

（学生按照要求给4只杯子分别加水）

师：现在大家再像刚才那样，分别敲击4只杯子的杯口，看看有什么发现？

（学生再次敲击玻璃杯杯口，仔细听声音的变化）

师：你有什么新的发现？

生：声音变得不一样了。

师：是刚才我们说的强弱变化吗？

生：不是。

师：那是什么变化呢？

生：声音高低变化了。

（设计意图：先让学生敲击空杯子，再让学生敲击加入不同水量的杯子，学生会听出前后声音变化比较明显，这比一开始就让他们敲击加入不同水量的杯子效果更好）

师（课件出示词语）：大家能用高、较高、较低、低这 4 个词语描述你所到的声音的变化吗？

（学生分小组再次敲击，仔细倾听声音的变化，并且做好记录）

（教师巡视指导，纠正学生不规范的操作）

（学生完成活动，整理本小组的记录情况）

（学生派代表展示研究成果）

发声实验记录

杯子	1	2	3	4
预测	高	较高	较低	低
第　次实验	低	较低	较高	高
第　次实验	低	较低	较高	高
第　次实验	低	较低	较高	高

【板块二】 类比生法，互学深研。

师（出示钉有 2 颗钉子的木板，2 根钉子之间套上 1 根橡皮筋）：请一位同学上来想办法让橡皮筋发出声音。

（一位学生上台操作：用手将橡皮筋拉动到一定位置，然后松手）

师：很棒。再考考大家，能不能让这根橡皮筋发出高低不同的声音呢？

（学生思考方法，教师请一名学生上台操作，其他学生仔细倾听声音的变化）

师：声音有变化吗？

生：有。

师：声音什么时候高，什么时候低呢？

（学生在小组内自行操作观察）

生：当橡皮筋被拉到距离原来位置较远时松开，发出的声音高；距离原来位置较近时松手，发出的声音低。

师：大家的发现是对的，为什么会这样呢？

（设计意图：当学生观察到实验现象时，教师紧接着追问，可以引发他们关注到现象背后的科学实质性问题）

【板块三】 明晰变量，导学有序。

（学生自主思考，小组内交流）

师：刚才尺子发出声音的强弱之所以变化，是因为我们用的力度不同，改变了尺子的振动幅度。那么这次呢？

（学生联系上一个探究，思考此时究竟是振动的哪个状态改变了）

师：我们每次拨动橡皮筋用的力改变了吗？

生：没有。

师：力度没有改变，说明了什么？

生：物体振动的幅度没有变化。

师：振动的幅度没有改变，那是什么改变了呢？大家再次拨动橡皮筋，仔细观察一下橡皮筋振动的状态。

（设计意图：由于本节课一下子接触到声音两个方面的变化，涉及物体振动幅度和振动频率两个科学概念，为了避免学生混淆，因此通过一系列提问，让学生将声音两方面的变化与振动两种状态之间建立联系）

（学生分组实验，观察记录）

生：橡皮筋振动的快慢发生了变化。

师：能具体说说它和声音高低之间的关系吗？

（学生独立思考）

生：橡皮筋振动的速度越快，声音越高；振动速度越慢，声音越低。

师：其他同学同意这个观点吗？

生：同意。

师：好的。大家有没有想过，为什么橡皮筋振动的频率（速度）会发生变化？

生：橡皮筋的松紧度改变了。

师：原来是因为橡皮筋的松紧度改变了，才让声音高低发生变化了。谁能具体说说它们之间的关系呢？

（学生自主思考）

生1：橡皮筋绷得越紧，发出的声音越高；橡皮筋绷得越松，发出的声音越低。

生2：橡皮筋绷得越紧，振动频率越快，发出的声音越高；橡皮筋绷得越松，振动频率越慢，发出的声音越低。

【板块四】 迁移应用，会学明法。

师：很多物体的长短粗细发生变化时，所发出的声音也会发生变化。

（教师课件出示：3根长短不同的铁钉，3根粗细不同的钢管，3根粗细相同、长短不同的铁管）

（学生推测敲击这些物体时，声音的高低会发生怎样的变化）

(教师演示敲击,学生听,看看与自己的预测是否相符)

(师生小结:声音的高低可以用音高来描述。音高是由物体的振动频率决定的,振动的频率越快,声音越高;振动的频率越慢,声音越低)

(设计意图:推测长短、粗细不同的物体发出的声音变化,以此来拓展学生对音高的认识)

师:你能不能用1块木板、几根钉子和几根橡皮筋,制作出一个简单的乐器呢?

【板书设计】

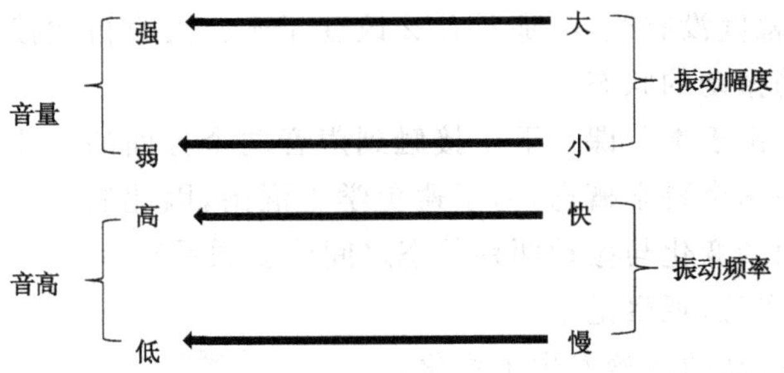

教学反思

"声音的变化"为教科版四年级科学第三单元第三课教学内容。在本单元第一课"听听音叉发出的声音"的活动中,学生们已经初步感受到了声音的高与低、强与弱的变化。当我们观察一个发声物体时,常常看不到这个物体的振动,音叉是一个例子:它们的振动幅度太小、频率太高,以至于很难被看到。而本课的教学活动,则为学生提供了观察振动产生声音的机会。

1. 课前调研,了解情况

在笔者看来,学生学习科学的过程中,很大程度上受其原有知识、经验和认知结构的影响,所以在教学准备阶段,十分有必要进行学情诊断,以助于了解学生学习的出发点在哪里。本节课设计教学活动之前,笔者在班级里随机找到几位同学,了解他们对于声音变化的认识。

通过调研发现,学生知道声音会发生变化,但是往往认为声音仅有强弱大小的变化,不清楚音高的变化。或者,即使遇到音高的变化时,也误解为声音强弱的变化。因此在进行教学活动设计时,笔者将教学难点设计为探究声音的高低变化,通过进行敲击装入不同水的杯子、拨动松紧度不同的橡皮筋、敲击粗细不同的钢管等活动,突破这一教学难点。

2. 在做中学,在学中思,在思中悟

本节课中,笔者设计了三个探究活动:一是让学生用不同的力度拨动他们熟悉的钢尺;二是让学生敲击装有不同水的玻璃杯;三是让学生拨动不同松紧的橡皮筋。《义务教育小学科学课程标准》中明确指出,探究活动是学生学习科学的重要方式,小学科学课程要把探究活动作为学习科学的重要方式。因此,本节课笔者选取了学生日常生活中熟悉的钢尺、玻璃杯、橡皮筋等材料,让他们亲身经历实践活动,了解科学探究的具体方法和技能,理解声音变化是由于振动状态改变所引起的。

在第一个活动探究钢尺发出声音强弱变化的原因中,笔者先让学生用不同的力度拨动钢尺,同时观察尺子上下划过的范围。然后,让学生听声音,听钢尺在不同振动幅度下发出的声音,从而帮助学生构建声音强弱与振动幅度的关系,学生自己便能悟出其中的道理。

有了第一个活动作为铺垫,在第二个活动探究声音高低变化的原因中,笔者引导学生关注从空杯子到装上不同量的水的过程中,究竟是什么原因引起了声音的变化。学生刚开始认为只是水量的变化,笔者让他们再次观察敲击时注意杯子内水的振动情况,并类比第一次探究活动,思考声音变化究竟与哪个因素有关。所有结论,都是由学生自己边做边思、自我生成出来的。

3. 注重核心素养培养

学生只有亲历了探究的过程,才能真正领悟所学的科学知识。这节课设计的每个环节都是通过一个个探究活动,使学生们获得了对声音知识的深刻了解,使他们在活动中体验到科学探究的乐趣,提高了学生的科学探究能力,培养了学生的科学素养。

无论哪一门学科,教师都不能仅仅为了教书而教书,更要重在育人。在这节课的教学中,笔者注重了对德育教育的渗透,培养了学生把事物的特点和性质相联系的习惯,也培养了学生善于观察、细心发现的良好习惯,同时,学生们也乐于主动探索、乐于与同伴之间相互交流。

教师评价

教师1:授课教师在这节课上,教学重难点突出,思路清晰,在他的带领下,学生能够主动参与、动手动脑、积极体验,经历了科学探究的过程,最终自动生成知识:音量是由物体的振动幅度决定的,振动幅度越大、声音越强,振动幅度越小、声音越弱;音高是由物体的振动频率决定的,振动的频率越快、声音越高,振动的频率越慢、声音越低。

在探究声音强弱与振动幅度之间的关系时,授课教师并没有直接让学生观察二者之间的关系,而是让学生先看用不同力度拨动钢尺时,尺子上下划过的范围,再要求学生听不同力度拨动下声音的变化,在无形中帮助学生巧妙建立音量与物体振动幅度之间的关系，方法巧妙而又细致。这足以说明授课教师对教材分析得多么透彻，对学生有多么了解。

教师2：授课教师教学严谨，要求严格，能够在课前进行抽样调研，深入了解学生的学习状况，循循善诱，平易近人，注重启发和调动学生的积极性，课堂气氛较为活跃。

授课教师上课诙谐有趣，善于用凝练的语言将复杂的、难以理解的科学概念清晰、明确地表达出来。学生在获得新的科学知识的同时，领悟了科学思想，进一步明确了科学学习的方法和技能。本节课中，学生在授课教师的引导下，通过一系列探究活动，最终将声音的音量、音高的变化，与物体振动幅度和频率之间建构关系。

教师3：授课教师做了充足的教学准备。课前，他为每一组同学都准备了1把钢尺、4个装有不同量的水的同样的杯子、1张杯子声音高低实验记录单、1块钉有2颗钉子的木板、1根橡皮筋、3根长短不同的铁钉、3根粗细不同的钢管、3根粗细相同但长短不同的铁管。这些精心准备的学习材料，为学生顺利开展科学探究活动打下了坚实的基础。正是有了这些丰富的学习材料作支撑，学生才能在40分钟的学习中发现学习材料背后隐藏的科学知识。

授课教师的教学非常细致。在探究音高变化时，他并没有直接让学生敲击装有不同量的水的玻璃杯口，而是先让他们敲击4只空的玻璃杯，再敲击装有水的玻璃杯，然后将两次实验进行比较。

学生评价

学生1：通过本节课的学习，我知道了声音有音量和音高的变化。在我们老师的引导下，我用钢尺成功地探究出音量变化与振动幅度之间的关系。起初，我单纯地以为声音之所以会出现强弱变化，是因为力度不同，忽略了声音是由物体振动所引起的。当老师问我们为什么尺子会发出声音、为什么尺子会发出不同的声音时，我才意识到，原来是用力不同改变了尺子上下振动的范围，从而使声音强弱发生了变化。每一次思维有漏洞时，老师总是想着办法让我们自己发现问题，再引导我们一点点弥补思维上的漏洞，最终对科学知识获得完整的认知。

学生2：我们老师语言风趣幽默，让那些枯燥无味的科学知识变得十分有意思。每一次科学课，他都会带领我们探究一个又一个有趣的科学活动。在这节课的学习中，我拨动了钢尺，并且让它发出不同的声音；敲击装有不同水量的杯子，也让它们发出不同的声音。在老师的引导下，我们通过观察橡皮筋来回振动的速度，明白了音高变化的原因。最开心的是，每一节课结束时，老师总给我们留下一些时间，让我们制作一些与本节课有关的小物件。比如这节课结束前，老师让我们制作了一个可以发出多种不同声音的乐器，让我们充分体会到了学以致用。

专家评价

本节课上，学生在授课教师的引导下，通过对音量、音高的研究，认识到音量是由物体振动幅度决定的，音高是由物体振动频率决定的。

这节课的教学精彩纷呈，主要表现在以下几个方面。

一是教师基本功扎实。授课教师专业知识丰富，具有较好的知识储备。课堂上对于学生提出的各种问题，他总是能在第一时间给予解惑，帮助学生扫除学习道路上的障碍。他声音洪亮，吐字清晰，语言流畅，快慢结合，使用了科学的学科专有名词，亲切自然，情感丰富，具有感染力和启发性。

二是教学目标定位准确。教学目标的准确定位是教学设计的首要问题，教学目标的有效性是课堂教学有效性的重要前提。科学课教学目标只有体现学科的特点、明确课堂教学内容，才能保证课堂的有效性。本节课中，授课教师在科学概念目标上，通过组织学生参与用不同力度拨动钢尺、敲击水杯和拨动橡皮筋等一系列活动，建立起音量、音高变化与振动状态之间联系的概念。同时，在这一系列活动过程中，也培养了学生发现问题、设计方法、解决问题的能力。

三是教学思路清晰。授课教师思路比较清晰，一个思路是对音量的研究，一个思路是对音高的研究，并且都围绕着实验进行。在第一部分教学活动中，他先让学生尝试让尺子发出声音，再引导学生观察不同力度拨动下尺子振动幅度的变化，最后让学生将振动幅度与声音强弱之间建立因果联系。他的思路相当清晰，很好地帮助学生建构新的科学知识。

四是注重学生科学素养的培养。小学阶段的科学教学是为培养学生科学素养打基础的，科学教师应将科学素养的培养作为教学设计与实施的最高准则。本节课中，授课教师在确定教学目标时既关注了科学知识，也关注了科学素养的其他成分，注重了各方面目标的整合与平衡。

五是突出学生的主体地位。学生是学习与发展的主体，教师是学习过程的组织者、引导者和促进者。在本节课的教学中，授课教师突出了学生的主体地位，根据学生已有的知识和经验，充分利用了学校、家庭等各种资源，创设了良好的学习环境，引导学生的主动探究，启发学生积极思维。

“斜面的作用”教学实录与评析

【科学概念】

像搭在汽车车厢上的木板那样的简单机械，叫斜面。斜面可以省力。

【过程与方法】

制订一个简单的研究计划，并用实验数据来说明斜面的省力规律。

【情感、态度、价值观】

学生积极参与科学实验，愿意与同学进行合作交流。

【教学准备】

为每组准备 1 块搭斜面的平板状材料、4 个不同高度的小物品、1 盒钩码、1 个测力计。

为全班学生准备有关斜面机械使用的情境图片或视频资料。

【教学过程】

（一）斜面的作用

【板块一】 创设情境，引入新课。

（教师播放一段呈现有坡度的山路的视频）

师：大家走过盘山公路吗？走的时候有什么感觉呢？

生 1：盘山公路弯弯曲曲的，走上去特别绕。

生 2：沿着盘山公路上山比较轻松。

师：在日常生活中，你们还有哪些接触斜坡的经历？你们收集到哪些类似斜坡的图片？

（学生汇报自己课前收集到的关于本课的信息，包括图片、文字等）

师：今天我们就一起来研究一下吧。

（教师板书课题：斜面的作用）

师：我这儿有一桶水，想搬在桌子上，哪位同学来帮我搬一下？

学生尝试搬，发现搬不动。

师：有什么办法吗？

（学生想办法）

（学生依据自学情况，提出需要研究的科学问题：斜面有什么作用）

（设计意图：提出研究的问题，一方面能检测学生的自学情况，另一方面可以训练学生发现问题的能力）

【板块二】 自主思考，独立设计。

（教师出示在人行天桥上推自行车、沿木板推货物上车的情景图）

师：像这样在人行天桥上推自行车和搭在汽车车厢上的木板也是一种简单机械，叫斜面。

（学生进行关于斜面机械的简单探讨，提出问题：斜面能省力吗）

【板块三】 互学讨论，完善方案。

师：你打算怎么研究斜面究竟能否省力呢？

学生在小组内交流自己的想法。

组内其他同学倾听，并提出建议和意见。

（设计意图：学会倾听、学会吸取他人合理建议，有助于个人学习）

小组内形成一套研究共案。

小组派代表发言，汇报本小组的研究计划。

我们研究的问题	斜面能否省力
我们的猜测	斜面可以省力
我们需要的材料	木板、字典、弹簧测力计、记录卡、半盒钩码
我们的方法	1. 用弹簧测力计直接提升半盒钩码，测量出其重量。 2. 将木板一端搭在字典上，做成一个斜面。 3. 沿着斜面再一次拉动半盒钩码，测量出重量

（教师点名第 2 小组发言，其他小组仔细倾听，提出疑惑或建议）

1 组：我们小组和 2 组方案差不多，我们觉得他们在用弹簧测力计拉动半盒钩码时应该注意一个问题。

师：要注意什么问题呢？

1 组：拉动的速度要均匀，不能忽快忽慢，这样测量出来的数据不准确。

师：真棒，你们注意到了这个问题。那么其他小组呢？有什么要补充或者质疑的吗？

5 组：我们小组是先沿着斜面拉动半盒钩码，再用弹簧测力计直接提升的。

师：大家觉得呢？

生：两种顺序都可以。

师：的确是这样，看来大家都已经明确该怎么操作了。那老师想问问大家，在这个活动中，除了刚才 1 组同学提到的需要注意的地方，还有别的地方需要注意吗？

（学生在小组内思考、讨论，并汇报）

师(小结):每次拉动的半盒钩码重量不能改变,拉动的速度要均匀,要多次测量取平均值。

(全班讨论,完善各组研究方案)

(学生在小组内开展科学探究活动)

(设计意图:为学生提供充足的探究式学习机会,让学生在做中学、在学中思,通过合作探究,逐步培养学生提出科学问题的能力、收集和处理信息的能力、获取新知识的能力,以及分析问题和解决问题的能力)

【板块四】 交流汇报,得到结论。

(学生在小组内整理实验数据或记录到的现象)

(教师汇总各小组得到的数据)

斜面作用的实验记录表

组别	直接提升用的力/N	沿斜面提升用的力/N	我们的结论
1	2.5	1.25	
2	2.5	1.8	
3	2.5	1.7	
4	3.0	1.85	
5	3.0	1.9	
6	3.0	2.3	
7	3.0	2.0	
8	2.5	1.8	
9	2.5	1.9	
10	2.5	1.0	
11	2.5	0.8	

师:通过我们记录的数据,可以得到什么结论?

全班齐答:斜面可以省力。

师:你们真厉害,发现了斜面的奥秘,把掌声送给自己吧!

(设计意图:创设愉快的教学氛围,保护学生的好奇心和求知欲,激发学生学习科学的兴趣,引导学生积极主动探究)

(二)不同坡度的斜面

【板块一】 对比生疑,自学自悟。

师(引导学生关注各小组的实验数据并提问):通过数据,除了发现斜面能够省力,你们还有没有其他发现?

(学生观察屏幕上教师汇总的数据,并举手谈发现)

生1:只要是斜面就可以省力。

生2:大家省的力不一样。

生 3:在提升相同重量的物体时,大家用的力不一样。

师:同学们真是火眼金睛,发现了其中的问题。那么,为什么斜面的省力情况不一样呢?

(学生思考,尝试找到原因)

师:这样吧,我们请两组同学到前面来,把他们刚才做的实验再给大家演示一下吧。我们仔细观察一下,看看能不能发现什么?

(设计意图:师适时引导学生关注一些隐蔽的问题,并提供帮助,有利于激发学生的求知欲望和探究的热情)

(9 组和 11 组上台演示,其他同学仔细观察)

师:你们发现什么问题了吗?

生 1:我发现他们斜面搭的高度不一样。

生 2:我也发现了这个问题。

师:其他同学呢? 是否也发现这个问题了?

全班学生齐答:是。

师:两块同样长的木板,由于这两组同学搭的高度不同,导致了斜面的坡度有大有小。这么说来,斜面的坡度大小对省力多少是有影响的。

师:如何研究这个问题呢?

【板块二】 类比生法,互学深研。

学生类比第一部分活动的设计,尝试设计探究方法。

同伴交流,互相完善想法。

(设计意图:教师引发学生认知冲突,引导学生主动探究,启发学生积极思维)

【板块三】 明晰变量,导学有序。

师:探究不同坡度的斜面作用,需要改变的是什么?

师(提醒):第一部分活动中改变的是什么?

(学生找到实验中需要改变的条件,形成个案)

【板块四】 设计方案。

学生在小组内交流自己的想法。

组内其他同学倾听,并提出建议和意见。

(设计意图:让学生学会倾听,学会吸取他人的合理建议,有助于个人学习)

小组内形成一套研究共案并派代表汇报本小组的研究计划。

其他小组仔细倾听,提出疑惑或建议。

全班讨论,形成研究的共案。

教师导学,引导学生关注重要事项,如需要观察、记录的现象,操作中的危险

我们研究的问题	不同坡度斜面省力情况不一样
我们的猜测	斜面坡度越小越省力
我们需要的材料	木板、字典、弹簧测力计、记录卡、半盒钩码
我们的方法	1. 用弹簧测力计直接提升半盒钩码，测量出其重量。 2. 将木板一端搭在字典上，做成一个斜面。 3. 沿着斜面再一次拉动半盒钩码，测量出重量。 4. 将斜面搭得更高一些，并重复步骤 3

地方等。

学生在小组内开展科学探究活动。

【板块五】 得到结论，明白学理。

（学生在小组内整理实验数据和记录到的现象）

师：先请大家把实验桌面整理一下吧！

（学生整理实验桌面）

师：现在请同学们来汇报一下各组的实验数据吧！

（学生分组汇报，教师记录）

不同坡度斜面作用的实验记录

（用 1、2、3、4 表示坡度由小到大）

组别	直接提升用的力/N	沿不同斜面提升物体的力/N			
		1	2	3	4
1	2.5	0.5	0.8	1.2	1.9
2	2.5	0.7	1.3	1.85	2.3
3	2.5	0.2	0.8	1.3	1.7
4	2.5	0.5	0.9	1.2	1.55
5	2.5	0.3	0.75	1.2	1.9
6	2.5	0.85	1.3	1.5	2.0

师：通过数据，我们能得到什么结论？

生 1：不同坡度的斜面省力不一样。

生 2：斜面都可以省力，坡度不同，省力情况不一样。

师（提醒）：省力情况和坡度大小的具体关系是怎样的？

生 3：斜面坡度越小越省力。

（三）生活中的斜面

【板块一】 回归生活，解释现象。

（教师出示学生课前收集到的日常生活中的一些图片，如螺丝钉、传送带、高架引桥、楼梯等的图片。学生观看图片，加深对斜面作用的认识）

师：大家来看看下面这组生活中常见的物品，你知道它们为什么设计成这样吗？

（教师出示针、刀刃、斧刃、拉链等）

（学生解释它们做成这样的意图）

【板块二】 学以致用，回归生活。

师（出示一组高山图）：现在请你们设计一条上山的路，你愿意接受挑战吗？

（学生设计，并且解释设计原理）

（设计意图：希望学生在实践中累积认知世界的本领，并且能够运用所学尝试解释生活中的一些现象。学完教材，及时引导学生关注生活中的现象，有助于学生将所学内容运用于生活，达到学以致用的效果）

【板书设计】

斜面的作用

一、斜面有什么作用？

组号　　　　直接提/N　　　　用斜面/N

二、不同坡度的斜面

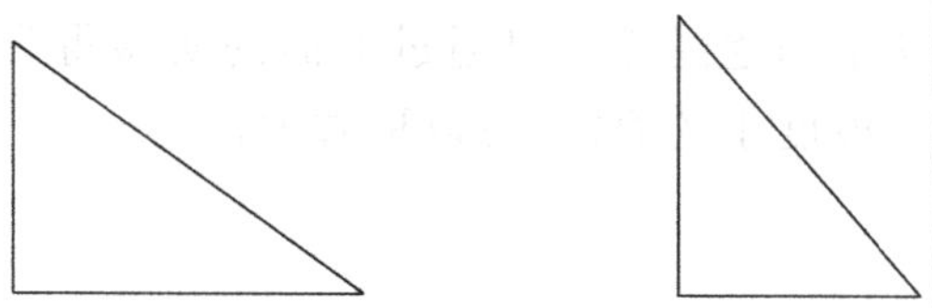

三、生活中的斜面

教学反思

本课教学的斜面是一种新的简单机械，学生对于斜面还是有一定认识的，也能结合生活经验，猜测斜面是一种省力的简单机械。通过实验和数据，使学生了解斜面的作用，以及了解不同坡度的斜面的作用有何区别。

1. 巧设情景，导入新课

在引入教学时，除了看图片和视频认识盘山路之外，笔者还专门准备了一桶水，让学生体验直接搬一桶水到讲台上和沿着斜面运到讲台上，所花力气大小的区别，使学生非常直观形象地认识到“斜面有省力的作用”。给学生创设这样一个具体的情境，让学生主动参与其中，可以有效激发学生学习科学的兴趣和探究的欲望，为后续的教学活动做铺垫。

2. 相信学生,自主学习

本课的两组实验没有太大的难度。因为有了前几课实验方法的铺垫,学生很容易就能制定出实验方案,所以本节课中,笔者主要是引导学生严格按照实验方案开展实验、认真记录实验数据,并通过对数据的分析得出结论。对于所测量的物体,尽量让学生选择相对较重的物体,这样的实验数据才能有较明显的区别。如果用较轻的物体做实验,实验数据的差别不大,会影响学生的分析和判断。

3. 学以致用,回归生活

实验以后,让学生了解斜面在生活中的应用是一个重要环节。因此,笔者尽可能多地让学生讨论、思考、发现,找出生活中各种斜面的应用。当学生谈到刀刃、斧头之类的物体时,笔者及时出示实物让学生观察一下,以加深印象。对于螺丝钉是一种斜面的应用,学生更多的是从"螺纹像盘山公路"这一感性认识中得出的结论,笔者及时补充一个以前常识教材中的小实验,即将一张直角三角形的纸(斜面上涂色以方便观察)绕在笔杆上,这样学生就能直观形象地看到斜面原理在螺纹上的应用了。在教学中,教师还可以结合生活现象问学生:"去五金店买螺丝钉,老板拿出来两种螺丝钉,一种螺纹较密,一种螺纹较疏,你会选择哪一种?为什么?"这个问题同样可以通过上面的实验得到验证,使学生了解到螺纹密是因为斜面的坡度小的原因,可以更省力。

教师评价

教师1:授课教师这节课从内容上来看,与生活的联系比较密切。授课教师通过两个活动并结合实际生活完成了本节课的内容,学生的积极性很高,课堂气氛也很不错,是一节比较好的课。

这节课的教学目标明确,学生认识了斜面、知道了斜面的作用以及在生活中的应用。这些目标都是授课教师依据《义务教育小学科学课程标准》和学生的学习需求制定出来的。从学生课堂的反应情况来看,学生们掌握得都很不错,本节课的教学目标基本达成。

本节课主要采用了实验探究法、问答法以及多媒体辅助教学法。这些教学法不仅符合本节课的教学特点,也符合学生学习的实际情况,充分体现了学科特点,做到了因材施教。

教师2:这节课一开始,授课教师是以具体情境"怎样把一个水桶搬到讲桌上"导入的,激发了学生的好奇心,吸引了学生的注意。本课的第一个实验,学生通过数据分析得出了"斜面能省力"的结论。而且,授课教师有大数据的意识,让孩子们知道他们每一组的实验数据都是有用的。随后,授课教师抛出"斜面省力与坡度是否有关”的问题，让学生通过实验发现斜面的坡度越低越省力。最后，授课教师用两个自制的螺丝钉加深学生对所学知识的理解。

整节课基本达到了教学三维目标，绝大多数学生掌握了本节课的主要知识点。这节课的课堂气氛很活跃，学生都积极参与。

教师 3：授课教师的教态很自然，教学态度端正，专业知识也很扎实，而且声音很富有亲和力，语气比较缓和，语言表达很精确，这一点很值得我学习。整节探究课，授课教师大部分的时间都是让学生活动，体现了把课堂还给学生这一理念。

整个教学活动，授课教师充分体现了以生为本的自成课堂理念。这一课有三个活动：一是研究斜面有什么作用；二是研究不同的斜面的作用；三是了解生活中常见的斜面。实验一要求学生用测力计测量直接提升物体的力和沿斜面提升的力，通过比较两组数据得出斜面可以省力的结论。授课教师抓住“斜面能否省力”“斜面能省多少力”这两个问题，引导学生讨论、猜想、质疑、实验，激活了学生的思维，呈现出师生互动、生生互动、愉快合作的教学氛围，使科学课堂成为学生学科学、探索科学的殿堂。

学生评价

学生 1：每次上我们老师的课，都感觉很自然。他有很强的亲和力，这节课也不例外，我学习了很多新的内容。若老师对待我们和蔼可亲，还注意对我们学习习惯和探究方法的培养，让我们在学习科学知识的同时，又掌握了科学学习的方法，为我们将来探究其他问题奠定了基础。

学生 2：我们老师教学认真，课堂效率高，授课内容详细，我们学生大部分都能跟着老师的思路学习，气氛活跃，整节课学下来很有收获。每次的科学课我们都很期待。我们老师对重点知识的讲解十分清晰、易懂，我们理解起来十分容易。老师讲课时的激情会感染我们，课堂气氛非常好。

自成课堂评价视角、实践与反思

自成课堂的评价视角

一、课堂观察评价

（一）自学评价

自学评价主要是观察学生自学的情况。一是观察学生自学的方法选取与质量高低；二是观察学生是不是形成了自学的习惯。当学生在自学中遇到困难的时候，教师要给学生以信心，鼓励其继续努力，只有确定学生在自学时确实不得章法时，教师才可稍做引导。如此而为，旨在让学生将自觉升华为一种品质。

（二）朗读评价

朗读评价主要是观察学生是否读得富有感情，是否与作者的感情产生了共鸣；声音是否清晰，语速是否适当，停顿是否恰当，是否呈现出一定的节奏感，旨在提高学生的朗读水平。

（三）倾听评价

倾听评价主要看学生是否聚精会神地听讲，以及能否倾听其他学生的发言。教师应要求学生做到听之在耳、记之在心，鼓励学生就所听内容提出个人的看法与见解。

（四）合作评价

合作评价主要看学生在课堂小组学习中合作得如何，不仅要观察学优生对学困生的帮助是否到位，而且要观察学困生是否具备主动探索的精神，观察学生在小组活动中是否具备亲和力，会不会互相关照，会不会关注别人的表情、神态，能否认真倾听别人的发言，能否共同完成小组任务。

（五）交流评价

交流评价主要观察学生的交流情况。一是观察学生能否流畅地说清所要表达的意思，是否有一定的概括能力，是否具有层次感；二是观察学生能否姿势端正、声音洪亮、面带微笑。

（六）思维评价

思维评价主要观察课堂教学有没有处于一种“静”的状态。因为表面的“静”之下却是思维的活跃：可以在创设问题的情境中“思”；可以在探究问题、解决问题的过程中“思”；也可以从多个角度探究、解决问题，用个性化的方式呈现结果之中的“思”。

（七）言语评价

言语评价重在观察学生在讨论、交流过程中语言表达是否清晰、完整、得体。

（八）练习评价

练习评价主要看学生能否通过练习强化对所学内容的记忆，看学生的练习方式是否单一，看学生在练习中是否做到了举一反三、触类旁通。

（九）研学评价

研学评价主要观察学生的研学水平。对于小学生来说，进行研究性学习虽然具有一定的难度，可当他们学会研究性学习之后，就会乐此不疲。学生可以在浓厚兴趣和内在动机的驱使下，自定研究目标与问题，并坚持不懈地研究下去。久而久之，就会形成一种研究习惯，并升华为一定的研究能力。

二、评价语言

（一）准确得体

教师对学生的评价语言要准确、得体。教师要因人而异、具有针对性地做出不同的评价，而这些评价又恰恰能给学生以提醒。“你读得很正确，若声音再响亮一点就更好了。”“读得真好听，要感谢你的爸爸妈妈给了你一副好嗓子，不过要是能加上表情就更加能传情达意了。不信，你试一试！”“读课文应大大方方，别缩头缩脑呀！”“这个字念得不够好，跟老师再念一遍。”贴切的评价语客观地指出了学生的长处及存在的缺点，让学生一步步做到朗读的基本要求：快慢适度、富有节奏、态度大方、语言流畅。

（二）生动丰富

在课堂教学中，教师还要有多样、灵活、生动、丰富的评价语，要使学生感到如沐春风，让课堂总是保持生机勃勃。就拿读题目来讲，对学生的评价语言应非常富有表现力和感召力。“读得真不错！”“大家听了都在佩服你念得好！”“你读得多好呀！请你再读一遍，大家仔细听听！”“老师都被你读得感动了。”“你念得比老师还要棒！”“老师觉得，你长大肯定能当一名播音员！”……如此生动、亲切、明朗的语言，学生听后怎么不会被深深感染？怎么不会大受激励呢？生动丰富的评价语言可以最大限度地调动学生学习的主动性、积极性，从而活跃课堂的气氛。

（三）机智巧妙

学生在课堂上的回答不可能每次都完全正确，这时，大多数老师会以“错了！请坐。”“不对！谁再来？”这些语言来否定学生的回答，并期盼其他学生的正确回答。而笔者在教学中则运用巧妙、机智的语言来纠正答案、鼓励学生回答，并注意情绪导向，做到引而不发。学生说错了，笔者会说："说错是正常的，老师最喜欢说错的孩子。没关系，再说一下！"学生重复了前几个同学的回答，笔者也不会指责学生没有认真听课，而是笑笑说："噢！你认为这很重要，再强调了一下，对吗？"这一系列充满爱心、智慧的语言一一化解了学生在课堂中的尴尬，小心翼翼地保护了学生的心灵。学生有这样一个和风细雨地帮助他们纠正学习中的错误的老师，他们还会害怕什么？他们自然会没有任何心理负担地投入学习，也自然会争先恐后地发言了。

（四）独特创新

教师的口语表达形式多种多样。教师应能将有声语和体态语有机结合、预设语和随机语有机结合，根据学生的反馈信息或突发状况，临时调整原先预设的口语流程，巧妙应对突发状况，独特创新地对学生进行评价。课上，笔者一会儿竖起大拇指，一会儿鼓掌，一会儿与学生握手，以赞扬学生的精彩回答。其实，评价语言的确不应拘泥于一种形式，它应因人而异、因时而异、因课而异、因发生的情况而异，教师应全身心地投入教学、创造性地对学生进行评价。在一次次的惊喜中，学生也会全身心地投入学习。如果有一种内在的魔力能让学生积极主动地参与课堂教学活动，使教学达到令人难以忘怀的艺术境界，笔者认为，技巧性、艺术性的评价语便是形成这种魔力的重要原因之一。

自成课堂评价不仅仅是对教师的课堂教学进行评价，更应是激励教师有目的性、有针对性地不断学习、改进、提高的过程，其对促进学生全面发展有着重大的意义。

浅谈小学语文教学中自成单的设计与运用

一、什么是自成单

自成单是用于指导学生自主学习、主动参与、合作探究、优化发展的学习方案。

如果把我们的课堂比作一个大公园的话，那么自成单就好比是一幅导游图，它能带领学生从入口进入，按照引导，经过自己的努力和同学的帮助，最终找到出口。这个过程就是完成了对新知识认知的过程。

全国上下各个学校自成单的名称、格式、程序、表现方式各不相同，我们城关小学现在所使用的，是以徐州市学讲课堂的模式为基础，以我校摸索构建出的“四步促学”为教学过程的新自成单。

学校从2015年秋季以五年级3班为改革试点，到2016年秋季四、五年级片面铺开，再到2017年秋季的三至六年级全面推广；从朱善春、张宁两位老师的苦心孤诣，到四、五年级组的集体探索，再到全体课改教师参与徐州教科所的组织学习培训，我们的“四步促学自成单”的格式、程序、表现方式几经易稿，逐渐趋于合理性和科学性。

二、自成单编写的基本原则

（1）明确的指向性原则：具有指导学生学习的作用，师生可共同参与。

（2）清晰的层次性原则：自成单所涉及的课堂内容，要分层探究，有序引导，体现知识的逐步生成过程，要由低到高，螺旋状上升。同时，教师应关注不同层次学生的不同需求。

（3）内容的开放性原则：教师应尽可能设计可供学生在研究中学习的内容，有可供师生丰富完善的“留白”处，有利于培养学生的创新意识。

（4）方法的多样性原则：教师应将知识以问题的形式呈现，问题要精心设计，可以是填空，可以是思考题或其他形式，并给予学生一定的方法指导。

具体要求：

第一，自成单应该具备明确的学习目标；

第二，自成单应注意帮助学生梳理知识的结构体系；

第三，自成单应为学生提供适当的学习方法和学习策略的指导；

第四，自成单应提供检测学习效果的适当材料；

第五，自成单应与一般教案、讲义有所区别，不能把自成单写成类似学习辅导用书的模式，更不能直接照搬教辅资料。

第六，自成单的编写一般按课时进行，与教师上课同步，应适合于不同课型的教学需要。

三、自成单的备课模式

自成单备课的基本模式是提前备课，集体研讨、轮流主备、优化学案、师生共用。

（一）集体备课

备课组长提前两周召集全体组员就一周内所要讲的内容进行说课，着重围绕确定教学目标、选择教学方法、设计教学流程、分析学生情况等方面的内容进行。

（二）轮流主备

在集体研讨的基础上，备课组长将内容进行分工，主备教师提前一周拿出自成单初稿，并交给备课组长审查修改；备课组长将一周的自成单草稿交分管领导审定，制成正式文本。

（三）提前发放

上课前一天教师将自成单发给学生，正式上课前收齐后适当批阅，同时教师对自成单再次进行阅读、理解和补充完善。

（四）课后反馈

师生共用自成单实施课堂教学，课后，教师在自成单的有关栏目或空白处填写课后记，用于下次集体备课时小组交流。

（五）整理成册

备课组长负责将自成单整理成册，并作为本备课组的教案，每学期交教导处一份，以备检查和存档。

合作共赢　促进自成学习

小组合作学习是目前世界上许多国家普遍采用的一种富有创意的教学方略，由于其实效显著，被人们誉为近十几年最重要和最成功的教学改革。在我校推行的自成课堂教学模式中，小组合作学习也是主要的学习方式。如何在合作学习中领会自成学习的方法？笔者结合语文课堂教学来谈一谈个人看法。

一、把握课堂，放手孩子，激发潜能

课堂是学生学习的主阵地，因此，把握好课堂最为重要。例如，在教学《再见了，北京》一课时，这篇课文教学的重点是通过有感情地朗读、背诵课文，感受北京奥运会闭幕式的盛况，体会文中字里行间人们对北京奥运会的留恋与不舍之情。

首先板书“2008 年 8 月 24 日晚”“奥运会”“落下帷幕”“闭幕”这几个词，引导孩子说说课文的主要内容。接着重点理解“落下帷幕”，结合学生看的春节联欢晚会来理解此词，它就等于是“闭幕”“结束”的意思。这样，学生就知道了课文题目表达的是各国运动员们对中国北京奥运会的留恋与不舍，是每一个外国运动员发自肺腑的一腔浓浓的留恋之情。

品读第一部分“圣火熄灭”的时候，先理解“圣火”。在资料补充中，看到了学生对圣火充满着敬仰与不舍，笔者趁势问：“你们不舍，‘鸟巢’里的每个人都不舍，你能从文中第一自然段找到人们甚至事物的不舍吗？”放手让孩子们自主学习课文第一自然段，让孩子们用小黑点点出让他们心动、让他们感到不舍的词或句子。在尽情自读之后，孩子们四人一小组交换自己的看法，之后进行全班交流，重点进行三处内容的交流。

第一处是《我和你》的歌词。笔者出示：先简单说说“我”与“你”各指谁？引导孩子们认识它的深层含义，即“我”和“你”指的是“中国人”“外国人”。接着学生边读边做动作，比如“心连心”就做两个心的手势；“永远一家人”画个圆满的大圈来体会全世界人民的团结一心，就像一家人。孩子们做动作时不仅理解得更透彻，而且不一会儿就会背了。随后再播放音乐《我和你》引导学生一边观看奥运会闭幕式的视频，一边欣赏音乐，调动各种感官去体会北京奥运会的盛况，学生不由地升腾起一股浓浓的作为奥运会主办方的自豪感与作为中国人的激动。在这样的氛围中再引导孩子们朗读，使他们的感情得到宣泄和释放，特别有味道。

第二处是让学生抓住“深情回望”和“以微笑告别”两个词展开交流。当一个学生慢慢地朗读时，笔者就知道他已经读懂“深情”了，笔者询问他“你为什么要这样读”时，学生说：“我觉得外国运动员与我们中国运动员有了感情，成了朋友，不愿意离开，所以我就慢慢地读了。”其他学生听了以后，没让老师说就主动读了起来，投入地都加上“回首”的动作了。谁说孩子悟性低？他们是最有灵性的“小精灵”，他们是课堂的主人。这时，同组的另一个孩子说：“‘微笑’这个词让我觉得人们虽然难过，但是还是笑着告别，要把笑脸留给我们。”你一句，我一句，扑闪的小眼睛不停地眨着，稚嫩的童音在教室里回荡，每个孩子都参与到与课文的心灵之约中。

第三处交流由“带着无尽的留恋与不舍”生发。首先理解“无尽”，就是没有尽头，说明十分舍不得北京。抓住“渐渐”一词体会 8 米高的奥运圣火是怎样一点一点变矮变暗的，并且拿身边熟悉的教学楼做比较，相当于我们三层教学楼高，眼看着她一点一点地消失，我们仿佛看到了运动员们眼角里的泪花，看到了全场人们的肃然注视。在这种情感驱使之下，唯有朗读才可倾诉内心的声音。不舍与留恋溢满字里行间，溢满孩子们的心田，溢满朗朗的读书声中。课堂是孩子们的，他们的发言朗读，深深地打动着我，让笔者只能静静地倾听、默默地感受。

因为笔者的放手，孩子们的胆子放开了，思维敞亮了，深入了课文，这就是信任的力量。

二、课文表演，角色体验，创设合作平台

低年级课堂讲究趣味性，分角色朗读与表演是孩子们喜闻乐见的一种学习形式，因此，恰当地使用会为教学带来事半功倍的效果，更能让每个孩子有展现自己的机会。教育家苏霍姆林斯基指出，人的内心里有一种根深蒂固的需要——总想感到自己是发现者、研究者、探寻者。在儿童的精神世界中，这种需求特别强烈。在学习《小鹰学飞》《狼和小羊》《狐狸和乌鸦》这几课时，根据文本的特点，笔者主要采用分角色朗读与表演的方法。孩子们选择搭档，分角色表演，在亲身体验中更好地把握了角色的特点，感受到了小鹰的不懈努力，明白了许多知识和道理。更为重要的是，孩子们在学习中懂得了合作的重要性，知道有困难找同伴，从而养成合作的学习习惯。

三、醉心阅读，享受快乐，共赢中促进合作

每天中午，是师生的午读时间。作为语文老师，笔者和孩子们共同阅读《小猪唏哩呼噜》《稻草人》等，孩子们和小猪一起帮助八哥小姐和鸡太太，和他共欢乐、齐成长。为了提高孩子们的阅读兴趣，笔者采用各种方法，例如让孩子们自由读，然后再和同桌交流，你问我答；或者是让孩子们和同桌共同朗读，比一比看谁读得快、读得熟练；或者是笔者读一段、孩子们读一段，让孩子们和老师进行阅读比赛，在比赛中提高孩子们的阅读水平；或者是为孩子们准备扩音器，让孩子们大声地读，像播音员那样，锻炼孩子们的朗读能力。更高层次的方式是让孩子们选择自己喜欢的片段来表演，为了演好角色，孩子们回家反复读书、制作头饰、背诵台词、练习动作，很是投入。孩子们在阅读中收获了知识，也增进了友谊，提高了合作的能力。

课后时间和周末，笔者提倡孩子们继续阅读，和家长进行亲子阅读。家长们很重视，有的和孩子共读，有的让孩子读给他们听，还有的家长积极为孩子买书，在家里营造浓浓的书香氛围。有了丰富的阅读经验，孩子们的学习劲头更足，个个生龙活虎，很是惹人喜爱。

四、课间游戏，强身健体，合作中增进友谊

关注孩子的课间活动，不仅能防患于未然，更可以和孩子们进行真心沟通。将孩子们的游戏用照片、文字等多种形式记录下来，可以促进孩子们的合作意识和创新精神的培养。

下午的大课间，是孩子们快乐的时光。他们有的跳绳、有的踢毽子、有的跑步、有的做游戏，看到孩子们湿漉漉的头发、红扑扑的小脸，听着孩子们银铃般的笑声，笔者陶醉了。纯真、可爱、活泼、活力一股脑儿从心间溢出，真恨自己不能把他们生机勃勃的样子画下来，只能用手机记住这美好的瞬间，留下孩子们天使般的童真和友谊。

笔者觉得孩子们如果太陌生是不会轻易合作的，注重让孩子们更好地合作，让他们彼此了解、彼此关心，就像一家人那样相亲相爱，有了友谊的合作才最有效。所以，课间活动真的很珍贵。

五、课前预习，教给方法，提高合作有效性

笔者现在所带的学生是二年级，因此，培养他们养成良好的预习习惯很重要。当然，对于低年级学生，要预习哪些内容笔者会说得清清楚楚。刚开始，孩子们不懂什么叫预习，笔者就告诉他们回家把下一篇新课文读三到五遍，而且要

正确、要流利；要他们自己试着给课后的生字找两个“朋友”，遇到不懂、不会的地方可以请教家长，也可以自己打个小问号，待到学校，再和同学、老师交流。这样，课堂的开始就是孩子们质疑解难的时段。孩子们先在自己的组内交流，解决不了的再提出来共同说一说。大家都为自己能提出好的问题而竞相回答。正如伟大科学家爱因斯坦说的：提出一个问题往往比解决一个问题更为重要，因为解决一个问题也许只是一个数学上或实验上的技巧问题。而提出新的问题、新的可能性，从新的角度看旧问题，却需要创造性的想象力，而且标志着科学的真正进步。现在，孩子们的预习能力有了提高，除了读课文，有的同学都会用字典给生僻的字组词了。还有的学生为了更好地理解词语或课文内容，学会了自己去网上查资料，并在课堂上小组里交流、班级里交流，你说我补充，把一些没查资料的孩子听得一愣一愣的。这样的带动，大大提高了孩子们学习的积极性，个个成了学习的小主人。

六、课后复习，巩固知识，加强孩子的有效合作

课后复习对于低年级孩子来说很有必要，因为他们年龄小，记忆力正处在发展中，记得快忘得也快。尤其是这一阶段的学习，识字量特别大，几乎每一课要求掌握的字都有 10 个左右，要求会读会认的字也不少。针对这一情况，把好识字关很重要。除了课堂上的学习识记，笔者寻求了家长的配合。比如，对于课后绿线内的字的识记，有时让家长采用“连一连”的方法帮助孩子记忆，把生字写一行，用拼音打乱顺序写下来，让孩子连一连，孩子兴趣浓，记忆也深；有时让家长将字与拼音分别制成卡片，小组内同学互相“找朋友”，找到后再拼一拼，念一念。孩子们在有趣的游戏中巩固了字音、字形，加深了记忆，提高了合作学习的有效性和参与学习的兴趣；笔者更多的是让家长陪伴、督促孩子阅读课外书，家长们深深地认识到阅读既能激发孩子们的表现欲望，也巩固了字的读音和用法，还能识更多的字。

总之，教师要全面关注孩子们，想方设法创设环境，为孩子们提供合作学习的机会和平台。尊重孩子，相信孩子，让他们在积极、和谐的氛围中快乐学习、健康成长。

自主学习　合作探究　赏析感悟　发展创新

自主学习是《义务教育语文课程标准》所倡导的重要的学习方法之一。只有自主学习，学生才能学会学习。长期以来，学生的学习能力没有通过合适的途径得到有效培养，因此，在实际教学中，教师要教给学生学习的方法，变教师灌输式的教为学生自主地学，使学生获得学习动力；变“听懂了”为“学懂了”“会学了”。自成课堂的“教”有别于传统教学的“教”，它不是用统一的方式把知识塞给学生，而是重在引导学生“怎么学”，让学生会学而明法。

一、先学先得中培养学生的自主学习能力

自成课堂倡导先学后教。我们通常所见的“先学”方式，是在开课后教师亮出教学目标，辅之以“导学单”“自成单”等材料，让学生在课中“先学”。这在一定程度上也达到了放手让学生在自己学习的目的。但我们发现，课中的“先学”，由于学习的时间和空间受到制约，因而学习的广度和深度也受到影响。加之学习资源不能得到充分利用、学习的自由度不够，导致学生接受的成分大于创新的成分，教师的效率意识高于质量意识。

基于这样的思考，我们将“先学”活动移至课前，与传统的部分作业时间进行置换，给足时间让学生“学而先得”。

自评则是在自学的基础上给学习内容加以圈、点、批、注，记录自学思考的初步结论。

自学、自评的目的是要让学生运用才智，充分调动他们学习的积极性。教师在这个过程中，除了做好指导及个别辅导工作外，还应及时收集学生中出现的各种信息，并加以归纳整理，为师生共同评点做好准备。

二、互学互评中培养学生的合作探究能力

这一步包括两个层次，即小组评点和班级评点。这一阶段采用“小组围坐式”组织课堂教学。学生每四人一组面对面而坐，每个小组确定一名学习组长，由学习组长主持组内的评点、讨论。评点的内容则按照自学时确定的步骤进行。在讨论过程中，要求每个同学都能发表自己的见解，表述自己在自读自评中懂得

了什么,是如何弄懂的。在别人发言时,组内其他学生必须学会倾听,学会质疑。学习组长要发挥好小老师的作用,评点前做好充分的准备工作,评点时要摆出令人信服的观点。对于确实解决不了的疑问,学生应在全班评点时提出来。

在这种自由学习的时间和空间里,学生用自己的头脑思考问题,用自己的智慧大胆质疑,大胆发现,大胆表达自己充满想象、充满灵气的心声。

教师在此期间,应做巡回辅导,特别要做好学困生的辅导,倾听他们的发言,及时发现评点中出现的问题,随时给予指导和解决。

小组评点后,教师应组织学生进行班级评点,一般采用两种方式:一种是汇报评议式,即请几个学生汇报小组评点的结果,汇报步骤可按照课文的自学步骤进行,其他同学补充发言。另一种是质疑咨询式,由两到三个小组根据讨论结果,设计好题目,考考其他组成员,学生与学生、组与组之间可以互相问、答、评、辩,教师可作为裁判员,做好点拨调控工作。

三、精学精评中培养学生的赏析感悟能力

学生对所学内容有了一定的理解后,教师还应充分调动学生的感觉、知觉、表象、联想、情感等,去全方位参与、多角度感悟。这一环节主要是在教师的指导下,根据《义务教育语文课程标准》、教材的要求和学习目标,比如语文课堂上精读重点段落、重点句子,明确把握文章重点部分的内容和层次关系,并领悟美词佳句的表达效果,领会文章内容思想的精妙之处。这时,教师要抓住契机,鼓励学生掏真心、说真话、抒真情。

这一环节还要求教师深研教材,储存大量的信息,准确地把握文章线索和感情基调,调动学生参与朗读的积极性,增加学生的语言积累,强化学生内心情感的体验,提高学生的审美情趣。通常采用的朗读方法有教师范读、学生默读、分角色朗读、角色扮演等,尽量让每个学生都充分参与读、评。教师要充分发挥主导作用,要注意指导学生的思路和表达方法,注意处理好独立思考和听取别人发言的关系,注意启发和激励,在学生思路阻滞、理解欠缺、方法欠妥、表达不畅时给予点拨、启发,带给学生豁然开朗之感,使学生的思维继续迸发出灿烂的火花。

四、迁移练习中培养学生的发展创新能力

课堂练习是保证和检测学生知识获取率的有效途径,每节课学生即时训练的时间不得少于10分钟,练习可以采取口头或书面形式。语文课也应像数学课那样改掉“课课动口不动手”的教学习惯。因此,我们每节课都要留给学生充分的迁移练习时间,根据不同的课型、不同的教学重难点,练习形式应多样化,大致可以包括以下内容。

（一）练习生字新词

对课文中出现的基础字词，可通过听写、形近字组词等形式进行巩固训练，当堂检测。将问题及时在课堂上予以解决，避免课后再出现错误，让学生将当堂所学重难点落到实处，达到当堂巩固的效果。

（二）写体会

当课堂上学生分小组讨论已成为一种形式或一些同学思想已开小差时，可以发挥写的作用，让每个学生将自己心中的答案写在纸上，这样可以使那些游离于课堂之外的学生重新回到课堂，使那些考虑不成熟的学生进一步完善自己的答案，使那些胆怯的学生得到老师的肯定而重燃自信，使那些回答有困难的学生及时引起老师的注意、适时地进行指导，使不同层次的学生都能通过写的训练真正提高解决问题的能力。

（三）摘抄

小学课本中的课文，许多都是文情并茂的名家之作，摘抄课文中的优美语句和精彩句段，可以使学生的语言得到积累，对提高学生的作文能力大有益处。

（四）仿写

要求学生对文中的重点句子和段落、篇章进行仿写或续写，可以使学生掌握作者的写作方法。

总之，一堂有效的语文课，一定要有语言实践，也一定要有语言的积累。一节课中，学生该记住的东西就要让他记住，要求认的字、写的字词、背诵的篇章都尽量在课堂内完成，让学生在课堂内就感受到成就感。教师决不能把这些任务留到课外，使语文教学走到高耗低效的老路上去。教师应要求学生把课外的时间尽可能多地用在广泛阅读课外书上，让学生在博览群书中提高语文能力。

附录:自成课堂的区域影响

1. 推进学讲方式,构建理想课堂

2016 年 11 月 15 日,城关小学“思想的芦苇”团队教研“推进学讲方式　构建理想课堂”活动在校会议室进行。构建理想课堂是新教育实验的十大行动之一,也是城关小学加入新教育实验以来着力推进的一项工程。

本次活动由冯咏梅主任主持,她结合我校的课堂教学实际,分析了学讲计划的实施情况。冯主任指出,课堂教学是学校教育教学工作的主阵地,是提高教学质量的主渠道。努力构建理想课堂,就是通过创设平等、民主、和谐的课堂氛围,让人类文化知识和学生生活体验之间形成有机的联系,实现高效的课堂,并追求个性的课堂,从而实现知识、生活和生命的深刻共鸣。冯主任要求教师应通过优化课堂结构,创新教学模式,提高课堂教学的效率。

如今,构建理想课堂已逐步成为城关小学所有老师的共识,老师们在课堂上努力体现理想课堂的六个维度:整合度、参与度、亲和度、自由度、延展度、练习度,力求我们的理想课堂最大限度地激发每个人的潜能,最大限度地实现人的价值,以实现新教育实验的宗旨——“让师生过一种幸福完整的教育生活”!

2. 新沂市教研室领导莅临我校指导学讲课堂教学

为促进青年教师课堂教学水平的整体提高,2017 年 3 月 22 日,新沂市教研室领导莅临我校指导学讲课堂教学。

本次活动涉及语文、数学、英语、科学四个学科。闫宗学主任率领新沂市教研室各科教研员深入课堂认真听课。下午听完课后，各教研员分学科进行了评课、议课活动。教研员们首先对各位开课教师认真负责的教学态度、虚心好学的学习精神等给予充分肯定，接着跟开课教师进行深入细致的交流，从教学设计、教学过程、教学效果等多个环节对所听之课进行了分析点评。老师们虚心听取了教研员的意见，并就自己在学讲课堂中遇到的困惑向教研员们请教。闫宗学主任幽默风趣的语言，营造了轻松愉悦的学习氛围。全体教师深感受益匪浅。

此次活动，我校教师得到教研员们面对面的指导，是一次难得的学习和提高的机会。相信我校教师一定会以本次活动为思考点，反思教学，反思备课，反思如何在课堂教学中落实学讲，以提高课堂教学的高效性，努力把自己的课堂变为充满生机、充满活力、吸引学生、高质量、高效度的课堂！

3. 同课异构，异彩纷呈——城关小学开展青年教师同课异构活动

为深度推进自成课堂、促进青年教师的专业发展、实现学校教师的智慧共享，城关小学 2017 年 4 月 1 日到 4 月 12 日开展了青年教师同课异构教研活动。

此次活动遵照确定课题→同课异构→互动评课→总结反思四个流程进行。同样的课标，相同的教学内容，不同的教学思路、教学方法及不同教师的教学风格，让参与者不仅从中发现了别人的长处，也看到了自己的不足，达到相互比较、相互学习、取长补短、共同进步、智慧共享、共同提高的目标。

本次同课异构活动，不仅给所有教师提供了自成课堂的实际教学案例，同时也为青年教师提供了一个锻炼的平台和磨课的机会，加快了青年教师成长的步伐。

4. 推进学讲计划，打造高效课堂——城关小学举行“学讲计划一轮研讨课”活动

为继续深入推进学讲计划在课堂教学中的应用、提高课堂教学的实效性，城关小学于 2016 年 10 月 13 日举行了“学讲课堂一轮研讨课”活动。

活动中，执教的所有老师依据制定的各学科学讲课堂模式精心进行教学设计，课堂上巧妙引导学生积极参与小组合作高效学习。

课后，听课教师分教研组展开了评课、议课活动，大家认真讨论每一个教学环节的优、缺点，指出了需要改进之处，并结合自己的教学实践，就如何打造学讲高效课堂进行研讨。

此次研讨课活动的开展，为教师提供了充分学习、交流的平台。教导处冯咏梅主任表示，今后将继续立足校本教研，引领教师在实践中积极探索，深度推进学讲计划，打造高效课堂。

5. 以书为友，以学增慧——城关小学“思想的芦苇”团队读书分享会

漫漫隆冬，忙碌的工作阻挡不了城关老师的读书热情。2016 年 12 月 6 日下午，城关小学“思想的芦苇”团队活动如期开展。本期活动的主题是“我的阅读情缘”，活动由孙委主任主持。孙主任阐述了读书的重要性，并结合自身的读书经历，做了题为“最是书香能致远”的心得分享。接着，华娟老师和张可可老师分别联系实际，深情地与大家分享了各自的阅读情缘。活动最后，电脑随机抽取了三名教师与大家分享各自的读书经验，深深触动了在场每位老师的心灵。

读书是城关小学师生的优良传统，而“思想的芦苇”教师团队活动更像是一场盛宴，它让教师们在读书交流中，浸润书香，乐此不疲，共享了读书的快乐。今天的读书体验就是明天的课堂实践，相信教师们会在阅读中寻找灵感、在交流中启迪智慧。让浓郁的书香充盈校园的每一个角落，让师生共读成为城关小学一道永恒而亮丽的校园风景线。

6. 专业引领，促进发展

为切实提升新沂市小学科学教师的技术素养和学科专业素养，2016 年 12 月 20 日上午，新沂市小学科学临时代课教师培训活动在城关小学举行。

本次活动共分三个部分。首先由城关小学的张辉老师和春华小学的杜蕊老师分别带来展示课“热起来了”及“生活中的静电现象”。两位老师的课堂没有特别精致的实验材料、没有华丽精美的辞藻，有的只是随手可得的器材、自然率真的课堂生成及充分的自主探究，彰显了以生为本的教育理念。随后，教师发展中心的徐元成老师对两节课做了精彩点评，并向大家介绍了科学发展史，同时联系具体的课例，指出了科学学习要以探究为核心，要让学生亲历科学探究的过程，为每一位科学老师的课堂教学指明了方向。最后，教师发展中心的何书锋主任对本次活动做了总结，他鼓励每一位代课老师，要努力提高自己的专业知识，提

升课堂教学能力，早日成为一名专业型教师。

7. 新沂市小学科学教学质量分析会在城关小学举行

根据教育局统一部署，为进一步增强科学教师的质量意识、促进小学科学教师间的交流与合作、不断提高教师教学水平，2017 年 2 月 22 日上午，新沂市小学科学教学质量分析会在城关小学举行。

教师发展中心研训处徐元成老师通过横向和纵向比较，反馈了 2016 年针对五年级进行的质量检测整体情况，并逐题进行分析。同时，他还向与会的各校六年级科学老师反馈了 2016 年六年级毕业考试学生答卷情况。与会各校老师认真讨论，分析教学中的不足及形成原因，反思日常教学中的得与失，找出存在问题，并提出一系列有效的措施，希望在今后的教学中有针对性地开展工作。

比次质量分析活动，帮助科学教师明晰了以往教学中的症结，为科学教师教学工作更好地开展起到了积极的推进作用。

8. 学讲课堂展风采，教学研讨共提高——城关小学举行“学讲计划一轮研讨课”活动

为了不断提高教师教学水平、继续深入推进学讲计划在课堂教学中的应用、提高课堂教学的实效性，城关小学举行了“学讲课堂一轮研讨课”活动。

课前，授课教师做了精心的准备工作。课堂上，教师尊重学生在教学中的主体地位，创设了民主、平等的教学氛围，教给学生学习方法，以达到师生互动、生生互动，充分体现了学讲计划提倡的自主、合作、探究的学习方式。

课后，教师们在教研活动时研讨交流，互相交换意见。任课教师纷纷表示，要针对课堂上的不足，反思自己的教学，提高自己的教学水平，提高教学效果。

此次研讨课活动，有效地为教师搭建了互相学习、交流经验的平台，提高了教师的教学质量和专业素质。教导处冯咏梅主任表示，教学改革之路任重而道远，未来的日子里我们要切实把学讲计划精神落实到具体的课堂教学中去，不断改进教学方法，为打造城关小学优秀教育质量品牌而努力！

9. 新沂市小学科学优质课获奖教师课堂教学展示活动在城关小学举行

近年来，新沂市小学科学教学伴随着课堂教学改革而不断发展，科学课堂更加注重学生的科学探究能力、科学实践能力的发展，科学教师的教学观更贴近科学教育的要求，科学教师正在向学生学习的组织者、引导者、合作者悄然转变。为发挥优秀科学教师的示范、引领作用，2017 年 3 月 17 日，教师发展中心研训处在城关小学举行了 2016 年度科学学科优质课获奖教师课堂教学展示活动。

活动中，来自北沟小学的邵秋菊老师执教了四年级的“油菜花开了”一课、春花小学的杜蕊老师执教了六年级的“月相变化”一课、新华小学的石祥锦老师执教了四年级的“食物中的营养”一课。三位老师出色地完成了教学任务，向与会的各位老师展示了精湛的教学技艺。

随后，参加活动的老师也将自己的想法写在评课表上，教师发展中心研训处徐元成老师对三节课进行了认真细致的点评，并对科学老师提出了新的要求。

10. 助学课堂，让学生幸福成长——记城关小学赴南京瑞金北村小学观摩学习活动

2017年4月底的古都南京，弥漫着浓浓的春的气息，城关小学一行7人在金永梅校长的带领下，赴南京瑞金北村小学观摩学习，同行的还有教师发展中心研训处臧艳东主任、谭长存主任。

28日，在瑞金北村小学分校的校园中，大家充分感受到了“助学课堂”的魅力！不管是数学课、语文课还是科学课，老师们都把课堂交给了孩子，只是适时地引导、点拨、鼓励，激发孩子们去探究、补充、质疑。课堂中，孩子们你发言，我补充；你辩论，我总结……在激烈的争辩和思维火花的碰撞下，孩子们学得快乐、幸福。

29日上午，瑞金北村小学校长仲广群专门给大家做了有关“助学课堂”的讲座。仲校长指出，助学课堂就是切实把教师从烦琐的讲解中解放出来，让老师退下来，把学生推到前台，让质疑、争辩、补充、修正等充盈其间，在师生、生生多维互动中，实现师生的共同成长。讲座结束后，研训处的臧艳东主任、谭长存主任

及城关小学的教师与仲校长进行了互动交流。仲校长幽默的语言、真挚的感情，赢得了大家一次次热烈的掌声。

两天的观摩学习，大家对“助学课堂”有了全新的认识，老师们纷纷表示，要学习助学课堂的精髓，给学生以成长的力量，让课堂迎来智慧的转身，让师生真正过上幸福完整的教育生活！

11. 同课异构，打造学讲高效课堂——城关小学“思想的芦苇”团队研讨活动

为进一步深入推进学讲课堂、提高课堂教学的实效性，2017 年 5 月 2 日下午，城关小学“思想的芦苇”团队成员齐聚一堂，进行了同课异构，打造学讲高效课堂的研讨活动。

首先，教导处冯咏梅主任从“以生为本，以学定教”“教学目标的把握”“处理好‘同’和‘异’的关系”“注重反思和研讨”四个方面谈了如何在“同课异构”的基础上打造学讲高效课堂。

接着，何小艳、谢瑞红等教师结合学校开展的青年教师同课异构活动进行了学讲课堂的深入研讨。大家畅所欲言，基于有效教学，共同探讨学讲课堂中的热点、难点问题，如同课之中的异构在何处、同课异构在课堂教学行为中的表现有何不同、同课异构取得了怎样的效果及存在的问题等。

此次活动，大家在互动中比较，在比较中反思，在思想碰撞中达成了最优化的教学共识，进一步提升了团队教师的教学教研水平。

12. 研发课程促进师生共成长——城关小学举行校本课程研发交流会

课程建设是学校教育的核心，是学校发展的关键，也是学校最基本的工作之一。2017 年 5 月 27 日，城关小学“思想的芦苇”团队利用教师校本研修活动时间，举行了校本课程研发交流会。

课程到底给孩子带来了什么？会上，华娟老师从“读写绘课程”“节日课程”“家校共育课程”这三类课程的开设基础和课程内容谈了自己的思考和一些尝试。朱善春老师以阅读课程为例，讲述了诵读经典能不断地陶冶情操、发展个性，从而提高学生的人文素养，畅谈了对学校课程建设的想法和思考。团队成员认真聆听，发表了自己的观点和建议。历时 2 个小时的交流活动让与会人员感慨颇多，受益匪浅，大家纷纷表示这次活动开展得实在而有意义，指引校本课程研发工作走向更远。

本次活动的主持人黄召翠总结说，校本课程的开发、实施和评价都应该统整在“让成长书写精彩的故事”这一核心理念之下，校本课程应坚持以儿童为主体，以儿童发展为目标，最大程度地满足儿童生命成长的需要。在今后的校本课程教学中，我们要勇于实践、敢于创新、勤于反思，让课程润泽每一个孩子的生命，

让城关学子的童年绽放五彩光芒。

一次活动一次引领，一次活动一盏明灯，只要行动，就能唤醒；坚持行动，就有奇迹。研发课程不是简单的加法；实施课程不是课程的终点，而是新的课程研发的起点。路途漫漫，城关人且歌且行！

13. 新教材贯彻新理念，新起点引领新征程

为帮助老师全面理解、深入领会《义务教育语文课程标准》的基本理念，准确把握部编义务教育小学语文一年级上册教材的编写原则、结构体系与编排思路，更好地做好新学期的教学工作，新沂市教师发展中心于 2017 年 8 月 30 日下午在城关小学四楼报告厅举办新沂市小学一年级语文上册部编教材培训会。新沂市新学期执教一年级新教材的全体教师 400 余人参加了此次培训活动。

本次培训由教师发展中心小学语文研训员徐莉老师主讲。徐老师在参加省、市一年级部编新教材培训的基础上，结合自己的理解与感悟，从大处着眼，就教材的整体结构、编排特点、目标体系等方面做了深度解读，同时也分别对汉语拼音、识字写字、课文、口语交际等板块进行了详细解读。徐老师通过新教材中的大量实例帮助老师们解读教材，把握教材的重难点。徐老师精准的定位、精湛的阐述，让教师们了解了新教材“超文本”的理念和“大阅读”的策略，对新教材的理念、特点及教学的策略有了整体的认知与把握，为做好新学期的教学工作奠定了坚实的基础。

此次培训会上，春华小学的刘燕宇老师和城西小学的王洪娟老师从小处着手，就部编一年级新教材第一单元的识字教学和第二、三单元的汉语拼音教学，做了详细的介绍和全面的解读。针对不同的课型应该教什么、怎样教，二位老师都一一举出具体实例，既有理论指导又有课例支撑，使教师学有方向、受益匪浅。

最后，徐老师鼓励大家，新教材是挑战也是机遇，教师们一定要认真领悟新教材，正确使用好新教材，努力提升教育教学质量，当好低年级学生启蒙阶段的引路人。前行的路上，一定风景无限。

14. 教学视导促加速成长，专家引领助“教”“学”腾飞——市研训处专家亲临城关小学开展教学视导工作

2017 年 9 月 13 日，新沂市教师发展中心研训处闫宗学主任带领教研专家一行 7 人走进城关小学，开展了新学期教学视导工作。

本次视导分听课、评课、反馈指导三个环节进行。各科教研专家走进课堂，累计听课 31 节。课后，教研专家及时对老师们的课做了详细点评，与老师们进行面对面的交流，对老师们利用多种形式和方法落实学讲计划给予了高度肯定，同时也针对教学过程中的一些不足进行了精辟的分析，教师们受益匪浅。随

后，专家们分别与相关学科组老师进行了深度交流，就课堂教学理念、教学设计、课堂生成、学生主体等多个层面，凭案析理，就课论道，并对今后教学中挖掘教材、构建高效课堂及培养学生的核心素养等问题提出指导性意见。

最后，学校负责人金永梅校长表示，学校将以本次教学视导为契机，埋头苦干，砥砺前行，为进一步提升城关小学办学质量和学校品牌而不懈努力。金校长真心希望各位领导、专家一如既往地关心、支持城关小学的发展，继续为城关小学的腾飞建言献策。

15. 我的专业成长之路——城关小学教师“思想的芦苇”团队活动

为进一步推进课程改革、营造教师终身教育和可持续发展的良好格局、促进教师队伍的专业化发展、提升教师的师德品味和职业幸福感，2017 年 10 月 10 日下午，城关小学“思想的芦苇”团队活动在学校会议室举行。

这次活动的主题是“教师专业成长”。活动主持人黄召翠从“新形势下我们在培养什么样的人，我们应该具备怎样的专业素养”开始，阐述了教师的专业发展离不开专家的智慧引航、团队的合力打磨，也离不开自身明确的专业成长定位和拔节向上的精神追求。

接着，12 位团队新教师代表将“我在哪里——认识自我发展阶段”“我是谁——认识承担的角色和自我特征”“我的环境如何——社会环境分析”“我的总体状况怎样——现状分析”“我要到哪里去—— 目标的确定”“我该怎样走——寻找专业发展路径”这 6 个问题结合自身实践，从教师阅读、课程实践、教育教学反思等方面做了精彩的讲演，全体团队成员认真聆听，受益匪浅。

最后，金永梅校长希望老师们把“日进日新”作为自己教书育人的坐标，明确航行的目标，保持不懈的追求，保有纯粹的心境，找到自身价值的意义，找到教育的幸福所在，找到可贵的精神引领，成为一名有精神底色和教育情怀的城关教育人。

16. 牵手课改，激扬生命——新沂市小学数学“践行学讲模式、打造特色课堂”暨2017年新教师岗初培训教学观摩研讨在城关小学举行

为进一步深化课堂教学改革、改善课堂教学生态、推动学讲计划不断向纵深发展，新沂市小学数学“践行学讲模式、打造特色课堂”暨2017年新教师岗初培训教学观摩研讨活动于2017年10月26日上午在城关小学举行。

此次活动分为四个部分。

首先由城关小学的何小艳老师及徐州云兴小学的郭海珊主任分别执教示范课“解决问题的策略——假设”和“观察物体”。两位老师的课堂，以思维为导向，通过自主学习、小组合作交流等形式，给学生提供发言交流的平台，充分体现了学讲课堂的自主学习模式。

接着，城关小学的金永梅校长，结合本校的自成课堂，做了题为“生疑、互补、有序、明法”的报告。她从四个方面阐述了城关小学自成课堂教学模式的探索与实践，指出要给学生一个“小团队”、一个“表达体系”、一个“角色”，让学生学而生疑、学而互补、学而有序、学而明法。

随后，徐州教研室的卞强主任对两节课给予评价与总结。他谈道，两节课都有浓厚的数学味，都具有学讲课堂的二期特征。同时，他向大家介绍了学讲课堂目前的实施情况，谈了对当前课堂的一些思考，他指出，数学是精准、精细的，我们的课堂要以学讲为抓手，实践与理论相融，作为一线教师，“吃透”教材是关键，在课堂教学中，要做到“分层次、细操作、渐到位”。

最后，新沂市教育局王兆友副局长在讲话中谈道，希望各校以学讲理论为指导，在尝试、模仿、变式学讲的基础上，形成个性化的学讲特色，一方面要把握学讲理论的精髓；另一方面也要学习、借鉴先进的经验，融通到自己的教学中。他强调，每位教师都要把握住底线，规范教学行为，提高教学质量和效益。

此次活动的举行，为新沂市数学教师学讲课堂的研究进一步指明了方向，加深了与会老师对学讲理论的深刻理解，将有效地促进每一位数学教师教学水平的提升。

17. 自成单设计万花筒——记城关小学“思想的芦苇”团队活动

为了促进团队教师的专业成长、提升教学能力和教科研能力，城关小学“思想的芦苇”团队活动于 2017 年 10 月 24 日下午举行。

本次活动的主题是“自成单设计万花筒——基于诚文化理念的自成单设计与实践”。活动主持人孙委主任从三个方面细致地对活动主题进行了解读：① 研制出能激发学生兴趣、提高学生学习主体性、使学生获得学习成功感的自成单；② 结合不同课型特点研制适合学生的自成单，提高学生自主学习的能力，为学生终身学习打下良好的基础；③ 关于自成单使用的几点思考。她还列举了许多教学实例，具体地说明了自成单的使用对于优化教学的作用。

接着，团队老师分别结合自身教学实际，探讨了对自成单设计、应用的尝试与思考。

最后，金永梅校长指出，学生自主学习是课程改革的主旋律，教师要深入钻研教材，结合学生实际，精心设计教学过程，自成单的研制要切合学生的见闻、理解、情感、思维，采用生动活泼的形式，使学生更主动地投入到学习中去。

城关小学的自成课堂凸显的是自学、互学、导学、会学的融合、互促。此次活动，通过对自成单的尝试实践、研究讨论，每一位团队成员都深深感受到通过研制合理的自成单，真正拓宽了学生学习的探究空间，改善了作业形式，让每位孩子都有了足够思考的时间，提高了孩子们的自信心，培养了学习兴趣，从而促使了全体学生自主有效地学习，促进了学生的全面发展和素质提升。

18. 基于学讲理念的自成课堂教学研讨——记城关小学“思想的芦苇”团队活动

2017 年 11 月 7 日下午，城关小学“思想的芦苇”团队活动如期举行。本次活动的主题是“基于学讲理念的自成课堂教学研讨”。

首先，教导处冯咏梅主任对学校基于学讲理念的自成课堂课题研讨实施情况进行了总结。

接着，何小艳老师以自己执教的数学课“解决问题的策略”为例，从“我思考、我交流、我展示、我反思、我梳理、我提升”六大板块谈了在课堂上如何有效引领学生分层次、分版块学习，如何做到让学生先思而后行，如何在引导学生掌握知识的同时提高学生的学习能力。

随后，团队成员结合自己所带的学科对如何在本学科的课堂上引导学生进行自学、互学、导学、会学展开讨论。

最后，金永梅校长强调，课堂教学改革是改变师生教与学的关系、提高课堂效率的重要途径，是培养学生养成自主学习、合作学习、探究学习的能力，是提高学生创新能力的关键。金校长希望团队成员在学校课堂教学改革中能起到带头作用，能在实践中思考、在思考中提升。

本次活动中，大家听得认真、议得热烈，对课堂教学改革有了更深层次的认识。相信在大家的共同努力下，城关小学的课堂教学改革一定会取得丰硕的成果。

19. 周二漫溯，师徒磨文——城关小学教师团队“思想的芦苇”第十七期研训活动

诚者自成，是一种精神和积淀，是一种濡染和智慧。城关小学以“诚”为念，坚持服务、引领“思想的芦苇”教师团队成员走专业发展之路。

2017 年 12 月 5 日，拥有“成长自觉”的全体团队成员再次走向“周二漫溯”，开启了团队第十七期研训活动——师徒磨文。

本期活动由朱善春老师主讲。在师徒磨文板块，朱老师围绕“教师专业写作写什么”“教师专业写作怎么写”和大家展开讨论，并介绍了自己在撰写阅读札记、教学随笔、教育叙事，以及在教改实验等方面的经验；在师生磨文板块，朱老师倡导大家积极辅导学生撰写创新作文、科普小论文，办好班级小报，并在必要时带着学生写“书”，实现师生成长双赢。

要有意识地去创作，有针对性地去投稿。活动中，华娟等学科教师代表介绍了自己的写作经验，也交流了自己撰稿、投稿的困惑。团队为大家提供了专业写作投稿邮箱、网址。

“名师成长的方式其实很简单、很一般，但不简单的是，名师对于基本规律的高度认同与坚守，显现着不同于一般教师的成长自觉。”总结时，金永梅校长以“诚者自成”鼓励全体成员，要求大家努力把“读书、实践、思考、总结、写作”的每一个环节都做充分、做扎实。

真诚的文字，教师能够将平淡如水的岁月定格为永恒；真诚的研训，“思想的芦苇”也必将迎来更大的庆典。

20. 真诚交流，共话教育——王楼中学领导老师来城关小学交流指导

2017 年 12 月 14 日上午，冷雨飘飞，心中却暖。王楼中学的教育同仁一行 10 人莅临城关小学交流指导。

金永梅校长率领校领导班子进行接待，并向兄弟学校全面介绍了城关小学的校园文化建设、校园管理、学校课程建设以及未来发展的规划等情况。王楼中学袁增军校长及各位老师翻阅了我校实施新教育实验以来的各类文本档案资料，对我校“诚”文化引领和发展定位非常赞赏，对我校日新月异的变化和取得的

可喜可贺的成绩表示惊讶和无比欣喜。

随后，同仁们深入班级观摩了六年级语文、数学、英语、科学四门学科的自成课堂教学。课后，大家畅所欲言，分组对四节观摩课进行了认真客观的评价，并交流了提优补差方面的成功做法，整个交流活动气氛热烈而融洽。

最后，朱善春、徐学娟两位老师进行了班级叙事分享。袁增军校长表示，来到城关小学，见证了城关小学的办学理念，受益匪浅，期待再次相聚、再话教育教学。

21. 城关小学开展党员教师示范课活动

为认真贯彻党的十九大精神，深入开展创先争优活动，进一步提升全校教师的思想素质和业务水平，发挥党员教师的先锋模范作用，2017 年 12 月 5 日至 10 日，城关小学在全校教师中组织开展党员教师示范课活动。

在示范课活动中，党员教师积极探索自成课堂教学模式，着力打造高效课堂。每节课后，党支部书记金永梅都亲自带领分管教学的领导对授课情况进行精彩的点评，并组织教师深入研讨，与教师们共同学习、共同成长，对深化课堂教学改革起到了积极的引领作用。

22. 成长如歌，砥砺前行——城关小学“思想的芦苇”科研团队新学期活动

开启新征程，迎接新挑战。为了充分发挥团队的专业引领和辐射作用、加速

教师专业化发展，2018 年 3 月 6 日下午，城关小学“思想的芦苇”科研团队进行新学期第一次活动。

活动伊始，主持人黄召翠利用三道数学题“$1^{365}=1$；$1.01^{365}\approx 37.8$；$0.99^{365}\approx 0.03$”，让教师们热热身进入了活动状态，鼓励大家每天只要多学 0.01 的知识或者多做 0.01 的工作，一年下来，将会有近 38 倍的收获甚至更多。会上，黄老师宣布了本学期团队的工作计划和活动设想，确定了团队成员互促互勉、深具教育情怀、善享职业幸福、共同提升文本研读能力、提升课堂教学能力与效果的目标。

接着，教导处冯咏梅主任从我校自成课堂的模式入手，提出了学生不再是“配角”，而是活动的“主体”；教学不再是教师在表演，而应使学生在交流合作中对课堂形成独到见解。冯主任提出教师应从学生的“学”出发，“教”为“学”服务，为学生创造学习的机会，使学生真正成为学习的主人，并要求教师常常思考自己的课堂教学，鼓励各位老师在课堂中勇于尝试、勇于创新、不断反思、不断总结，争取在专业成长道路上更上一层楼。

最后，金永梅校长对团队成员提出了殷切希望与要求。她要求团队成员要做好本职工作，在教学业绩和教育改革上走在前列，给老师们做好表率；要扎实开展课堂教学，时时反思，深入发掘研究教育教学典型案例，做研究型教师，努力把团队建成工作能力强、专业素养高、教学改革有特色、教育研究出成果的星级团队。

23. 聚焦学生核心素养，深化课堂教学改革——城关小学“思想的芦苇”团队开展自成课堂教学研讨活动

为提升学生核心素养、深化课堂教学改革、进一步打造高效课堂，2018 年 3 月 20 日下午，城关小学“思想的芦苇”团队举行了自成课堂教学研讨活动。

本次活动由教导处冯咏梅主任主持。首先，冯主任对学校基于学讲理念下的自成课堂实施情况进行了小结。接着，她组织团队分学科组围绕自学生疑重基础、互学互补重合作、导学有序重点拨、练学巩固重实效、会学明法重体系五方面进行研讨。各组成员结合学校开展的自成课堂研讨课活动及各自的教学实践展开了热烈的讨论，并提出了一些合理化的意见和建议。

最后，金永梅校长强调，课堂应该成为学生展现自我、张扬个性的舞台，要立足于学生核心素养的“自主发展、学会学习”，注重培养学生自主学习、合作学习、探究学习的能力。金校长希望团队成员在学校课堂教学改革中能起到带头作用，及时进行总结、反思、提炼、修正，使学校的自成课堂教学模式不断走向成熟。

24. 放个纸鸢，飞上半天——“台湾写作名师何绮华课堂教学观摩活动”在城关小学举行

2018 年 3 月 23 日上午，由新沂市教师发展中心、新沂市新阅读与写作研究所主办的“台湾写作名师何绮华课堂教学观摩活动”于新沂市城关小学成功举行。

新沂市教育局王兆友副局长,教师发展中心阎宗学主任,小学语文学科中心组成员,新阅读与写作研究所小学部研究员及各镇(街道)、校语文骨干教师共计400余人参加了本次活动。

本次活动由教学研究室语文学科研训员臧松刚老师主持,活动共分为“教学观摩”“对话互动”“专家点评”三个部分。台湾写作名师何绮华围绕写作与阅读分别执教《日记棒棒糖》和《阅读的第三只眼》。新沂市教师发展中心阎宗学主任围绕何绮华老师的教学做课堂观察报告,他对何绮华老师教学设计上的“曲折”“转化”尤为欣赏。阎主任指出,课堂需要人性的关怀,孩子需要真诚的表达。对于小学生习作,有意思比有意义更重要。王兆友副局长在活动总结中给与会教师提出了三点要求:第一,工欲善其事,必先利其器,只有勤阅读

提升语言能力，才能提高写作水平；第二，找准学讲计划和新教育理念的契合点，真正把课堂还给学生，这样对于培养孩子的表达能力会有很大帮助；第三，以“新阅读与写作研究所”为龙头，推动现有各种读书会、读书团队开展读书活动及共读共写，实现教师专业素养和师德素养双丰收。

100 篇习作引文盛开在课堂，几百名师生行走在阅读与写作的春天里。新沂市教师发展中心、新沂市新阅读与写作研究所及何绮华老师，在这春天里放飞了一个纸鸢，必将赢取众多的孩子“风筝飞满天”。

25. 小学科学 STEM 教育培训活动在城关小学举行

为推动《义务教育小学科学课程标准》的落实、尝试推行 STEM(科学、技术、工程、数学)教育，2018 年 4 月 2 日上午，新沂市教师发展中心研训处在城关小学会议室，举行了 2018 年全国小学 STEM 教学展示课视频集中培训暨科学学科中心组研讨活动。

活动中，研训处徐元成研训员首先向与会老师介绍了科学学科中心组六位成员。然后，他系统地做了关于 STEM 教育的专题报告，详细说明了 STEM 教育发起的背景、美国进行 STEM 教育的历程、中国实施 STEM 教育的现状等，加深了科学老师们对 STEM 教育的认识。紧接着，与会的科学老师以学校为单位，分小组讨论观摩 2018 年全国小学 STEM 教育教学展示课的心得体会，并推选代表进行发言。最后，徐元成研训员鼓励大家挖掘现有教材中的课题，大胆进行 STEM 教育课的尝试。

26. 专家引领指导，助推课题研究——城关小学开展自成课堂课题研究专家指导活动

为了进一步加强立项课题“基于学生核心素养发展的自成课堂实践研究”的过程管理，促进课题研究工作规范、有序、有效地展开，2018 年 4 月 11 日，城关小学邀请新沂市教师发展中心小学研训处的领导专家，对学校的科研课题进行

了面对面的诊断、指导、交流。

活动中，专家们对我校的自成课堂教学模式给予高度评价。自学、互学、导学、会学的融合、互促，真正体现了“人在课中央”这一教学理念。在评课环节中，专家们提出宝贵建议：阅读教学要注重学生思维能力的提高、学习方法的领悟、语文能力的培养、学习习惯的养成；中段训练让学生学会理解词语、概括课文主要内容的方法；复述课文要抓住主要情节，积累语言，领悟作者的表达方式；在数学互学这一环节，教师要让出讲台，大胆地放手，让学生有更充分的时间、空间进行组内、组际的互动，充分发挥小组合作的有效作用；要让学生不断发现、体验和学习新知识与新事物，培养核心素养，享受学习的快乐和成功的幸福。

校长金永梅对课题组成员提出三点希望：一是希望课题组成员立足课堂，扎扎实实搞好研究，让研究作用于课堂、作用于学生；二是希望老师以课题为抓手，切实提高自己的专业素养；三是希望课题组成员加强团队意识，在全力完成课题研究的同时起到示范带动作用，实现教师的个人成长。

通过专家的引领、指导，城关小学课题组成员得到了一次难得的学习机会，同时也给课题组下阶段的教学提供了调整思路，使老师积累了相关课题经验。参与活动的老师们一致认为，专家的指导、点拨针对性强，大家在交流中既得到了教科研理论的培训，又解决了课题的疑难困惑，受益匪浅。

27. 新沂市“叙事性文本”教学研讨活动在城关小学举行

2018年4月19日上午，由教师发展中心研训处组织，第六学校研训联盟（城关小学、城西小学、邵店镇中心小学、瓦窑镇中心小学）承办的新沂市“叙事性文本”教学研讨活动在城关小学举行。

参加活动的有各校语文骨干教师、小学语文岗初班学员、小学语文学科中心组成员，共计400余人。

此次活动在教师发展中心研训员臧松刚老师的主持下分三个部分进行。首先由城关小学团队的巩方圆老师和城西小学团队的熊彩侠老师分别执教了《我和祖父的园子》及《理想的风筝》。接着，邵店镇中心小学团队和瓦窑镇中心小学团队的六位教师对两节课的教学情况做了课堂教学观察汇报。臧松刚老师结合两节课谈了“叙事性文本”应该教什么、应该怎样教。最后，教师发展中心阎宗学主任强调，一定要尊重常态化的语文教学，要加强阅读教学的课标意识、语用意识、文体意识；要关注学生，聚焦学生语文学习能力的提升，扎扎实实地提高语文课堂教学的实效。

此次研讨活动充分展现了研训联盟学校的团队合作精神，有效地探寻了新课程标准理念下的“叙事性文本”教学的路径，对于“叙事性文本”的课堂教学起到了很好的引领和指导作用。

28. 宜格思新英语校园公益行走进城关小学

2018 年 6 月 13 日清晨，在孩子们的期待中，宜格思新英语的外教老师 Craig 走进了城关小学的课堂。

Craig 与孩子们进行了面对面的交流。他幽默的语言、夸张的动作深深地吸引了孩子们的注意力，活泼的教学方式、有趣的教学内容激发了孩子们学习英语的热情，特别是自由提问环节，孩子们争先恐后、意犹未尽。下课之后，孩子们把外教老师团团围住，击掌、合影、签名、拥抱，依依不舍！

自 2017 年 11 月开始，宜格思新英语走进了新沂，走进了校园，走进了教室。每周一节的外教课，外教老师通过屏幕和孩子们直接交流，让孩子们充满了期待。经过两个学期的学习，他们在课堂上更加大胆、更加勇于表达自己，学习英语的兴趣空前高涨，英语成绩有了很大的进步！

孩子们期待多参与外教课，希望更多的外教走进课堂！

29. 乘着团队的羽翼飞翔——城关小学“思想的芦苇”教师科研团队举办第三季研训开班式

2018 年 9 月 18 日下午，新沂市城关小学“思想的芦苇”教师科研团队成功举办第三季研训开班式。

本次团队研训开班式诚邀了新沂市教育局王兆友书记、杨采涓所长，共有58位拥有相同“尺码”的新城关教师融入团队，参与开班式。

活动程序共七项，由教科室黄召翠主任主持。活动伊始，金永梅校长做城关小学“思想的芦苇”教师科研团队第三季研训开班动员讲话。“那一季，我们一起走过”，看着循环播放的团队活动掠影，听到金永梅校长和大家的温馨回顾，团队成员内心盈满了感动。展望团队研训第三季，金校长强调要加强“引领者”“飞翔者”“潜行者”三个梯队建设，突出各项目部研训工作的实效性。

接着，朱善春主任围绕团队第三季研训规划，给大家重点介绍了“培训引领部”“阅读推广部”“师生共写部”“课题研究部”四个项目部的分期研究任务。张宁主任宣读了本次团队三个梯队的人员名单，依据教师学科特点、研究专长，组织梯队成员进行了师徒结对签约。一梯队教干组代表夏斌副校长、二梯队在职在编教师代表张可可、三梯队新入职教师代表朱凌子分别做研训工作表态发言。杨蔚副校长为团队成员赠发了《致青年教师》《教师第一课》《十年·春林初生》等书籍。

大家最期待的是新沂市教科所杨采涓所长的讲座。杨所长看到有那么多的“乡村教育家”高研班和读书会的成员在城关小学工作，欣喜地和大家亲切交流。“乡村教育家”的忠实粉丝郭欢欢、马光阳等，听着杨采涓所长的讲座“乡村教育家·十年·春林初生”，同样有着难以抑制的感动。

新沂市教育局王兆友书记的讲话带给大家的总是温暖和激情。王书记高度肯定了城关小学近年来的办学成绩，鼓励年轻教师积极加入市教科所“乡村教育家”的读书团队，为自己的专业发展厚实底蕴。王书记强调，城关小学教师科研队伍要选准路、找对路，创质量品牌，成就特色品牌。

做思想的芦苇，做精神的贵族。城关小学“一支芦苇”“周二漫溯”“三个梯队”“四个项目部”乘着团队的羽翼，开始了新一季的飞翔。

30.“识体而教”提升文本语用能力——城关小学举行写景类文体教学活动

为了促进语文教师的专业化发展、提高课堂教学水平，2018年10月30日上午，城关小学举行了写景类文体语文教学研讨活动，教师发展中心研训处的徐莉和盛桂芝老师以及城关小学全体语文老师参与了此次活动。

本次活动共推出两节研讨课，华娟和王旭旭老师分别执教《庐山的云雾》和《黄山奇松》。两位老师精心备课，认真上课，顺利完成研讨课。

两节课后，朱善春主任就如何“识体而教”提升文本语用能力提出了自己的看法；盛桂芝老师指出，教学写景类文体要有四个意识；徐莉老师结合新课标及学讲计划，对语文阅读课教学提出了指导性意见。

此次活动为教师们搭建了实践教学理念、锻炼自己、交流学习的平台，对提高城关小学语文教师的教育教学水平起到了很大的促进作用。

31. 引领示范，共同成长——城关小学开展“名优教师示范课”活动

为了进一步提高教育教学水平、促进教师的专业成长，城关小学近期开展了“名优教师示范课”活动。在此次活动中，十几位老师精心准备、深挖教材、巧妙设计，以娴熟的教学技艺、丰富的教学经验、扎实有效的课堂训练，为全校教师奉献出一堂堂高水平的示范课，取得了良好的教学效果。

活动中，教导处冯咏梅主任全程跟班，各教研组老师积极参与听课、评课，充分体现了学校浓厚的教研氛围。

本次活动的开展，既是名优教师的个人积淀、教学技能、学科特色的展示，也为广大教师互观互学、交流研讨创造了机会，全校教师实现了共同进步、共同成长！

32. 分析，交流，携手前进——城关小学举行期中测评质量分析会

2018 年 11 月 27 日，城关小学分学科教研组召开了期中测评质量分析会。

每个教研组都先由年级备课组长做本年级的质量分析，然后教师们就试卷难易程度、知识技能的覆盖面以及本次测试取得的成绩和存在问题等多方面进行综合分析。

语文组的华娟老师提出，低年级语文教学中应该注重学生识字能力的培养，引导学生用喜欢的方法识字，使字词句训练成为教学中的重中之重。主管语文教学的夏斌校长表示，对于中、高年级同学，要主抓学生阅读能力和写作能力的培养，应注重方式方法，并向老师们介绍了阅读打卡、亲子阅读等活动对语文教学的益处。

数学组的张永琪老师着重讲了自己在教学中的一些经验性做法，如注重交给学生学习方法、培养学生空间想象能力、注重后进生的培养工作等。

金永梅校长非常重视此次质量分析会，亲自参加了每个教研组的分析会。

她强调，测试后的质量分析如同一面镜子，不仅显示了测试中的得与失，更让我们认识到，一分耕耘一分收获、一分付出一分回报。金校长要求教师今后要抓实备课、抓实课堂、抓实反馈，希望老师们在实践中反思、在反思中改进、在改进中提高，争取获得更好的成绩。

33. 自成课堂花如锦，喜见东风第一枝——新沂市城关小学召开自成课堂研讨推进会

2019 年 2 月 16 日下午，新沂市城关小学组织省级立项课题“基于学生核心素养发展的自成课堂教学模式实践研究”核心组成员，针对学校自成课堂建设，召开学讲课堂研讨推进会。

本次会议由夏斌副校长主持，共 19 位骨干教师参会。

金永梅校长再次为大家介绍了自成课堂的核心思想，明确了自成课堂的范型——自学而生疑、互学而互补、导学而有序、会学而明法。冯咏梅主任带领成员学习了新沂市研训中心学科教学基本模式。之后，自成课堂子课题研究组结合学习新沂市教师发展中心文件进一步研讨自成课堂教学模式，要求既突出学科特点，又活用学习方式。

自成课堂花如锦，喜见东风第一枝。本次研讨活动意在引领课堂教学由深入学讲走向校本个性的自成课堂，不仅还给学生“自由的呼吸”，亦应还给教师舒展教学的“自由呼吸”。

34. 课堂改革，我们一直在路上——城关小学语文教研组召开自成课堂培训推进会

课堂教学是实施素质教育的主渠道，是学校教学工作的核心内容。近年来，城关小学结合新教育构筑理想课堂的“六个度”和“三重境界”以及徐州市“学讲计划”，把课堂教学改革与学校文化建设有机整合，变革教学方式，形成了具有学校特色、有利于学校教学质量持续提升、以促进学生主动发展为核心的自成课堂教学范型。

2019 年 2 月 25 日，在学校期初举行自成课堂培训推进会之后，为强化自成课堂研究工作，城关小学语文组再次召开自成课堂培训推进会。会上，朱善春主任就自成课堂的导学单、小组建设、第一二课时教学流程模式对全体语文老师进行培训，老师们对教学中的实施细节进行了热烈讨论；教导处冯咏梅主任就本学期语文教学自成课堂研究、实施等具体工作进行了部署。

本次自成课堂培训推进会，为老师们搭建了交流、学习的平台，在促进语文教学改革方面，做出了积极有效的尝试。

心之所向，行之所往。相信在全体语文组教师的努力下，城关小学语文自成课堂的研究之路，定会绚烂花开。

35. 新教材，新起点，新思路——小学语文低年级下册统编教材培训在城关小学举行

为引领教师正确理解、把握统编教材的编写思路、教材特点，进一步提升语文教师的文本解读能力与课堂教学水平，2019 年 2 月 26 日，由教师发展中心组织的小学语文低年级下册统编教材培训活动在城关小学隆重举行。新沂市教师发展中心研训处研训员徐莉、臧松刚、盛桂芝以及各镇中心小学语文研训员、局直小学分管语文教学的教导主任，任教一、二年级的部分语文老师参加了此次培训活动。

活动共有两项议程。首先由城关小学的黄玉红、新安小学的孙利、行知学校的李静、春华小学的钱聪慧四位老师分别为大家展示了识字、口语交际、阅读、语文园地四种课型的示范课。随后，研训处的徐莉教师对四节课做了精彩的点评，结合四节课介绍了统编教材的发展方向，并对低年级段的教学提出了合理的建议。

此次培训活动，为老师们点亮了统编教材教学之路的明灯。新教材、新起点、新思路，我们永不止步地行进在教学研讨的大道上！

36. 彰显自成特色，共促教学魅力——城关小学开展自成课堂研讨活动

为全面落实课改的各项活动、践行学讲理念、提高课堂效率、形成具有特色

的课堂教学模式，城关小学继自成课堂整体培训、分学科培训之后，于 2019 年 2 月28 日开展了自成课堂研讨课活动。

本次研讨课活动中，语文学科的朱善春主任、数学学科的孙委主任、科学学科的刘田华主任及英语学科的周芳老师分别向大家展示了四科的课堂教学模式。四节课中，老师们激情飞扬、各具特色，学生学习劲头十足、互相点评质疑、展示精彩，充分体现了自成课堂以生为主、师生互动、生生互动、小组合作的特点。

城关小学自成课堂实验研究是江苏省立项课题，课题研究本质是在新教育理想课堂和徐州市学讲方式背景下，契合学校诚文化核心理念研究构建的自学、互学、导学、会学的教学模式，重在引领学生的高阶思维、创新精神和实践能力的发展。

此次活动充分展现了城关小学自成课堂的教学特色，生动活泼的、主动的、富有个性的学习过程，让学生得到了多元的发展，让课堂绽放了精彩的魅力。相信经过全体教师的交流、研讨、反思，每位老师都会在锤炼中规范、在学习中沉淀、在研究中提升、在竞争中成长，城关小学的自成课堂实验研究定会绚烂花开。

37. 借力专家指导，给力自成课堂——发展中心研训处专家深入城关小学指导课堂教学

为进一步推进课堂教学改革、深入探讨自成课堂的教学模式，2019 年 3 月 6 日下午，城关小学邀请教师发展中心研训处阎宗学、臧艳东等专家到校进行课堂教学指导。

此次活动分为两个阶段进行。首先由张可可、董瑞雪、张辉、陈宇四位青年教师分别进行语文、数学、科学、英语四科自成课堂的展示。随后，研训处专家分组进行课堂教学指导，对各学科自成课堂目标的设定、重难点的突破方法、自成的组织过程及形式等提出了高屋建瓴而又务实易行的建议。专家们对我校的自成课堂给予充分肯定，并指出课堂教学一定要设计出有利于培养学生能力的自学、互学活动，在钻研教材时教学目标要“细”“实”，教学重点要抓“准”，要确保每一阶段的目标落实到位。

此次活动是一次智慧的分享与有效的引领，让城关小学全体教师对自成课堂有了更深刻的认识，对其基本架构和操作模式有了更清晰的了解。通过一次次的研讨与改进，相信城关小学的自成课堂教学模式在课改中一定会迈上新台阶。

38. 借“智慧”之力，奔自成之路——城关小学举行新入职教师培训活动

九月的城关，打开新学期的大门，迎来了可爱的孩子们，也迎来了一支新的“生力军”——新教师队伍，他们的到来为城关小学注入了新的活力、新的血液。

为了帮助新教师快速完成角色转变、融入城关大家庭、更好地明晰成长的方向，2019 年 9 月 2 日下午，城关小学举行了新教师培训活动。

首先，夏斌副校长对新教师的到来表示欢迎。他强调，城关小学秉承“诚者自成”的办学理念，要求教师尊重学生个性、鼓励学生多元化发展，作为新教师要兼顾自身的进步和学校的发展，荣辱与共，砥砺前行。

培训活动分语文、数学、英语、科学四个学科进行，四科相关主任和教研组长分别从备课、作业、考试、上课等方面对教学常规做了具体培训，并提出了相关要求，希望新教师能不断反思、积累、历练、成长。

此次培训活动不仅提高了新教师的思想意识，也让新教师感受到了学校的关注，心中有了归属感。相信在未来的教学路上，每一位新教师都将在有诗意、有内涵的城关大家庭中，智慧地、自信地从事教育教学工作，在奔向“自成教育”的道路上，遇见美好的自己。

39. 薪火传承，砥砺前行——记城关小学教干随堂听课指导活动

新学期，城关小学迎来了多位新教师，他们是学校的新鲜血液，也是学校的主力军，为了促进新教师快速成长，自 2019 年 9 月 2 日开学以来，学校开展了教干随堂听课指导活动。

听课后，教干及时与新教师进行交流和沟通，在充分肯定优点的同时，实事求是地指出不足，对需要改进和提高的地方提出指导性建议。

金永梅校长对新教师在课堂教学中良好的表现给予了高度评价，并指出新

教师不仅要虚心向老教师学习，新教师之间也要互相学习，同伴互助，互相听课，博采众长。

本次教干随堂听课活动，让大家在这些新教师的身上感受到了蓬勃的力量、向上的信念和决心。新教师表示，要保持积极探究、勤奋好学的精神，总结教学经验，积累教学智慧，提高驾驭课堂、有效调控课堂的能力，砥砺前行，迅速成长为教师队伍中的骨干力量。

40. 课堂展风采，教研促成长

为了提高新入职教师教育教学水平，给教师们一个互相交流、探讨、展示的舞台，2019 年 9 月 11 日，城关小学数学组按计划开展了示范课展示活动。

首先，孙委主任带领大家学习了数学组教学工作计划，就课堂教学转型，凸显“情境”意识做重点讲解。她主要从培养学生认知能力，优化教学方式，促进思维发展，激发创新意识，以及教师心中有学生，学习有“情境”，更新教学观念等方面进行了细致的诠释。

本次活动展示了戚中艳老师执教的示范课“认识多边形”。戚老师精心准备，课上让学生自学、互学，教师适时指导，饱满的热情感染了在场的师生。戚老师让学生在轻松快乐的气氛中学习，升华情感，学会学习，全面展现了学校省级课题自成课堂的教学模式。课后，老师们对戚老师的课进行了研讨，从组织教学的方式方法到逻辑思维的训练手段、从教法学法的转变到自成课堂的生成，全体数学教师都积极发言，使活动真正锻炼了教师，从而起到了提高课堂教学水平的作用。

本次活动不仅让新入职教师领略了骨干教师的教学风采，也让新教师对我校自成课堂教学模式有了全面充分的认识。我们相信，在学校有计划地指导下，新教师一定会很快掌握各种教学技能，挑起学校教学大梁。

41. 专家引领促成长，笃定前行谱新篇——新沂市教师发展中心研训处专

家走进城关小学

2019年9月17日，在特级教师阎宗学主任的带领下，新沂市教师发展中心的八位专家到城关小学进行了为期半天的教学专项视导。

视导组听取了学校的工作汇报，查阅了教师备课、学生作业、教研组活动、校本研修等资料，走进课堂，重点观摩了16位新教师的课堂教学，对老师们的教材理解、课堂设计、情境把控、师生互动等多个层面进行全方位的考察与评估。随后，研训处的专家按学科分组与老师展开热烈的评课、交流活动。专家们的点评精彩纷呈又充满激情，富有智慧又耐人回味，不仅对课堂亮点给予了肯定，也对活动环节中存在的问题指点迷津。

专家们亲和的态度、精细的点拨，使新教师得到了一次面对面的引领式的指导，为大家今后常态课堂的教学指明了方向、照亮了道路。新教师们表示，专家的专业指导与引领是他们成长的动力与基石，希望能经常参加这样有意义的活动，不断提升课堂教学水平。

42. 聚焦低段统编教材，彰显语文核心素养——新沂市小学语文一二年级统编新教材教学研讨活动在城关小学举行

为了引领语文教师更好地把握统编教材的编写理念、编排思路和教材特点，进一步提升教师对新教材的理解和实施能力，2019 年 9 月 25 日上午新沂市教师发展中心在城关小学举行了小学语文一二年级统编新教材教学研讨活动。全市共 400 余位语文老师参与了此次活动。

活动包括课堂教学展示和专题讲座两大部分。北京路小学的薄双花老师、行知学校的陈秋敏老师、新安小学的郁玲玲老师和城关小学的苗红梅老师分别展示了“拼音教学”“识字教学”“阅读教学”“语文学习园地教学”四种不同课型的研讨课。四位老师的课堂扎实灵动，注重学生的情感体验，受到了与会老师的一致好评。

教师发展中心研训处的徐莉老师对四节课进行了精彩的点评，并做了“聚焦低段统编教材，彰显语文核心素养”的专题讲座。徐老师的讲座既有专业的理论，又有鲜活的教学实例。她指出，低年级的语文教学应注重识字、写字、朗读、说话这四个方面的训练，教学要有层次、有梯度，要在遵循学生学习规律的基础上提高学生的语文核心素养。

活动中，老师们听得专心、记得认真，对统编教材有了新的认识和理解，进一步明确了低年级语文教学的方向。相信老师们定会以此次活动为契机，在实践中不断思考，在思考中不断实践，用好统编教材，提高课堂教学的效率。

43. 聚焦课堂教学，思辨延展内涵——新沂市城关小学举行自成课堂教学思辨活动

2019年12月24日，寒风吹拂，冬日的城关小学会议室却洋溢着春天般的温暖。“思想的芦苇”科研团队60位成员集聚一堂，一场名为“周二漫溯”的教学思辨活动拉开了序幕。本次教学思辨活动由教导处冯咏梅主任主持。

该校的自成课堂是从徐州市学讲计划发展而来，结合了学校的诚文化核心理念“诚者自成”，形成了独具特色的自成课堂教学模式。“基于核心素养的自成课堂实践研究”课题已被列为江苏省教科院十三五规划课题。

活动开始，首先由教导处张宁、孙委两位主任就语文和数学学科自成课堂的具体操作要领对大家进行解读，接着由徐娜、张辉两位老师分别就英语和科学两科的教学模式进行了具体实例阐释。老师们的解读，对新教师的课堂实际操作起到了强力推手的作用。

然后，现场采取抽签的方式选取五位教师到台上对自己的课堂教学或者就自己听过的一节课进行思辨。五位教师准备充分，发言有针对性，能切中要害，就课堂教学的亮点与不足之处发表了自己的观点。活动现场的气氛达到了高潮。

最后，金永梅校长做活动总结，她指出，课改就是要将现有的教学一池水搅动，让学生在互动的环境中做学习的主人，从而实现自成课堂“自学—互学—导学—会学”教学模式的深度实践。